JN445149

우가릿어 문법

우가릿어 문법
2010년 6월 18일 교회 인가
2010년 7월 20일 초판 1쇄 펴냄
지은이: 요제프 트롭퍼
개역자: 주원준
펴낸이: 조병우
펴낸곳: 한님성서연구소
등록: 제85호
주소: 480-844 경기도 의정부시 의정부 1동 227-23
전화: 031)846-3467 팩스: 031)846-3595
http://www.biblicum.or.kr

이 책의 표지 사진은 InscriptiFact의 허락을 얻어 사용하였습니다. www.inscriptifact.com
The copyright of the cover image ⓒ 2010 InscriptiFact of WSRP(West Semitic Research Project)

값: 16,000원

ISBN: 978-89-94359-14-4 94230
ISBN: 978-89-94359-13-7 94230 (전 2권)

ⓒ 한님성서연구소 2010

Josef Tropper
Ugaritisch: Kurzgefasste Grammatik mit Übungstexten und Glossar
Elementa Linguarum Orientis 1
Copyright ⓒ Ugarit-Verlag 2002

Translated, noted and added by Wonjun Joo
Korean translation copyright ⓒ 2010 Hannim Biblical Institute, Uijeongbu, Korea
All rights reserved

우가릿어 문법

요제프 트롭퍼 지음

주원준 개역

한님성서연구소
Hannim Biblical Institute

ELO 총서 서문

이 책은 『고대 근동어 기초』(Elementa Linguarum Orientalis: ELO) 총서의 첫째 권이다. 이 총서는 고대 근동어와 다양한 문헌을 배울 교재를 제공한다. 우선 간추린 문법서와 고전적인 교재를 출판한다. 중점을 두는 내용은 고대 셈어들로서, 특히 문헌 자료가 제한되어 지금까지 마땅한 교재가 없던 언어들을 우선에 둔다. 같은 이유로 셈어가 아닌 언어들도 다룰 것인데, 특히 소아시아 지방의 고대어가 포함될 것이다.

가까운 시일 내에 다음과 같은 언어들 또는 지역어들의 교재들을 출간하도록 계획하고 있다. 고대 에티오피아어, 성경 아람어, 아람어 금석문, 히브리어 금석문, 사마리아 지방의 히브리어, 페니키아어, 시리아어, 만다어, 히타이트어, 신성문자로 된 루비아어 등이다. 그 밖에 셈어 입문서와 셈어 문자학도 출간할 것이다. 이 책들은 독일어나 영어로 쓸 것이다.

『고대 근동어 기초』 총서는 각 분야의 최신 연구 성과들을 반영하고, 대학 교재나 자습서로 사용하도록 준비할 것이다. 총서는 역사적으로나 문화적으로나 종교적으로 의미 있는 고대 근동 세계의 문헌들을 언어학적으로 접근할 수 있는 도구가 되어, 그 문헌들을 학문적으로 연구할 수 있도록 책임질 것이다.

『고대 근동어 기초』 총서는 고대 근동 분야, 곧 셈어학, 고대 근동학, 히브리어학, 아랍학, 이슬람학, 유다학, 그리스도교적 고대 근동학, 인도-게르만어학을 공부하는 사람들에게 특별한 의미가 있다. 또한 학생들의 부담을 덜어 주기 위해서 각 권마다 가격을 합리적으로 정하였다. 이 총서가 나오기까지 함께 준비해 주시고 용기를 주신 우가릿 출판Ugarit-Verlag의 디트리히Manfried Dietrich 교수와 로레츠Oswald Loretz 교수에게 감사드린다.

2002년 3월, 베를린과 마인츠에서

레만Reinhard G. Lehmann, 트롭퍼Josef Tropper

독어판 서문

이 책은 대학의 우가릿어 수업을 위해 내용은 간추렸으나 학문적 기초는 탄탄하게 구성한 교재다. 저자의 『우가릿어 문법』(*Ugaritische Grammatik*: AOAT 273)의 얼개를 고스란히 담아, 두 책은 내용이 서로 긴밀히 대응한다. 이 책은 구문론까지 다루는 등 문법의 모든 영역을 아우르기에 그 자체로 완결된 문법서다. 또한 이 책을 사용하는 사람은 최신의 연구 성과들을 접할 수 있다. 특히 『우가릿어 문법』과 기본 구성이 같아 같은 항목에서 우가릿어 문법의 거의 모든 영역에 대한 더 자세한 정보, 더 자세한 우가릿어 문헌 증거, 더 많은 이차 문헌 등을 쉽게 찾을 수 있다.

책 말미의 예제와 연습에서는 난이도를 점차 높여 구성했는데, 교육적인 목적에서 풀이도 쉽게 곁들였다. 또한 그 뒤로 단어장을 붙여 놓았다. 이 예제와 단어장에는 관련된 문법적 항목을 달아서 필요할 때 찾아볼 수 있게 하였다. 그래서 이 책으로 우가릿어를 혼자서도 공부할 수 있도록 했다.

우가릿어의 문법적 얼개를 제공하는 이 책을 저자는 물론 크로이처(Siegfried Kreuzer: Wuppertal), 쇼르히(Stefan Schorch: Berlin, Bethel/Bielefeld), 부르테아(Bogdan Burtea: Berlin)가 이미 우가릿어 입문 수업에서 사용해 보았다. 이 책을 더 잘 만들도록 많은 자극과 다양한 제안을 주었는데, 특히 비타(Juan-Pablo Vita: Madrid), 왓슨(Wilfred Watson: Newcastle), 크로이처(Siegfried Kreuzer: Wuppertal)와 토론한 내용을 이 책을 마무리할 때 반영하였다.

2002년 2월 베를린에서

트롭퍼

한국어판 서문

이 책은 우가릿어를 다룬 다음의 독일어 책 두 권을 한국어로 옮긴 것이다. 우가릿어는 기원전 2천 년경 시리아 북쪽 해안가에 작지만 국제적으로 매우 의미 있던 한 도시국가의 언어였고 구약성경 히브리어와도 매우 가깝다.

Ugaritisch: Kurzgefasste Grammatik mit Übungstexten und Glossar (Elementa Linguarum Orientalis 1; Münster 2002).

Kleines Wörterbuch des Ugaritischen (Elementa Linguarum Orientalis 4; Wiesbaden 2008).

첫째 권은 간결하지만 학문적으로 깊이 있는 교재로서, 우가릿어 수업에 쓰려고 만들었다. 독어판은 대략 100여 쪽에 우가릿어 문법의 얼개를 담아냈는데, 구문론까지 포함하여 언어학의 거의 모든 영역을 다루었다. 거기에 텍스트 예제 아홉 개를 난이도에 따라 실었고 단어장도 덧붙였다. 이 책은 2002년 초판이 나오자마자 높은 매상고를 올렸고, 국제적으로 널리 퍼졌다. 실제로 이 정도 범위와 정확성을 지닌 현대적 우가릿어 교재로는 지금까지 이 책이 유일하다.

둘째 권은 수업시간에 사용할 우가릿어 소사전이다. 이 책은 우가릿어 어휘의 대략 80% 정도와 중요한 고유명사를 담고 있다. 어휘를 선별한 기준은, 우가릿어 수업에서 주로 다루는 텍스트에 나오는 어휘를 거의 모두 포함하는 것인데, 이를테면 서사시 문헌과 종교 문헌, 그리고 법률 문헌의 단어들이다.

이제 한국어로 이 두 권이 번역될 수 있다니 두 책의 저자로서 매우 반가운 일이다. 한국어 번역본은 최초의 외국어 번역본이기도 하다. 강한 책임감으로 매우 정확하게 번역해 준 주원준 박사에게 큰 감사를 드리고, 그 번역에 필자의 크나큰 찬사를 보낸다. 특히 첫째 권의 번역은 분명히 단순한 번역 이상으로서, 2002년에 나온 원본을 새로 작업한 것이나 마찬가지다. 주 박사는 원본의 다양한 오류들을 찾아내 바로잡았고 변화표를 일부 확장했으며, 의미를 뚜렷이 하기 위해 각주를 50개 이상 추가했고, 필자가 수정하고자 한 것까지도 포함시켰다. 이런 모든 수정은 옮긴이와 필자가 전자서신을 수없이 교환하면서 학문적으로 엄격하게 토론하는 등, 친밀하고도 생산적으로 공동작업을 했기에 가능했다.

오랜 세월 동안 잊혀져 잘 보존되지 못했지만 그래도 매우 흥미로운 언어인 우가릿어를 배우는 사람에게 모쪼록 이 책이 큰 기쁨이 되길 바라고, 또한 이 책의 성공을 기원한다.

2009년 베를린에서
요제프 트롭퍼

Das vorliegende Werk ist die koreanische Übersetzung von zwei deutschsprachigen Büchern zum Ugaritischen, der Sprache eines kleinen aber international durchaus bedeutenden Stadtstaates des 2. Jt. v. Chr. an der nordsyrischen Küste, die eng verwandt ist mit dem Hebräischen des Alten Testaments der Bibel:

1. *Ugaritisch: Kurzgefasste Grammatik mit Übungstexten und Glossar* (Elementa Linguarum Orientalis 1; Münster 2002).
2. *Kleines Wörterbuch des Ugaritischen* (Elementa Linguarum Orientalis 4; Wiesbaden 2008).

Das Lehrbuch (1) ist ein kompaktes, wissenschaftlich fundiertes Hilfsmittel für den akademischen Unterricht der ugaritischen Sprache. Es besteht aus einem gut 100-seitigen Abriss der ugaritischen Grammatik, in dem alle Bereiche der Sprache einschließlich syntaktischer Fragen behandelt werden, einer kurzen Chrestomathie (neun Texte mit zunehmenden Schwierigkeitsgrad) und einem Glossar. Dieses Buch hat seit seinem ersten Erscheinen (Münster 2002) einen regen Absatz erfahren und ist international verbreitet. Tatsächlich ist es bis heute das einzige moderne Lehrbuch des Ugaritischen in dieser Breite und Ausführlichkeit.

Das Wörterbuch (2) ist ein didaktisch ausgerichtetes Handwörterbuch des Ugaritischen. Es enthält etwa 80% der ugaritischen Wortschatzes und die wichtigsten Eigennamen. Die Auswahl der Lexeme wurde so vorgenommen, dass das Vokabular jener Texte, die gewöhnlich im akademischen Unterricht gelesen werden, (fast) vollständig abgedeckt wird, nämlich das Vokabular der epischen Texte, anderer religiöser Texte und der Rechtsurkunden.

Als Autor begrüße ich es sehr, dass die beiden vorgestellten Bücher jetzt ins Koreanische übersetzt werden konnten. Es ist zugleich die erste fremdsprachige Übersetzung der betreffenden Bücher überhaupt. Mein großer Dank gebührt Herrn Dr. Joo, Wonjun, der detailgenau und höchst verantwortungsvoll die Übersetzung gemeistert hat, die meine volle und ungeteilte Zustimmung findet. Vor allem, was das Lehrbuch (1) betrifft, ist das vorliegende Werk eindeutig mehr als eine einfache Übersetzung: Es ist beinahe so etwas entstanden wie eine neue Bearbeitung des Originals von 2002. Herr Joo hat diverse Fehler des Originals aufgedeckt und verbessert, mehrere Paradigmen erweitert und mehr als 50 erläuternde Fußnoten neu hinzugefügt. Zudem wurden Änderungswünsche des Autors selbst eingearbeitet. All dies wurde ermöglicht durch eine enge und fruchtbare Zusammenarbeit zwischen Übersetzer und Autor in Form einer regen wissenschaftlichen Diskussion und eines sehr intensiven Email-Austausches.

Ich wünsche dem Werk viel Erfolg und den Benutzern viel Freude beim Erlernen des Ugaritischen, dieser zwar schlecht überlieferten aber nichtsdestoweniger höchst interessanten Sprache aus einer längst verflossenen Zeit.

Berlin, im März 2009

Josef Tropper

책을 옮기며

구약성경을 공부하면서 고대 근동 신화에 대해 처음 관심을 두게 되었다. 구약성경을 히브리어로 읽으면 더욱 깊은 맛을 느낄 수 있듯이, 고대 근동 신화 등을 원어로 직접 읽고 새기면 멋진 일이 될 것이라 생각하였다. 그래서 시작한 고대 근동어 공부가 해를 더해 가자, 이런 고대 문헌들을 우리말로 제대로 옮겨 보자는 용기가 솟아났다. 우리말로 처음 우가릿어 문법서를 내어놓으며 그 첫걸음을 뗀다.

우가릿 신화는 신화적 또는 신학적 의미뿐 아니라 언어적 특성 때문에 일찍이 학자들의 주목을 받았다. 우가릿어는 고대 히브리어와 가장 가까운 언어들 가운데 하나이기 때문이다. 따라서 히브리어에 익숙한 독자라면 비교적 쉽게 우가릿어를 익힐 수 있을 것이다.

한국어로 된 우가릿어 교재를 처음 소개하는 마당에 요제프 트롭퍼Josef Tropper 교수가 2002년 내놓은 『우가릿어: 연습예제와 단어장이 포함된 간추린 문법』*Ugaritisch: Kurzgefasste Grammatik mit Übungstexten und Glossar*: ELO 1을 선택하여 옮기기로 한 것은 이 작은 책이 학문적으로 수월하기 때문이다.

이 책은 언어학적으로 높은 성과에 기반해 있다. 대개 라틴어 문법 용어에 기원을 둔 전통적인 문법 용어들은(이를테면 '완료' Perfect나 '미완료' Imperfect 등) 낱말의 특정한 형태가 가리키는 의미나 해석을 지칭할 때가 많다. 하지만 이런 해석은 셈어에 매끈하게 들어맞지 않을 때가 많고, 셈어 문법 체계를 어렵게 만들기도 한다. 그래서 히브리어학을 포함한 셈어 문법학자들 사이에서는, 이 책처럼 셈어 특유의 형태만을 지칭하는 문법 용어를(이를테면 '어미변화' Suffixkonjugation와 '어두변화' Präfixkonjugation 등) 사용하는 경향이 뚜렷해지고 있다. 이 책은 수미일관하게 이런 형태론에 기반을 둔 용어를 사용한다. 그 밖에도 이 책은 적은 분량이지만 문장론에서 펜덴스구문과 문장 구성소의 순서, 곧 어순 변화까지 포함한다.

사실 이 문법서는 저자가 2000년에 내놓은 『우가릿어 문법』*Ugaritische Grammatik*: AOAT 273을 간추린 것이다. 그 책은 1천 쪽이 넘는 방대한 분량으로서 현존하는 우가릿어 문헌의 연구서 가운데 언어학적 · 문법적으로 가장 세밀하고 정확하다고 할 수 있다. 지금 옮기는 이 문법서는 이 방대한 문법서를 교육 현장에서 초보자들도 쉽게 사용할 수 있게 교재로 다듬은 것이다. 두 책의 내부 항목들은 자연스럽고도 긴밀하게 연관되어 있다. 그래서 독자가 이 간추린 문법서로 우가릿어의 기초를 잡는다면, 방대한 문법서로 심화할 수 있는 길목에 들어서는 셈이다. 이런 점에서 이 책은 교육용 우가릿어 문법서로서 우수하고 적절한 교재라고 할 수 있다.

저자인 트롭퍼 교수는 감사하게도 우리말 번역 과정에 적극적으로 협력해 주었다. 옮긴이는 독일어본에서 작은 오류들을 80곳 이상 찾아내었다. 대다수는 단순한 입력 실수거나 우가릿어를 라틴문자로 옮겨쓸 때 발생하는 자잘하고도 세밀한 오류들이지만 오해를 키울 수 있는 것도 있었다. 저자와 옮긴이는 70회 이상 전자서신을 교환하면서 이런 오류들에 대해 의견을 나누었고, 이들 대부분을 한국어본에서 고치는 데 합의하였다.

그리고 저자는 번역과정에서 그간의 학문적 성과를 한국어본에 삽입하길 바랐다. 그래서 §21.22의 표준 문자표에서 *g*의 문자형태 하나를 추가하는 반면, *l*의 문자형태 하나를 뺐고, §42의 접미대명사 가운데 1인칭 통성 단수와 쌍수의 모음을 수정하였다. 이렇듯 한국어본과 독일어본이 적잖게 차이 나지만, 독자들은 그런 곳마다 한국어본을 신뢰해도 좋을 것이다.

옮긴이는 독일어본을 단순히 옮기는 것 이상으로, 우리말 독자들이 쉽게 이해할 수 있도록 최대한 노력하였다. 곧 독일어의 문장 순서를 바꾸거나, 필요한 표현이나 각주를 삽입하는 데 주저하지 않았다. 아예 문장을 다시 구성한 곳도 있다. 이렇게 문장을 손질한 곳에서 발생할 수 있는 오해를 피하기 위해서, 해당하는 곳의 뜻을 저자에게 일일이 묻고 협의했고 서로 동의한 것만을 실었다. 또한 우가릿어 문장을 우리말로 심하게 의역한 곳에서는 각주를 붙여 직역을 명시해 주었다. 이런 노력의 결과로 이 책의 구성이 일부 변하였다. 이를테면 §22.3처럼 새로운 항목을 추가하였고, §21.42와 §108에는 이해를 돕기 위해 그림을 추가하였다. 또한 §33과 §73.52는 설명을 퍽 손질하였고, §73.22와 §73.23은 한 항목으로 합쳤고, §75.53의 표는 더 보기 쉽게 고쳤다. 그리고 우리말본의 각주는 독일어본에 비해 50개 이상 늘어났다. 그래서 저자와 옮긴이는 우리말본을 단순히 '번역' Übersetzung이 아니라 '개역' Übersetzung und Erarbeitung으로 해야 한다고 뜻을 모으게 되었다.

옮긴이는 이 문법서의 완성도를 높이기 위해 트롭퍼 교수가 2006년에 발표한 『우가릿어 소사전』*Kleines Wörterbuch des Ugaritischen*을 함께 옮겨 이 문법서와 짝을 이루게 하고 문법서에 원래 포함되어 있던 작은 단어장은 뺐다. 트롭퍼 교수도 그런 구성이 훨씬 나을 것이라 선뜻 동의해 주었다. 이제 사전도 생겼으니 우가릿 신화들을 우리말로 옮길 기초가 어느 정도는 마련된 것 같아 감사하고 또 기쁘다.

이 작은 결실을 내기까지 옮긴이는 무척 많은 도움을 받았다. 유학시절부터 도움을 주신 한님성서연구소의 조병우 이사장님과 정태현 소장 신부님께 큰 감사를 드린다. 한님성서연구소의 소중한 동료 연구원들인 강지숙 박사, 송혜경 박사는 형태론에 기반한 새 문법용어들을 우리말로 옮기는 성가신 작업 과정에서 소중한 조언을 아끼지 않았다. 이수민 박사님은 고대 근동 분야를 비롯한 학문의 큰 길에서 늘 소중한 경험을 말씀해 주셨고, 이효임 선생은 차분한 손길로 이 책에 꼼꼼하게 공을 들여주셨다. 한님의 식구들을 떠받쳐 주시는 모든 후원회원들과 강재준 선생에게도 감사의 말씀을 빼놓을 수 없다.

이제 문법서와 사전이 준비되었으니 본격적으로 신화를 다룰 차례다.

2010년 여름 한님에서
주원준

차 례

약 어

문법 용어

본문에서는 이 약어들을 그대로 사용하지 않고 대부분 문맥에 맞게 풀어 썼다. 하지만 우가릿어나 고대 근동어를 더 깊이 공부하려면 아래 약어에 익숙해야 한다. 문법 용어의 약어는 저자와 협의해서 독일어와 영어로 정리했고, 우리말 독자를 위해 중요하다고 생각하는 용어를 일부 추가했다. 본문에 사용하지는 않았지만 학계에서 통용되는 번역어도 괄호 안에 수록했다.

*약어

약어	우리말	독일어	영어
A	부사	Adverbial	adverb
abs.	절대상태/형	(Status) absolutus	(status) absolute
akk.	아카드어(의)	akkadisch	Akkadian
Akkus.	목적격	Akkusativ	accussative
akt.	능동태/형	aktiv	active
aram.	아람어(의)	aramäisch	Aramaic
arab.	아랍어(의)	arabisch	Arabic
äth.	고대 에티오피아어(의)	altäthiopisch(*Ge*[c]*ez*)	Ancient Ethiopian
c.	통성	(Genus) communis	common gender
cs.	연계상태/형	(Status) constructus	(satus) construct
D	중첩형	D–Stamm	D–stem
Dp	중첩형의 수동형	Dp–Stamm Passivvariante zu D	Dp–stem passive to D
du., Du.	쌍수(형)	Dual	dual
emph.	강조형	emphatisch	emphatic
EP	의존불변화사	enklitische Partikel	enclitic particle
Etym.	어원語源	Etymologie	etymology

f., fem.	여성(형)	feminin	feminine
G	기본형	Grundstamm	ground stem 또는 basic stem
gem.	중복어근	mediae geminatae	geminate verb
Gen.	소유격	Genitiv	genitive
Gp	기본형의 수동형	Gp–Stamm Passivvariante zu G	Gp–stem passive to G
Gt	기본형의 재귀형	Gt–Stamm	Gt–stem
hebr.	히브리어(의)	hebräisch	Hebrew
Imp.	명령형	Imperativ	imperative
Inf.	부정사(형)	Infinitiv	infinitive
K	(임의의) 자음	(beliebiger) Konsonant	(any) consonant
m., mask.	남성(형)	maskulin	masculine
MphT	형태유형	Morphemtyp (d.h. Wortbildungstyp)	morpheme type
N	수동형	N–Stamm	N–stem
Nom.	주격	Nominativ	nominative
NS	명사문	Nominalsatz	nominal clause 또는 verbless clause
O, Obj.	목적어	Objekt	object
Obl.	사격斜格	Obliquus	oblique
ON	지명地名	Ortsname	place name
P, Präd.	술어	Prädikat	predicate
pass.	수동태	passiv	passive
PK	어두변화형	Präfixkonjugation	prefix conjugation
PK^K	어두변화 단형	Kurzform der PK	short form of prefix conjugation
PK^K_e	어두변화 단형 연장형 (1인칭 권유형)	erweiterte Kurzform der PK (Kohortativ)	extended short form of prefix conjugation (cohortative)
PK^K_i	어두변화 단형 직설법 (과거)	Kurzform der PK mit indikativischer Funktion	indicative short form of prefix conjugation

		(Präteritum)	(preterite/past)
PK^K_v	어두변화 단형 의지법 (요구법)	Kurzform der PK mit volitivischer Funktion (Jussiv)	volititive short form of prefix conjugation (jussive)
PK^L	어두변화 장형	Langform der PK	long form of prefix conjugation
pl., Pl.	복수(형)	Plural	plural
PN	인명人名	Personenname	personal name
PNf	여성형 인명	weiblicher Personenname	feminine personal name
pron.	대명사결합상태/형	(Status) pronominalis	pronominal state
Ptz.	분사(형)	Partizip	participle
PV	어두모음	Präfixvokal	prefix vocal
S, Subj.	주어	Subjekt	subject
sc.	곧, 바꾸어 말하면(라틴어 scilicet)		
sem.	셈어(의)	semitisch	semitic
sg., Sg.	단수(형)	Singular	singular
SK	어미변화형	Suffixkonjugation	suffix conjugation
SKf	행위동사의 어미변화형	fientische Subvariante der Suffixkonjugation	suffix conjugation of action verb
SKs	상태동사의 어미변화형	stativische Subvariante der Suffixkonjugation	suffix conjugation of state verb
St.	상태	Status	state
Š	사역형	Š–Stamm	Š–stem
Šp	사역형의 수동형	Šp–Stamm Passivvariante zu Š	Šp–stem passive to Š
Št	사역형의 재귀형	Št–Stamm	Št–stem
sth.	유성음(의)	stimmhaft	voiced (sound)
stl.	무성음(의)	stimmlos	unvoiced (sound)
syll.	음절문자	syllabisch	in syllabic letter
TV	어간모음/주제모음	Themavokal	thematic vowel
ug.	우가릿어(의)	ugaritisch	Ugaritic

V, v	(임의의) 모음	(beliebiger) Vokal	(any) vocal
V	(동사문에서) 술어	verbales Prädikat	verbal predicate
VS	동사문	Verbalsatz	verbal clause
Wz.	어근	Wurzel	root
WzK	어근의 유형	Wurzelklasse	root class

*기타 용어

2중격변화(의)	Diptosie, diptotisch	diptotic declination two cases
3중격변화(의)	Triptosie, triptotisch	triptotic declination three cases
접두어/어두	Präfix	prefix
접중어	Infix	infix
접미어/어미	Suffix	suffix
(좁은 의미의) 명사	Substantiv	substantive, noun
(넓은 의미의) 명사/ 명사적 품사/ (격변화하는) 명사, 수사, 형용사	Nomen/Nomina	noun (in wide meaning) 또는 declinable word

*기호

I, II, III	어근의 첫째, 둘째, 셋째 문자
C_1, C_2, C_3	어근의 첫째, 둘째, 셋째 자음
&	해당하는 단어나 형태를 보여 주는 문헌이 최소한 두 개 더 있음
§	이 문법서의 항목
*	① 낱말 뒤: 문헌에서 발견되지 않지만 재구성할 수 있음 ② 문헌표시 뒤: 문헌의 해당 부분이 심하게 훼손되었음 ③ D*형, Dp*형 등에서는 II-*w*/*y* 동사의 '보통의' 중첩형과 형태가 다른 경우를 지칭(히브리어의 '폴렐' Pōlel, '폴랄' Pōlal 등에 해당)
\	문헌을 직접 인용할 때: 줄이 바뀜
/	① 문헌을 직접 인용할 때: 구문론적 단위(문장 경계)나 시적 단위(연)가 바뀜

② 음소를 표시할 때: '또는' 의 의미(예: */šu/imu/*는 */šumu/* 또는 */šimu/*).

! 문헌의 정서법 오류를 교정함

? 문헌의 해당 글자가 불확실함

// 병행구 또는 병행하는 형태

/ / 음소

[ ] 음성

{ } 글자를 한 개씩 표시

{ } 낱말의 형태

ˆ 음운축약으로 발생한 장모음

¯ 자연적인 장모음

˘̄ 모음의 길이를 정확히 규정하기 힘든 경우(이를테면 *ā̆*는 보통의 *a*인지 긴 *ā*인지 짧은 *ă* 인지 파악하기 힘든 경우에 사용)

중요 참고 문헌

이 책에서 사용한 참고 문헌 약어는 거의 TRE(*Theologischen Realenzyklopädie* [Berlin ^{2}1994]) 약어 체계와 같다. 구약성경의 책 이름과 고유명사는 『성경』을 따랐다(독일어본에서는 ThWAT를 따랐다; *Theologisches Wörterbuch zum Alten Testament* [Stuttgart 1970ff.]). 아래는 그 밖에 자주 쓰이는 참고 문헌 약어들이다.

AHw — von Soden, W. (ed.), *Akkadisches Hand Wörterbuch vol. I–III* (1985 Wiesbaden).

CTA — A. Herdner, *Corpus des tablettes en cunéiformes alphabétiques découvertes à Ras Shamra–Ugarit de 1929 à 1939. Texte* (Mission de Ras Shamra 10; Paris 1963).

CTA, Fig. — A. Herdner, *Corpus des tablettes en cunéiformes alphabétiques découvertes à Ras Shamra–Ugarit de 1929 à 1939. Figures et planches* (Mission de Ras Shamra 10; Paris 1963).

DLU — G. del Olmo Lete, J. Sanmartín, *Diccionario de la lengua ugarítica, Vol. I–II* (Aula Orientalis – Supplementa 7–8; Barcelona 1996, 2000).

HUS	W.G.E. Watson, N. Wyatt (eds.), *Handbook of Ugaritic Studies* (Handbuch der Orientalistik I/39; Leiden 1999).
KTU²	M. Dietrich, O. Loretz, J. Sanmartín, *Cuneiform Alphabetic Texts from Ugarit, Ras Ibn Hani and Other Places* (KTU: second, enlarged edition) (ALASPM 8; Münster 1995): KTU로 시작하는 숫자는 KTU²에서 제시하는 문서 번호를 의미한다.
NABU	*Nouvelles Assyriologiques Brèves et Utilitaires* (Paris 1987ff.).
PRU	*Le Palais Royal d' Ugarit, Mission de Ras Shamra* (Paris).
RIH	*Ras Ibn Hāni* (Leitzählung ugaritischer Texte)
RSOu	*Ras Shamra – Ougarit* (Publications de la Mission Archéologique Française de Ras Shamra – Ougarit; Paris).
RSOu 14	*Ras Shamra – Ougarit, Bd. 14* (Publikationsorgan der zwischen 1986 und 1992 in Ugarit gefundenen Texte; Edition der ugaritischen Texte durch P. Bordreuil und D. Pardee sowie A. Caquot und A.-S. Dalix; der Band erscheint voraussichtlich 2000).
UF	*Ugarit-Forschungen* (Münster).
UG	J. Tropper, *Ugaritische Grammatik* (AOAT 273; Münster 2000).

1. 들어가며

11. 우가릿어의 분류

11.1. 도시국가 우가릿의 토착어였던 우가릿어는 셈어에 속한다. 하지만 정확히 셈어의 어느 부류에 속하는지는 아직도 논쟁 중이다.

셈어는 크게 동부셈어(아카드어)와 서부셈어로 나뉜다. 서부셈어는 다시 남부셈어와 중부셈어(가나안어, 아람어, 북아랍어)로 나뉜다. 중부셈어의 가나안어와 아람어는 조상어가 같은데, 이를 '북서北西셈어'라 칭한다.[1] 우가릿어가 북아랍어보다는 아람어에 가깝고, 특히 가나안어와 깊은 친족 관계에 있는 북서셈어라는 견해는 오늘날 거의 의심의 여지없이 수용된다.

우가릿어 연구 초창기에는 우가릿어가 중부셈어 가운데 북아랍어와 가깝다는 의견이 자주 제시되었는데, 오늘날에는 거의 찾아보기 힘든 견해다. 이 주장의 주된 근거는 두 가지다. 첫째는 우가릿어의 음소가 비교적 풍부하다는 것이고, 둘째는 우가릿어와 아랍어 사이에 공통 어휘가 많다는 것이다. 하지만 최근의 새 연구들은 이런 주장을 상대화시켜 버렸다. 우가릿어의 음소가 과연 동시대 북서셈어들보다 더 풍부한지를 두고 여전히 활발히 논쟁 중이다.[2] 또한 어휘의 공통성에 기반한 주장도 과거보다는 그 중요성이 훨씬 약해져가는 실정이다.[3]

---

1) '동서' 방향을 '남북' 방향보다 앞에 두는 것이 우리말에 더 일반적이어서 Nordwestsemitisch는 '서북셈어'로 번역하는 게 좋지만, 이 책에서는 '북서셈어'로 옮긴다. 실제 최신판 표준국어대사전에도 '북서쪽'이 표제어로 올라 있고 학계에서도 보통 '북서셈어'라 칭하기 때문이다. '북서셈어'에 대해서는 『우가릿어 사전』(한님성서연구소 2010), 15-29의 고대 근동어의 분류와 소개를 보라.

2) 기원전 2천 년경 가나안어에도 음소가 22개 이상 있었음을 확실히 증명할 수 있다. 그 근거로 두 가지를 들 수 있다. 첫째, 기원전 13세기 이전의 원原시나이어와 원原가나안어의 초기 문자형태에 글자가 22개 이상 있었음이 명확하고, 둘째, 고대 가나안어 문헌에서 이집트어와 그리스어를 옮겨 적은 단어들을 보면 (/ṯ/, /ẓ/, /ḍ/처럼 혀를 위아래 앞니 사이에 대고 발음하는 잇사잇소리인) 치간齒間음 계열과 (/ḫ/, /ğ/처럼 목젖에서 조음하는) 구개수음口蓋垂音이 독립 음소로 보존되어 있다(Hoch, *Semitic*, 415 이하). 더욱이 이집트인이 옮겨 적은 기록에 따르면, 고대 가나안어에서 /ś/와 /š/가 구분되어 있었고, 이는 고대 가나안어에서 (혀 옆 소리인) 설측음舌側音 계열이 최소한 초보적으로라도 보존되어 있었다(Diem, "ש", 234; Hoch, *Semitic*, 409 이하).

3) Renfroe, *Arabic-Ugaritic*, 7쪽 이하.

11.2. 언어학의 등어선[4] 연구에 따르면, 우가릿어는 북서셈어에 속하는 언어로서 언어학적으로 후대의 아람어보다는 가나안어와 훨씬 가깝다. 이를 근거로 우가릿어를 가나안어에 속하는 언어로 볼 수도 있고, 또는 가나안어와는 매우 친밀하지만 독립적인 북서셈어의 일종으로 취급할 수도 있다. 현대 우가릿어 학자들은 이 두 입장으로 나뉘어 상반된 근거와 의견들로 맞서고 있다.[5]

과연 우가릿어가 가나안어와 친밀하지만 구분되는 언어인가, 또는 가나안어에 속하는 언어인가 하는 문제는 다음 두 가지 연구에 달려 있다. 첫째는 '가나안어'를 어떻게 정의하느냐이고, 둘째는 매우 난해한 문제로서 원原가나안어를 어떻게 재구성할 것인가이다. 원가나안어만의 고유한 특징들이 우가릿어에 있다면, 우가릿어를 가나안어의 일종으로 볼 수 있을 것이다. 하지만 이 고유한 특징들과 그 근거들이 아직 말끔하게 정리되지 않아,[6] 우가릿어의 분류는 연구의 여지가 남아 있다. 하지만 엄밀한 의미에서, 우가릿어는 가나안어와 함께 북서셈어로 봐야 하고, 또한 그렇다면 독립된 언어로서 평가해야 한다. 우가릿어가 기원전 1천 년경의 가나안어로 알려진 여러 언어들의 직접적 조상어 가운데 하나라는 사실은 의문의 여지가 없다.

11.3. 우가릿어와 후대 가나안어는 수많은 공통점이 있지만 다른 점도 있다.[7] 하지만 이런 상이점들을 면밀히 관찰해 봐도 우가릿어 분류에 별로 도움은 되지 않는다. 어떤 것은 언어의 역사적 변화에 기인하고, 또 어떤 것은 그저 단순한 음운변화일 뿐이며, 또 다른 것은 순전히 사전적 분류의 문제이다.[8]

---

4) 언어지도에서 공통 어휘를 중심으로 등고선처럼 지역을 나누는 선을 등어선(等語線, Isogloss)이라 한다.

5) Isaksson, "Position"; Tropper, "Canaanite Language?"

6) Tropper, "Canaanite Language?", 345–347.

7) Sivan, *Grammar*, 3은 다음의 여덟 가지 상이점들을 제시한다. ① *ẓ* 〉 *ṭ*와 *ẓ* 〉 *ğ*의 음운변화. ② *ā* 〉 *ō* 변화가 없다. ③ 정관사가 없다. ④ *ḏ* 〉 *z* 변화 대신에 *ḏ* 〉 *d* 변화가 있다. ⑤ 관계대명사 *š*–, *ʾš*, *ʾašer*가 없다. ⑥ 사역형이 샤펠Shaphel형이다. ⑦ 독립대명사의 소유형과 목적형이 있다. ⑧ 다른 북서셈어와는 다르게, 우가릿어에는 원原셈어의 거의 모든 자음이 보존되어 있다.

8) 위에서 Sivan이 가정한 음운변화 ①의 *ẓ* 〉 *ṭ*는 실제로 우가릿어에 거의 없다. 그리고 음운변화 *ẓ* 〉 *ğ*는 우가릿어에서 매우 적게 나타나는 주변 요소로 봐야 한다. §31.22를 보라.

12. 우가릿어 문법의 연구

12.1. 중요한 우가릿어 문법서는 다음과 같다.

1. C.H. Gordon, *Ugaritic Grammar* (Rom 1940).
 개정판도 보라.
 Ugaritic Manual (Rom 1955).
 Ugaritic Textbook (Rom 1965, 1998]).
2. St. Segert, *A Basic Grammar of the Ugaritic Language* (Berkeley 1984).
3. D. Sivan, *A Grammar of the Ugaritic Language* (Handbuch der Orientalistik 1/28; Leiden 1997).
4. J. Tropper, *Ugaritische Grammatik* (Alter Orient und Altes Testament 273; Münster 2000).[9)]
5. P. Bordreuil, D. Pardee, *A Manual of Ugaritic* (LSAWS 3; Winona Lake 2009).

12.2. 연구사가 긴 편인 데 비해 우가릿어 문법의 여러 문제들을 해결하지 못하고 있는 것은 다음과 같은 어려움 때문이다.

① 우가릿어는 사어死語로서, 오직 글자로만 전하는 언어다.

② 우가릿어는 기원전 2천 년대의 북서셈어다. 동시대의 친족어들에 대해서도 아직 충분히 알려져 있지 않다.

③ 우가릿어 문헌들은, 음절로 표기된 몇몇 단어를 제외하면 모음이 없는 알파벳으로 쓰여 있다. 문법적 형태를 규정하려면 모음의 변화를 뚜렷이 알아야 하는데, 이에 대해서는 한계가 있을 수밖에 없다.

④ 우가릿어 문헌에서 문법적으로 의미를 지니는 용례들은 비교적 적다.

⑤ 모음도 없는 데다 내용도 어려워 상당한 문헌들이 그 해석을 놓고 적잖은 차이를 보인다.

⑥ 우가릿어 문헌의 장르도 다양하다. 일부는 고대 시의 언어로 쓰여 있는가 하면, 산문의 형태도 있고, 일부 문장에서는 고도의 수사법을 구사한다. 또한 장르마다 고유한 문법적 특징이 있다.

---

9) Tropper, "Grammar."

13. 이 문법서의 구성과 목적

이 책의 주된 목적은 교육현장에서 교재로 사용하는 것이다. 따라서 우가릿어 문법의 거의 모든 영역을 짧고 간결하게 설명하고, 각 항목마다 용례를 제한적으로만 제시했다. 우가릿어 연구자들 사이에서 일치한 견해에는 이차 자료를 제시하지 않았고, 논쟁이 되는 문제에만 간략히 참고 문헌을 제시했다.

최근에 간행된, 필자의 매우 면밀한 우가릿어 연구서인 UG와 이 책의 구성은 같다. 따라서 이 책으로 공부하다가 의문이 들면 UG에서 자세한 설명이나 참고 문헌 등을 찾아볼 수 있다. 하지만 이 책 맨 뒤에 있는 예제들은 UG에는 없는 것으로서, 혼자 공부할 수 있도록 단어의 뜻과 구문론적 해설을 덧붙였다.

이 책에서 인용한 우가릿 문헌도 UG와 같다(§18.6). 그리고 KTU2에 포함되지 않았고, 현재 출판되지 않은 우가릿어 문헌들도 다수 언급했다. 이런 문헌들은 곧 출판될 Bordreuil/Pardee, "abécédaire"나 RSOu 14에서 볼 수 있다.

14. 기타

알파벳 텍스트는 KTU2의 기준대로 인용하지만, KTU2라고 일일이 적지 않는다. 따라서 1.4:V:25는 KTU 1.4:V:25와 같은 뜻으로서, KTU2의 1.4번 문헌, 다섯째(V) 단, 25째 줄을 의미한다. 기호가 이와 다를 때에는 그 내용적 근거를 밝혀놓았다. 음절 문헌은 RS(Ras Shamra, 라스 샴라) 기호를 따라 인용했다.

우가릿어를 라틴문자로 옮겨 적는 체계도 KTU2를 따르나 단어를 구분하는 표시는 하지 않는다. √ 표는 단어의 어근을 표시하는 것이다.

이른바 약동사에 대해서는 다음처럼 표기한다.

① 첫음과 끝음이 *w*인 단어(I/III-*w*)는 첫음과 끝음이 *y*인 단어(I/III-*y*)로 취급했다. §75.51과 §75.53에서만 이 둘을 분리해서 다루었다.

② 둘째 자음이 약한 동사mediae infirmae는 약한 자음이 드러나지 않기 때문에, 언어의 비교를 위해 필요하면 언제나 그 어근을 밝혀 놓았다.

2. 글자

21. 장형쐐기문자

21.1. 들어가며

흔히 '우가릿어 알파벳'이라고도 하는, 우가릿어 문서의 장형長刑쐐기문자는 셈어 알파벳의 가장 오래된 형태에 속한다. 이 문자는 오직 도시국가 우가릿에서만 사용되었다. 기원전 14세기부터 우가릿의 멸망(기원전 12세기 초)까지 대개 우가릿 문서를 작성하는 데 사용되었지만, 후리어나[10] 아카드어 표기에도 사용되었다.[11]

글자는 모두 30개이며 음절쐐기문자의 영향을 받아 왼쪽에서 오른쪽으로 쓴다. 이 문자의 형태가 형성 · 변형 · 발전된 역사적 흔적을 찾을 수 없기 때문에, 이 문자는 외부에서 도래한 것으로 본다. 우가릿 문헌이 발견된 이듬해인 1930년에 이미 이 문자는 해독되었는데, 바우어H. Bauer, 도름E. Dhorme 그리고 비롤로C. Virolleaud 등이 해독작업을 주도하였다.

21.2. 글자의 모양

21.21. 우가릿어 알파벳의 기본 요소는 음절쐐기문자와 같다. 반듯한 쐐기는 수직이나 수평이나 대각선으로 찍고, 이따금 꺾어진 갈고리쐐기Winkelhaken도 쓴다.[12] 하지만 부드럽게 굽은 쐐기는 사용되지 않는다. 가장 간단한 글자는 쐐기 한 개로 쓰지만, 가장 복잡한 글자는 {š}으로서 쐐기가 모두 7개 사용된다.

---

10) 1.26; 1.30; 1.32–1.37; 1.42; 1.44; 1.51; 1.52; 1.54; 1.59; 1.60; 1.64; 1.66; 1.68; 1.110; 1.120; 1.125; 1.128; 1.131; 1.135; 1.149; 7.40; 7.43. 다음도 여기에 속할 것이다. 4.669 + 7.130; 1.111은 우가릿어 텍스트에 일부 후리어가 사용되었다.

11) 1.67; 1.69; 1.70; 1.73:1–7.

12) 갈고리쐐기는 {ḥ}, {ṭ}, {ẓ}, {q}, {ṯ}에 쓰이는데, 이따금 {ḍ}, {ğ}, {š}에도 사용된다.

21.22. 우가릿어 문자의 표준형태는 아래 표에서 볼 수 있다(그림: Juan-Pablo Vita).

이 가운데 왼쪽 칸에 있는 형태가 가장 널리 사용되는 것으로, '보통형태' 또는 '표준형태' 라고 할 수 있다.[13)]

ả				
ỉ				
ủ				
b				
g				
d		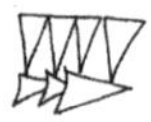		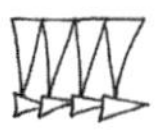
ḍ				
h		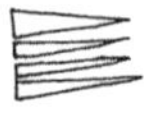		
w	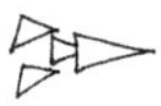			
z				

13) 독일어본에는 {g}의 형태가 한 개밖에 없다. 둘째 글자는 저자의 요청으로 추가한 것이다. 그리고 {l}의 형태는 세 개였는데 저자의 요청으로 다음 셋째 글자는 삭제한다. 

ḥ				
ḫ				
ṭ	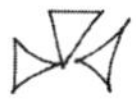	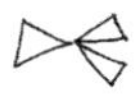		
ẓ				
y		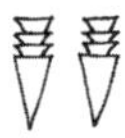	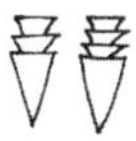	
k	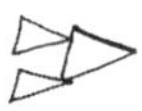			
l				
m				
n				
s				

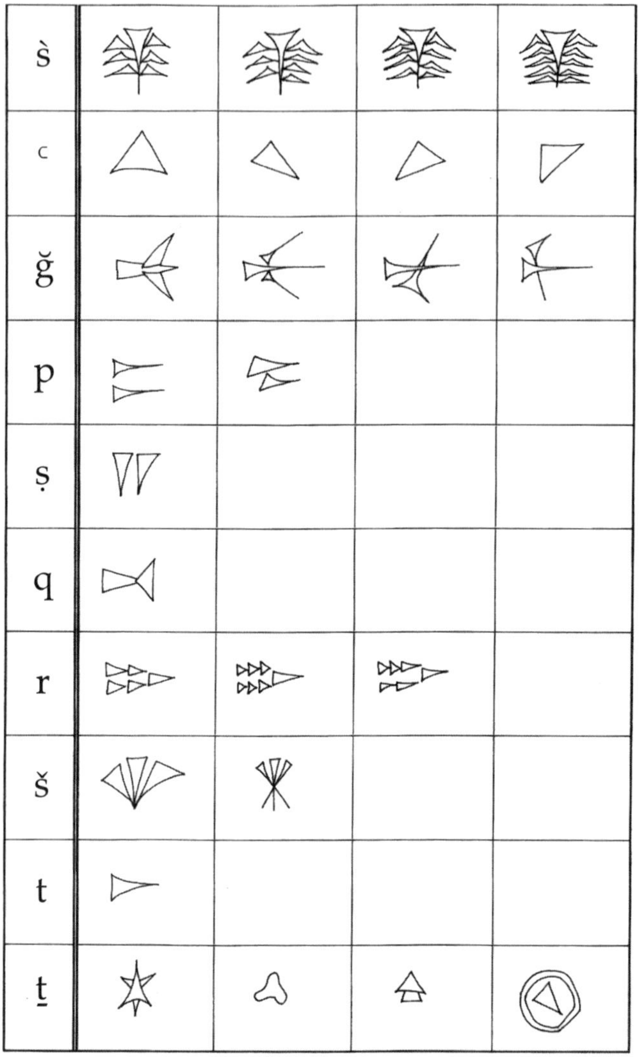
s̀
ʿ
ğ
p
ṣ
q
r
š
t
ṯ

21.23. 위에 열거한 것은 표준형태의 글자지만 실제 우가릿어 텍스트에는 변형된 글자가 꽤 쓰이고 어떤 글자는 모양이 퍽 다르다.

21.231. {ṯ}와 {ẓ}를 나타내는 문자는 2개씩인데 그 형태가 사뭇 다르다.[14]

{ṯ}의 보통형태는 쐐기 세 개짜리로 맨 왼쪽 쐐기부터 관찰하면, 반듯한 쐐기가 가로로 하나, 세로로 하나, 그리고 갈고리쐐기가 맨 오른쪽에 하나 있다. 하지만 특수형태에는 가로로 반듯한 쐐기가 하나 있고 대각선으로 그은 쐐기가 두 개 붙어 있다.

{ẓ}의 보통형태는 가로로 반듯한 쐐기 두 개가 나란히 있고 갈고리쐐기가 하나 있으며, 특수형에서는 가로로 반듯한 쐐기 두 개가 마주하고 있고, 그 아래 수직으로 쐐기 하나가 뻗어 있다. {ẓ}의 특수형태는 {ṯ}의 보통형태와 매우 비슷하여, 세로로 뻗은 반듯한 쐐기의 위아래 위치로 구별한다.

21.232. {ˁ}은 갈고리쐐기 한 개로 표현하는데, 수메르어와 아카드어의 쐐기문자에서 사용되는 갈고리쐐기의 일반 형태와 다르다. 또한 우가릿어의 {ḥ}, {ṯ}, {ẓ}, {q}, {ṯ} 등에 사용된 갈고리쐐기와도 모양이 다르다(Pitard, "Shape"). 갈고리쐐기 가운데 오목한 부분이 대부분 아래로 향하고 있고, 위를 향한 뾰족한 끝은 다른 문자보다 더 깊고 날카롭게 찍는다. 이 쐐기는 대개 오른쪽 아래를 향해 찍는데, 드물게 왼쪽 아래나 비스듬히 아래를 향해 찍기도 해서 변화형이 다양하다.

21.233. {ǵ}는 기존의 견해와는 달리, 대부분의 경우 쐐기 세 개로 이루어진다. 무엇보다 우가릿어 서사시들(바알루, 케레투, 아크하투)과 서간에서 {ǵ}는 대개 수평으로 긋는 반듯한 쐐기에 비스듬한 두 쐐기가 '날개' 처럼 걸쳐 있다. 이게 가장 흔한 형태고, 그 다음으로는 수평으로 긋는 반듯한 쐐기 위에 '날개' 를 찍거나, 그 반대로 '날개' 를 찍은 다음 그 위에 반듯한 쐐기를 수평으로 찍는 것이다. 또한 반듯한 수평 쐐기와 비스듬한 쐐기 하나만 찍은 쐐기 두 개짜리도 자주 나온다. 비스듬한 쐐기를 아래에서 위로 긋는 형태가 위에서 아래로 긋는 형태보다 자주 나온다.

---

14) Dietrich/Loretz/Sanmartín, "Untersuchungen"; Freilich/Pardee, "{ẓ} and {ṯ}."

21.3. 글자의 순서

21.31. 지금까지 우가릿어의 알파벳 토판은 11개가 발견되었는데(5.4–5.6; 5.8; 5.12–5.14; 5.16–5.17; 5.20–5.21; 또한 5.9:I:17–18도 보라), 우가릿어의 장형쐐기문자를 다음의 순서대로 열거한다. 북서셈어(페니키아어)의 단형쐐기문자에 존재하지 않거나 순서가 다른 것은 '↓' 표시를 해두었다.[15]

			↓									↓			↓		↓								↓		↓	↓	↓
ả	*b*	*g*	ḫ	*d*	*h*	*w*	*z*	*ḥ*	*ṭ*	*y*	*k*	š	*l*	*m*	ḏ	*n*	ẓ	*s*	ʿ	*p*	*ṣ*	*q*	*r*	*ṯ*	ğ	*t*	ỉ	ủ	s̀

21.32. 이처럼 우가릿어 알파벳은 북서셈어의 단형문자보다 여덟 글자가 더 많다. 하지만 나열 순서는 같다. 두 문자 체계 모두 '알레프–베트 순서'를 따른다.[16]

우가릿어에서 '추가한' 글자 가운데 다섯 개는 {ả}와 {t} 사이에 있고, 나머지 세 개는 {t} 뒤에 부록처럼 딸려 있다. 이 세 개가 알파벳 순서에서 맨 뒤에 있고 {ả}와 {s}의 이형문자(異形文字, ·Allographe)라는 사실로 미루어 볼 때, 이차적 문자임이 확실하다. 한편 다른 다섯 글자는 우가릿어 알파벳 본래의 문자로 볼 수 있다.

또한 이로써 우가릿어 쐐기문자는, '*ʾ–b–g* 순서'이면서 27글자로 된 고대의 '선형' linear 문자를[17] 따른다고 할 수 있다. 우가릿어 알파벳은 이 고대의 선형문자를 쐐기문자로 옮겨 적고, 문자 세 개를 추가한 것이다.[18]

---

15) 우가릿어의 {s̀} 문자는 북서셈어의 {s̀}와 일치하지만 알파벳 순서에서는 위치가 다르다. 북서셈어의 {s̀} 자리에 우가릿어의 {ṯ}가 보인다.

16) 한편 1988년에 우가릿에서 새로 발견된 토판(RS 88.2215)에는 새로운 알파벳 27개가 이른바 남부셈어 자음 순서로 열거되어 있어서(*h–l–ḥ–m* 등) 새로운 지식을 전해 준다(Bordreuil/Pardee, "abécédaire"). 이로써 우가릿어에는 '알레프–베트 순'의 자음 순서뿐 아니라 다른 알파벳 순서도 이미 알려져 있음이 증명되었다. 하지만 '알레프–베트 순'이 우가릿어의 표준순서로 확립되었다.

17) '선형' 알파벳은 고정된 표면에(예를 들어 돌, 금속, 토기, 파피루스) 글자를 쓰는 데 사용한 문자다. 이는 뾰족한 도구로 점토판에 꾹 눌러 적는 '쐐기문자' 전통과는 대조된다.

18) 22 문자로 이루어진 북서셈어의 단형선형문자와 단형쐐기문자는 장형선형문자에서 발생한 것이다. 이 단형문자들은 장형선형문자의 순서를 받아들였지만 글자수를 줄였음을 알 수 있다. 단형문자에 대해서는 §22를 보라.

21.33. 알파벳 순서가 이렇게 알려져 있긴 하지만, 현대의 출판물이나 우가릿어 사전의 알파벳 순서는 이와 다르다.[19] 현대의 출판물은 아래 두 순서를 널리 쓴다.

① 첫째 순서는 주로 히브리어 글자 순서에 기초한 것이다('추가' 문자들을 눈여겨보라).

↓ ↓ ↓ ↓ ↓ ↓ ↓

ả ỉ ủ b g d ḍ h w z ḥ ḫ ṭ ẓ y k l m n s s̀ ʿ ğ p ṣ q r š t ṯ

② 다음 순서는 전통적인 우가릿어 옮겨 쓰기 기호를 라틴어 알파벳 순서로 정렬한 것이다. 대개 다음과 같은 순서가 쓰인다(Renfroe, *Arabic–Ugaritic*, 8).

ʾ (ả ỉ ủ) ʿ b d ḍ g ğ h ḫ ḥ k l m n p q r s s̀ š ṣ t ṯ ṭ w y z ẓ

21.4. 글자의 파생

21.41. 알파벳 30개 가운데 앞의 27개는 더 오래된 선형 알파벳의 모양을 본따 쐐기문자로 표현한 것이다. 어떤 문자는 후대의 북서셈어 알파벳과 유사하고, 다른 것은 후대의 남부셈어 알파벳과 유사한 반면, 이 둘과 모두 유사한 것들도 있다.[20]

21.42. 우가릿어 알파벳의 끝 글자인 {s̀} 𐎝 는 치음(齒音, 잇소리)을 표시하는 서부셈어의 선형문자 {s}의 모양 곧 또는 을 후대에 쐐기문자로 흉내낸 것이 명백하다.

21.43. 우가릿어의 알레프 문자인 {ỉ}와 {ủ}의 유래를 두고는 여전히 논쟁 중이다.

① 이 문자들은 형태가 비슷한 아카드어의 음절쐐기문자 {I}와 {Ú}에서 따왔다.

② 이에 맞서 Dietrich/Loretz, *Keilalphabete*, 119–123은 {ỉ}와 {ủ}가 모두 아카드어 음절쐐기문자의 {AḪ} 또는 그 변형인 {Aʾ}에서 온 것이라 주장한다.

③ Bernal, "Transmission", 13은 {ỉ}와 {ủ}가 우가릿어 쐐기문자 {h}에서 이차적으로 발전한 문자라고 주장한다.

④ 한편 Lundin, "Ugaritic"에 따르면 {ỉ}와 {ủ} 모두 남부셈어의 알레프 문자 {ʾ}에서 황소*alp*의 머리와 몸통을 형상화하여 유래한 것이다.

---

19) 오직 Pardee, *textes*, 291–329가 이 고대의 체계를 따르긴 한다. 하지만 그도 알파벳 순서의 맨 앞에 알레프 문자들을(ỉ와 ủ를 포함해서) 함께 다루었다.

20) 알파벳 하나씩 설명한 것은 Dietrich/Loretz, *Keilalphabete*, 99–118을 보라.

21.5. 음절의 대응

1955년에 발견된 텍스트 KTU 5.14는 일부 손상되긴 했어도 우가릿어 알파벳을 표준 순서대로 나열하고 문자의 음을 저마다 아카드어의 음절쐐기문자로 대응시켜 놓았다. 이로써 알파벳마다 자음의 음가가 드러날 뿐만 아니라, 변하는 모음도 알게 되어 각 알파벳의 이름을 어렴풋이 추측할 수 있는 길을 터 주었다.

	우가릿어 알파벳	아카드어 음절문자	우가릿어 이름	히브리어 이름	에티오피아어 이름
1	*ả*	A	ᵓ알파	ᵓ알레프	ᵓ알프
2	*b*	BE	베-타	베트	베트
3	*g*	GA	감라	기멜	가믈/그믈
4	*ḫ*	Ḫ̮A	하르마(?)	—	하름
5	*d*	DI/E	딜타/델타	달레트	든트
6	*h*	Ú	호-	헤	호이
7	*w*	W(U)	보-/오-	바브/와우	바베/와웨
8	*z*	ZI	제-나, 제-타	자인	자이
9	*ḥ*	KU	호-타	헤트	하우트
10	*ṭ*	ṬÉ	테-타	테트	타이트
……					
11'	[*p*]	[P]U	푸-	페	아프
12'	*ṣ*	ZA = ṢA	차데-	차데	차다이
13'	*q*	QU	코-/코-파	코프	카프
14'	*r*	RA	라ᵓ샤	레쉬	르ᵓ으스
15'	*ṯ*	ŠA	싼나(?)	—	—
16'	*ğ*	Ḫ̮A	?	—	—
17'	*t*	TU	토-	타우	타비
18'	[*ỉ*]	I	이(?)	—	—
19'	*ủ*	U	우(?)	—	—
20'	*s̀*	ZU	?	—	—

21.6. 옮겨 쓰기

21.61. 우가릿어 알파벳을 라틴문자로 옮겨 쓰는 일은 다른 셈어 알파벳을 옮겨 쓰는 기존의 체계에 따른다. 이 체계는 히브리어와 고전 아랍어를 기반으로 만들어졌는데, 주로 자음의 음가를 옮겨 적는 것이다. 이 체계는 히브리어학과 아랍어학에서 널리 사용한다. 이를 바탕으로 우가릿어학에서도 다음과 같은 체계를 사용한다.

ả ỉ ủ b g d ḍ h w z ḥ ḫ ṭ ẓ y k l m n s s̀ ᶜ ğ p ṣ q r š t ṯ

21.62. 이 밖에도 다음처럼 옮겨 쓰는 방법이 사용되고 있다.

- 알레프 문자 세 개, 곧 *ả*, *ỉ*, *ủ* 대신에 *ʾa*, *ʾi*, *ʾu* 또는 그냥 *a*, *i*, *u*가 자주 사용된다. 이 책에서도 *a*, *i*, *u*를 쓴다.
- *ḍ*와 *ṯ* 대신에 그리스어 문자 *δ*와 *θ*가 사용되기도 한다.
- *ẓ* 대신에 ṯ̣ 또는 *θ̣*가 쓰이기도 한다.
- *s̀* 대신에 *ś*가 사용되기도 한다.

21.63. 위에 제시한 몇몇 대안적 표기법에도 나름의 근거가 있기는 하지만, 이 문법서에서는 기존 연구와 통용하도록 전통적 방식을 그대로 유지한다. 이 책에서는 다음처럼 옮겨 적는다.

a i u b g d ḍ h w z ḥ ḫ ṭ ẓ y k l m n s s̀ ᶜ ğ p ṣ q r š t ṯ

21.7. 정철법

21.71. 자음 정철법의 원칙

셈어 알파벳에는 자음과 문자 사이에 일종의 일 대 일 대응 원칙이 있다. 곧 '한 자음을 한 문자로 표현함' 이 이상적이다. 우가릿인들이 직접 자신들의 알파벳을 만든 것이 아니기 때문에, 우가릿어에 이런 이상적 대응은 없다. 아마도 자음의 음가 가운데에 대응하는 글자를 찾지 못한 것도 있을 것이다.[21] 다른 한편으로 알파벳 말미에 첨

21) 설측음(舌側音, lateral: 혀옆소리)인 /*ś*/와 /*ṣ́*/를 들 수 있다(§31.24).

가된 세 글자 {i}, {u}, {ś}로 미루어, 이차적인 자음의 음가를 위해 몇몇 문자를 새로 만들어야 했다는 사실을 알 수 있다. 곧 /ʾ/의 음가는 뒤에 오는 모음에 따라 {a}, {i}, {u}로,[22] /s/는 {s}나 {ś}로 적을 수 있게 된 것이다.[23]

우가릿어 문자에서 확장된 자음은 – 자음이 중첩되거나verdoppelt 동사의 어근이 중복된geminiert 경우 – 겹쳐 쓰지 않기 때문에 쓰여 있는 자음만으로는 알 수 없다. 이런 경우에는 다른 셈어와 비교하거나 해당 음절을 분석해야만 알아낼 수 있다.

21.72. 알레프

21.721. 우가릿어 문자의 가장 특이한 점은, 성문폐쇄음聲門閉鎖音인 /ʾ/를 표현하는 데 글자가 세 개나 필요하다는 것이다. 곧 *a*–알레프={a}, *i*–알레프={i}, *u*–알레프={u}이다.

음절을 여는 곳에서 이 세 알레프 문자의 음가에 대한 학자들의 견해는 다음처럼 일치한다.

{a}는 /ʾ*a*/나 /ʾ*ā*/를 표현하고

{i}는 /ʾ*i*/, /ʾ*ī*/, /ʾ*ê*/ 또는 극단적으로 짧은 모음인 /ʾ^{i}/ = /ʾ*ə*/를

{u}는 /ʾ*u*/, /ʾ*ū*/와 /ʾ*ô*/를 표현한다.

다음의 예를 보라.

{a} /ʾ*a*/ *alp* /ʾ*alpu*/ "황소" (1.1:IV:30&)

{i} /ʾ*i*/ *irt* /ʾ*irtu*/ "가슴" (1.3:III:5&)

/ʾ*ê*/ *in* /ʾ*ênu*/*a*/ 〈 *ʾ*aynu*/*a* "…가 없다" (1.3:V:28&)

{u} /ʾ*u*/ *um* /ʾ*ummu*/ "엄마" (1.6:VI:11&)

/ʾ*ô*/ *u* /ʾ*ô*/ 〈 *ʾ*aw* "또는" (1.4:VII:43&)

---

22) 아래 §21.721을 보라.

23) 우가릿어 알파벳에 후대에 첨가된 이 글자들의 음가에 대해서는 Segert, "Last Sign"({ś} = [su])와 최근의 Tropper, "Zeichen"을 보라. 그리고 본디 [^{t}s] 음가임이 확실했던 우가릿어의 음소 /*s*/는 {s}로 표기했는데, 후대에 특정한 음성학적 조건에서 역파찰화deaffriziert되어 [s] 음가가 된다. 그 뒤에 {ś} 문자가 [^{t}s] 음가를 차지하게 된다.

21.722. 하지만 이른바 '마침알레프', 곧 이 알레프가 음절이 끝나는 곳에서 모음이 뒤따르지 않을 때, 어떻게 쓰이는지에 대해서는 의견이 분분하다. 이에 대해서는 다양한 이론들이 있는데 대표적인 것 몇 가지만 적는다.

① 모든 마침알레프는 {i}로 표현된다.
② 일반적으로 마침알레프는 바로 앞에 나온 모음에 따라 선택된다.
③ 우가릿어에서 마침알레프는 발음하지 않는다. /*aʾ*/는 /*â*/로, /*iʾ*/는 /*î*/로, /*uʾ*/는 /*û*/가 된다. 곧 알레프 문자 {a}, {i}, {u}는 음운축약으로 발생한 장모음 /*â*/, /*î*/, /*û*/를 위한 '읽기용 모음' mater lexionis으로서 기능한다.
④ 우가릿어에서 마침알레프가 사용된 단어들 가운데 대부분은 히브리어의 하테프 모음처럼 매우 짧아지고, 뒤따라오는 모음의 영향을 받는다. 곧 알레프 문자는 뒤따라오는 모음가로 알려 준다.[24]

최근에는 위 이론들 가운데 첫째 이론이 설득력을 얻고 있다. 하지만 예외 사례들도 있다(마침알레프가 {u}나 {a}가 되는 경우).

21.723. 이 책에서 사용하는 알레프 이론은 현대 연구자들 사이에 가장 널리 사용되는 것이다. 이를 다음의 두 규칙으로 정식화할 수 있는데, ①은 기본규칙이다. ②는 파생규칙으로서 이따금씩 나오는 예외들을 이해하기 위한 것이다.[25]

① 마침알레프는 뒤따라오는 모음이 무엇이든 기본적으로 {i}로 적는다.
② 하지만 경우에 따라 {u}나 {a}도 쓸 수 있다. 이때 기능의 차이는 없다. 이 예외 현상은 아마 실제 발음과 관련 있을 것이다. 이들은 마침알레프 뒤에 나오는 이른바 하테프 모음을 가리키는 것으로 볼 수 있다. 하지만 더욱 신빙성 있는 설명은, 마침알레프가 지니는 고유 기능, 곧 순간적으로 숨을 멈추는 현상에 기인한다는 것이다.
하테프 모음을 받아들인다면, 알레프는 음절이 끝나는 곳에서 /*ʾV*/(알레프+모음)형의 매우 짧은 모음이 될 수 있다는 말이 된다. 곧 {a}는 /*ʾa*/가, {u}는 /*ʾu*/가, {i}는 /*ʾi*/가 될 수 있다.

---

24) 이 이론의 대표격으로 Verreet, "silbenschließende", 223-226을 보라.
25) Tropper, "Silbenschließendes."

그러나 이 책에서 선호하는 설명, 곧 숨을 잠깐 멈추는 현상으로 설명한다면, 음절을 마치는 알레프는 음운축약으로 발생한 장모음을 나타내는 것이다. 또한 그 음가는 원래 마침알레프 바로 앞 모음에서 온다. 구체적으로는 다음과 같다.[26)]

{a} /*â*/ 〈 **aʾ*

{u} /*û*/ 〈 **uʾ*

{i} /*î*/ 〈 **iʾ*

21.724. 앞의 이론은, 왜 우가릿어 문헌들에서 마침알레프의 음가와 글자가 통일되지 않은지 설명할 수 있다. 앞의 첫째 규칙을 따르는 대다수의 알레프 표기는 보통의, 곧 음소를 표기한 마침알레프라고 할 수 있다. 이 첫째 규칙에서 벗어나는 표기는 그 수가 적은데, 실제 음성을 표기한 것으로 볼 수 있다.

보통의 알레프 표기의 예

ṣin = /*ṣaʾnu*/ "작은 가축" (1.4:VI:41&)

riš = /*raʾšu*/ "머리" (1.2:I:6&)

sin = /*suʾnu*/ "옷자락" (1.6:II:10)

mišmn = /*maʾš*(V)*mānu*/ "인장" (2.19:6; 6.23:1; 6.75:1)

yiḫd = /*yaʾḫud*–/ (√*ʾḫd*의 어두변화형) "그가 잡는다/잡았다" (1.6:V:1&)

tbi = /*tabûʾ*/ (√*bwʾ*의 어두변화 단형 의지법) "너는 가야 한다" (1.169:18)

음성을 표기한 알레프의 가능한 예

mašmn = [mâš(a)mānu] 또는 [maʾaš(a)mānu] "인장" (6.17:1; 4.318:1과 비교)[27)]

yuḫd(*m*) = [yôḫVd–] 또는 [yaʾuḫud–] "그가 잡는다/잡았다" (1.4:IV:16&)[28)]

(?) *ymẓa* = [yimẓâ] 〈 **yimẓaʾ* (√*mẓʾ*의 G형 어두변화 단형 직설법) "그가 찾았다" (1.12:II:37)[29)]

---

26) 또한 Tropper, "Silbenschließendes"를 보면, (특히 I–ʾ의 어두변화형에서) 우가릿어의 마침 알레프 **aʾ*가 이따금 /*ô*/로 축약되고, 따라서 {u}로 쓰일 때가 있음을 알 수 있다.

27) 또한 일부 생략된 형태이거나 철자를 잘못 적은 ***mšmn***도 있다(6.66:1〈 6.69:1–2).

28) 히브리어 *yôḥēz*와 비교하라. 또한 강변화 *yœʾœḥōz*도 비교하라.

29) 어두변화 단형의 연장형으로 볼 수도 있다. 곧 /*yimẓaʾa*/.

(??) *ybu* = [yabû] 〈 **yabû*ʾ (√*bw*ʾ의 G형 어두변화 단형 직설법) "그가 왔다" (1.3:V:7)[30]

21.725. 다음 세 형태는 알레프가 겹쳐 쓰여 있다. 장모음 다음에 성문폐쇄음이 연결되는 것이 특징이다.

ṣbia /*ṣabīʾa*/ "해돋이, 일출" (1.15:V:19)

mria /*marīʾa*/ "(살진) 가축" (1.3:IV:41; 1.4:VI:41–42)

yraun /*yarāʾunnV*/ "그는 (그를) 두려워했다" (1.5:II:6)[31]

알레프 두 개가 겹쳐진 형태를 분석하면, 첫째 알레프는 마침알레프 또는 숨을 잠깐 멈추는 알레프를, 둘째 알레프는 음절을 여는 성문폐쇄음을 나타낸다.

**ṣbi*ʾ + ʾ*a* 〉 **ṣbi*ʾʾ*a* 〉 **ṣbīa*

그러므로 성문폐쇄음은 중첩되어 표기된 것이다. 일반적인 표기라면 다음과 같이 표기해야 했을 것이다.

**ṣba*, **mra*, **yrun*

21.73. 모음

우가릿어 문헌은 원칙적으로 자음만으로 쓰여 있다. 알레프 문자만 예외인데, 이는 음절을 표혀하기도 하고 음절을 여는 곳에서는 /ʾ/아 연결된 모음을 알려 준다(§21.721). 물론 예외도 있지만 모음은 (단모음이건 장모음이건) 문자로 표현되지 않는다.

눈여겨봐야 할 것은 이따금 {y}가 음절을 마치는 곳에서 '읽기용 모음'으로서 /*ī*/에 사용된다는 것이다(물론 의존불변화사로 사용된 것은 예외다: §89.3).[32] 예를 들면 다음과 같다.

ily ugrt /ʾ*ilī* ʾ*UgaritV*/ "우가릿의 신들" (2.16:4f.)

ymy bˁl /*yâmī baˁli*/ "주님의 날들" (1.103+:34)

또한 다음도 비교하라.

b 대신에 *by* "… 안에" (2.2:7&)

l 대신에 *ly* "…을 위하여" (2.30:5&)

k 대신에 *ky* "…이라고"(종속절을 이끎) (2.16:7)

---

30) 어두변화 장형으로 볼 수도 있다. 곧 /*yabû*ʾ*u*/.

31) 설화적 기능으로 사용된 √*yr*ʾ의 부정사.

32) 우가릿어에서 '읽기용 모음'에 대해서는 다음을 보라. Blau/Loewenstamm, "Scriptio Plena"; Dietrich/Loretz, "Untersuchungen (II)."

22. 단형쐐기문자

22.1. 시리아-팔레스티나 지역에서는 대략 22개의 단형쐐기문자로 쓰인 문서들이 적은 수이긴 하지만 여러 군데에서 발견되었다.[33] 이 문헌들 가운데 왼쪽에서 오른쪽으로 쓴 것도 있지만, 오른쪽에서 왼쪽으로 쓴 것도 있다. 그런데 우가릿에서 발견된 단형쐐기문자 문헌은 모두 오른쪽에서 왼쪽으로 쓰여 있는데, 이는 일반적인 우가릿어 문헌의 장형쐐기문자와는 다르다.

단형쐐기문자는 장형쐐기문자가 발전하여 생긴 것이 아니라, 22개짜리 단형선형문자를 쐐기문자로 옮겨 적은 것 같다. 단형선형문자는 기원전 13세기부터 발견되므로 단형쐐기문자의 기원도 대략 그 정도일 것이다. 그러므로 분명히 장형쐐기문자보다는 훨씬 후대의 것이다.

22.2. 우가릿 지역, 곧 우가릿 시(Ugarit 市, 오늘날 라스 샴라)와 항구인 미넷 엘-베이다 Minet el-Beida에서 발견된 문헌 가운데, 명백히 단형쐐기문자로 쓰인 문헌은 다음 세 개뿐이다. KTU 4.31, KTU 4.710 그리고 도기에 쓰인 KTU 1.77. 세 문헌 모두 오른쪽에서 왼쪽으로 썼다. 이것들과 함께 KTU 7.60도 언급해야 하는데, 흙으로 만든 독수리 머리 아래쪽에 두 줄로 새겨 쓴 텍스트는 매우 알아보기 어렵다.[34]

22.3. 단형쐐기문자의 형태는 다음과 같다.[35] 사실 단형쐐기문자와 장형쐐기문자의 글자들은 거의 같다. 하지만 {ʾ}, {b}, {h}, {w}, {z}, {ṭ}, {k}, {m}, {n}, {s}, {š}, {p}, {q}, {r}, {t}를 비교해 보면 그 차이를 쉽게 알 수 있다. 또한 글자를 적는 방향뿐 아니라 글자 자체의 방향도 다르다.

---

33) 이 주제에 대해서는 다음을 보라. Dietrich/Loretz, *Keilalphabete*, 145–275; "Cuneiform", 107–110.

34) 이 텍스트는 오른쪽에서 왼쪽으로 썼다. 문자 {d}는 단형쐐기문자의 형태와 일치한다.

35) Tropper, *Grammatik*, 75; Dietrich/Loretz, *Keilalphabete*, 270.

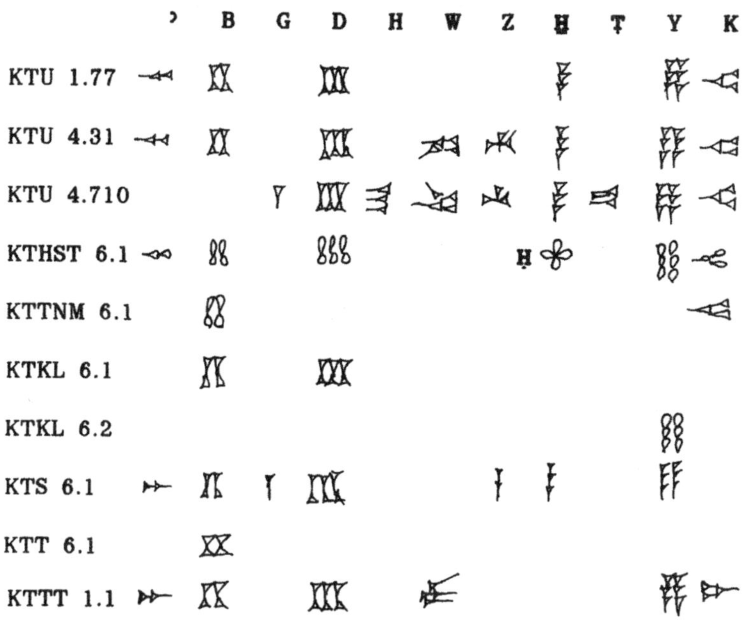
ʾ B G D H W Z Ḥ Ṭ Y K
KTU 1.77
KTU 4.31
KTU 4.710
KTHST 6.1
Ḥ
KTTNM 6.1
KTKL 6.1
KTKL 6.2
KTS 6.1
KTT 6.1
KTTT 1.1

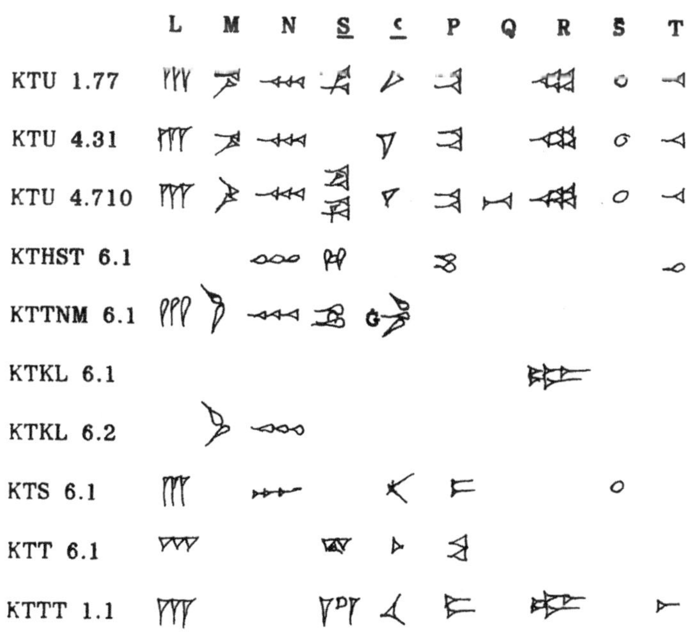
L M N S̱ ʿ P Q R Š T
KTU 1.77
KTU 4.31
KTU 4.710
KTHST 6.1
KTTNM 6.1
G
KTKL 6.1
KTKL 6.2
KTS 6.1
KTT 6.1
KTTT 1.1

22.4. 위에서 언급한 텍스트를 과연 우가릿어 텍스트로 분류해야 하는지는 매우 회의적이다. 최소한 KTU 4.710과 KTU 4.31이 우가릿어가 아니라는 데에는 결정적인 언어학적 근거가 있다.

① 고대 셈어에서 양을 표현하는 일반 규칙, 곧 3–10을 표현할 때 숫자의 성과 뒤에 나오는 명사의 성을 불일치시키는 규칙(또는 반대로 일치시키는 규칙)이 KTU 4.710에서는 일관성 있게 적용되었다. 하지만 우가릿어 산문에서는 이런 식의 구문론을 볼 수 없다(§62.13).

ḫmṯ$_2$*t prsm* "*prs*–단위 5개"(4행)

ṯlṯt prsm "*prs*–단위 3개"(5행)

ṯmnt prsm "*prs*–단위 8개"(7행)

② KTU 4.31은 독특하게도 11–19를 표현할 때, 단위(곧 *kd*)를 생략하고, '기름'의 격어미를 사용하지 않는다.

b ṯṯ ʿṯ$_2$*r ṯ*$_2$*mn r[qḥ]* "16(세켈의) [향]유로"(2행)

b ḫmṯ$_2$ *ʿṯ*$_2$*r ṯ*$_2$*mn* [ ] "15(세켈의) … [ ]기름으로"(11행. 4, 5, 6행과 비교)

우가릿어 구문론에 따르면 10을 나타내는 숫자는 다음처럼 *ʿšrh*를 쓴다(§62.2).

arbʿ ʿšrh šmn "14(*kd*–단위)의 기름"(4.290:1)

위의 관찰로 미루어, 우가릿 문헌들 가운데 단형알파벳으로 쓰인 것은 본디 우가릿어가 아니라고 결론내릴 수 있다. 아마도 페니키아어의 방언으로 보는 것이 적절할 것이다.[36]

---

36) 다음을 보라. Dietrich/Loretz, *Keilalphabete*, 299–302; Tropper, "Kurzalphabettexte."

23. 음절쐐기문자

23.1. 들어가며

우가릿어 일부 단어와 형태는 메소포타미아에서 생겨난 수메르어나 아카드어의 음절쐐기문자로 적혀 있다. 이 문자 체계는 우가릿어 자음의 미세한 차이를 덜 정확하게 표현하지만, 모음만은 정확히 전해 준다. 따라서 우가릿어의 모음을 알아내는 데 큰 의미가 있다.

음절쐐기문자로 쓰인 우가릿어 텍스트는 보이드(Boyd, *Vocabulary*)와 최근의 휴네가르드(Huehnergard, *Vocabulary*)가 수집하고 연구하였다.[37] 또한 그동안 우가릿어에 사용된 아카드어의 문법적 연구가 풍부히 진행되었다. 곧 Swaim, *Grammar*; Huehnergard, *Akkadian*; van Soldt, *Studies* 등이다.

23.2. 텍스트

음절쐐기문자로 쓰인 우가릿어 단어들은 다음에 실려 있다.

① 네 가지 언어(수메르어, 아카드어, 후리어, 우가릿어)로 된 "음절 단어장 A"("Syllabary A Vocabulary", 약자로 S^{a})의 넷째 칸

② RS 20.163. 매우 읽기 어려운 이 텍스트는 온전히 우가릿어일 것이다.[38]

③ 우가릿에서 발견된 아카드어 텍스트들. 대개 법률 문헌이나 상업 문헌들이다.

또한 우가릿어 문헌에서 고유명사로 보이는 단어들이 상당수 음절쐐기문자로 쓰여 있다. 이 고유명사는 우가릿어를 재구성하는 데 사용할 수 있지만, 매우 조심스럽게 다루어야 한다. 또한 우가릿어 텍스트 가운데에는 음절쐐기문자로 신들의 이름을 나열한 것이 두 개 있다(RS 20.24; RS 26.142).

---

37) 다음의 연구에서 이형異形이 제시되고 대안적 분석이 실려 있다: van Soldt, *Rezension*.

38) Huehnergard, *Vocabulary*, 11 이하.

23.3. 음절쐐기문자의 표기법

이른바 '음절' 쐐기문자는 음절문자와 단어문자(한 단어를 표현하는 문자)의 결합이다. 한 단어를 온전히 표현하는 음절쐐기문자는 '기호글자' Logogram라고 한다. 이 기호글자는 한 단어의 전체 음가를 나타낸다. 또는 바로 앞이나 뒤에 오는 단어의 의미론적 범주(예: 민족, 직위 등)를 규정하는, 이른바 한정사Determinativ로도 쓰인다. 하나의 음절 또는 음절의 일부를 표현하는 기호글자의 음가는 다음과 같다(C: 자음, V: 모음).

'모' V　　　모음 하나만으로 한 음절을 이룸(예: /*u*/)
'자모' CV　　초성 자음과 이어지는 모음으로 이루어진 음절(예: /*da*/)
'모자' VC　　모음으로 시작하여 자음으로 끝나는 음절(예: /*ib*/)
'자모자' CVC　초성 자음, 중성 모음, 종성 자음으로 이루어진 음절(예: /*raš*/)

메소포타마아의 쐐기문자(음절문자)로 쓰인 우가릿어 단어들 가운데 '자모자' CVC 형태는 비교적 드물다.

23.4. 우가릿어 자음의 정서법

23.41. 음절쐐기문자는 우가릿어 자음의 미세한 차이를 정확히 표현하는 데는 그리 적합하지 않다. 그렇지만 우가릿어 자음의 음소와 음절쐐기문자가 어떻게 대응하는지를 연구하면 그 음소의 음가音價와 의미를 알 수 있다. 다음을 보라: Huehnergard, *Vocabulary*, 211–254; van Soldt, *Studies*, 308–339.

23.42. 당대의 바빌론어나 아카드어는 자음이 연장되거나 중복Konsonantengemination되는 경우, 대개 다음처럼 '모자' VC나 '자모자' CVC 다음에 '자모' CV가 와서 중첩 자음을 일일이 표기하지만, 우가릿어는 그렇지 않은 경우도 많다.

i-pa-ar-ra-as 또는 *i-par-ra-as*

우가릿어 문헌의 낱말 가운데 대략 절반 정도에서 이런 현상이 벌어진다. 이런 현상은 아카드어에서 유래한 단어든, 우가릿어의 고유한 단어든 별 차이가 없다.

ap-pu = /*appu*/ "코"
^{dug}*ka-du-ma*^{meš} = /*kaddūma*/ "(물)동이들"[39]

39) 다음에 더 많은 예가 실려 있다. Huehnergard, *Vocabulary*, 208 이하.

23.5. 우가릿어 모음의 정서법

23.51. 우가릿어의 기본 모음은 이른바 /*a*/, /*i*/, /*u*/인데(저마다 장음과 단음이 있다), 음절쐐기문자에도 {a}–, {i}–, {u}–로 표현된다.

두 모음이 한 모음으로 축약될 때, 곧 **ay* 〉 /*ê*/의 경우 음절쐐기문자에서는 가능한 {e}로 표기한다. 이는 중기 아시리아어의 표기법에서 온 것이다. 하지만 {i}로 표기될 때도 있다. 그리고 **aw* 〉 /*ô*/ 현상의 경우, 당대 메소포타미아의 쐐기문자에는 해당하는 게 없다. 그래서 이런 경우 /*u*/ 모음으로 표현한다.

23.52. 모음의 연장을 표시하기 위해 '자모' CV 다음에 모음을 첨가한다. 이는 그 당시 메소포타미아에서 통용되던 정서법과 일치한다.[40]

---

40) 자세한 예는 Huehnergard, *Vocabulary*, 254–257을 보라.

3. 소리

31. 자음

31.1. 자음의 음소 체계

우가릿어 텍스트에서 발견되는 알파벳은 '중심문자' 27개와 '추가문자' 3개로 이루어져 있는데, 그 가운데 최소한 27개 자음의 음소가 있다.[41] 다른 셈어들에 비해 자음이 상대적으로 풍부하며, 이 자음들은 장애음(Obstruent 곧 마찰음Frikativ, 폐쇄음Verschlusslaut, 파찰음Affrikativ)과 공명음(Resonant 곧 비음Nasal, 유음Liquid)과 반모음으로 나뉜다.

장애음은 다음 표처럼 세 갈래로 나뉜다.

무성음(안울림소리)	격음(거센소리)	유성음(울림소리)	
/*p*/		/*b*/	순음(입술소리, Labial)
/*t*/	/*ṭ*/	/*d*/	치음(잇소리, Dental)
/*ṯ*/	/*ẓ*/	/*ḏ*/	치간음(잇사잇소리, Interdental)
/*š*/, /*s*/	/*ṣ*/	/*z*/	치찰음(잇마찰소리, Sibilant)[42]
/*k*/	/*q*/	/*g*/	연구개음(여린입천장소리, Velar)
/*ḫ*/		/*ǵ*/	구개수음(목젖소리, Uvular)[43]
/*ḥ*/		/*ʿ*/	인두음(인두소리, Pharyngal)
/*h*/, /*ʾ*/			후두음(목구멍소리, Laryngal)

41) 특히 우가릿어의 음성학은 다음을 보라. Fronzaroli, *fonetica*. 음성학 관련 용어는 다음을 참고하여 옮겼다: 구희산, 고도홍, 『번역 사전』.

42) 셈어의 치찰음과 가장 가깝게 보이는 우리말의 'ㅈ', 'ㅊ'은 실상 경구개음으로, 조음 위치도 다르고 음가도 다르다.

43) 구개수음, 인두음, 후두음은 우리말의 'ㅎ'에 해당하는 목청소리라고 볼 수 있다. 이렇듯 목청소리가 세분화되어 있는 점이 셈어 발음에서 까다롭고도 주의할 점이다.

우가릿어의 공명음과 반모음은 다음과 같다.

비음(콧소리Nasal)	유음(흐름소리Liquid)	반모음	
/m/		*/w/*	양순음(두입술소리, Bilabial)
/n/	*/r/*, */l/*		치음(잇소리, Dental)/치경음(잇몸소리, Alveolar)
		/y/	경구개음(센입천장소리, Palatal)

31.2. 특이한 자음들

31.21. 셈어의 음소 /*ḏ*/가 일관되게 {ḏ}로 쓰인 문헌은 KTU 1.12와 1.24밖에 없다. 다른 문헌에선 /*ḏ*/가 몇몇 특정한 음운론적 조건을 제외하고,[44] {d}로 쓰였다. 이는 우가릿어에서 /*d*/와 /*ḏ*/의 음소가 특별히 구분되지 않았음을 의미한다.

31.22. 우가릿어의 정서법을 따르자면 치간음의 거센소리 /*ẓ*/의 어원은 {ẓ}로 쓰는 게 규칙이다. 하지만 몇몇 단어에서 /*ẓ*/의 어원을 {ġ}로 표기한다.[45] 확실한 예들은 다음과 같다.

√*nǧr* “보호하다, 지키다”

√*ǧmʾ* “목마르다”

ǧr “산”山

31.23. 엄격한 의미로 우가릿어의 치찰음은 네 개 있다. 곧 /*s*/, /*ṣ*/, /*z*/, /*š*/이다. 이 가운데 앞의 세 개, 곧 /*s*/, /*ṣ*/, /*z*/는 파찰음화(Affrizierung: 파열과 마찰이 함께 일어나는 현상)된 특징을 지녔고, 저마다 [ᵗs – ᵗsʾ – ᵈz]로 발음된다고 할 수 있다. 하지만 [š]은 경구개-치경음이 마찰된 치찰음이다.

31.24. 우가릿어에서 원셈어의 설측음(혀옆소리, Lateral)인 /*s²*/(/*ś*/)와 /*ṣ́*/가 규칙적으로 {š}이나 {ṣ}으로 표기되는 것으로 보아 독립 음소로 보존되지 않았다고 할 수 있다. 이

44) 흔히 /*r*/(Gordon, *Textbook*, §5.3), /*m*/, /*n*/이 올 때이다.

45) 다음을 보라. Fronzaroli, *fonetica*, 33–35; Gordon, *Textbook*, §5.7; Dietrich/Loretz, “Untersuchungen (I)”, 311–314; 또한 다른 의견 Rössler, “Ghain.”

는 다른 가나안어 지역어들에서도 나타나는 현상이다. 하지만 다음의 1.12 같은 특정 문헌에서는 설측음의 거센소리 /ṣ́/를 {ẓ}로 표기하여 그 음가를 보존하려고도 했다.

yẓḥq "그가 웃었다" (KTU 1.12:I:13)

ẓi "가라!" (KTU 1.12:I:14.19)

31.3. 셈어의 폐쇄음과 마찰음 비교표

원셈어	고대남부 아랍어	고전 아랍어	우가 릿어	히브 리어	고대 아람어	신 아람어	에티오 피아어	아카드어
p	f	f	p	p	p	p	f	p
ṯ	ṯ	ṯ	ṯ	š	š	t	s	š
ẓ	ẓ	ẓ	ẓ, ǧ*	ṣ	ṣ	ṭ	ṣ	ṣ
ḍ	ḍ	ḍ	d, ḍ	z	z	d	z	z
s^3	s^3	s	s	s	s	s	s	s
ṣ	ṣ	ṣ	ṣ	ṣ	ṣ	ṣ	ṣ	ṣ
z	z	z	z	z	z	z	z	z
s^1	s^1	s	š	š	š	š	s	š
s^2	s^2	š	š	ś	š	s	ś	š
ṣ́	ḍ	ḍ	ṣ, ẓ*	ṣ	q	ᶜ	ḍ	ṣ
x	ḫ	ḫ	ḫ	ḥ	ḥ	ḥ	ḫ	ḫ
γ	ǧ	ǧ	ǧ	ᶜ	ᶜ	ᶜ	ḫ, ᶜ	($ᵓ_5$)
h	ḥ	ḥ	ḥ	ḥ	ḥ	ḥ	ḥ	($ᵓ_3$)
ᶜ	ᶜ	ᶜ	ᶜ	ᶜ	ᶜ	ᶜ	ᶜ	($ᵓ_4$)
h	h	h	h	h	h	h	h	($ᵓ_2$)
ᵓ	ᵓ	ᵓ	ᵓ	ᵓ	ᵓ	ᵓ	ᵓ	($ᵓ_1$)

32. 모음

원셈어에는 단모음이 세 개, 곧 /*ă*/, /*ĭ*/, /*ŭ*/, 장모음이 세 개, /*ā*/, /*ī*/, /*ū*/가 있다. 이 셈어의 기본 모음 /*a*/, /*i*/, /*u*/의 짧고 긴 형태가 우가릿어에는 모두 있다.

히브리어와 여러 가나안어들과는 달리, 우가릿어에서는 긴 모음 /*ā*/가 /*ō*/로 변하지 않고 보존된다는 점을 눈여겨보아야 한다(이 규칙의 예외는 적지만 존재한다).

aḫd /*ʾāḫid*–/ "잡고 있는"(√*ʾḫd* G형 분사 능동, 1.17:I:30; 1.17:II:5.19)

히브리어: *ʾoḥez*

ksat /*kussiʾāt*–/ "왕좌"(여성 복수형, 1.3:II:21&)

히브리어: *kisʾôt*

원셈어의 이중모음 /*ay*/와 /*aw*/는 우가릿어에서 축약되어 장음이 되었다(§33.31). /*ê*/와 /*ô*/는 이차적 모음이라 한다.

**ay* 〉 /*ê*/

**aw* 〉 /*ô*/

33. 음운변화

우가릿어 정서법을 관찰하면 수많은 음운변화를 볼 수 있는데, 대부분 음운 규칙을 충실히 따르고 있다. 대표적인 규칙은 다음과 같다.

33.1. 자음의 음운변화

33.11. 북서셈어의 공통 현상으로 우가릿어도 단어 첫머리에서 *w*는 /*y*/가 된다.[46]

**w* 〉 /*y*/

**wbl* 〉 *ybl* "나르다, 데려 오다"

---

46) 하지만 다음의 두 경우에 단어의 첫머리에서 /*w*/가 보존된다.

① 접속사 *w* "그리고"

② 모음 /*u*/ 앞에서, 이를테면 I–*y*(〈 I–*w*) 동사의 중첩형D 부정사

예: *wld* /*wullad*–/ "낳는 일, 출산" (1.14:III:48&)

wpṯ–m /*wuppaṯ*–/ "욕, 비방" (1.4:VI:13)

33.12. 유성음화와 무성음화[47]

① 유성음화, 곧 유성자음과 접하여 공명음화(Sonorisierung, 울림소리화)하는 현상

**p* 〉 *b*

ybˁl /*yibˁalu*/ 〈 **yipˁalu* (√*pˁl*) "그가 만든다/한다" (1.17:VI:24)

② 무성자음과 접하여 무성음화, 특히 양순음이 파열음이 되는 현상[48]

**b* 〉 *p*

tpky /*tapkiyu*/ 〈 **tabkiyu* (√*bky*) "너는 운다" (1.107:11)

33.13. 역행동화regressive Assimilation

**dt* 〉 /*tt*/

aḥt /ˀ*aḥ*(*ḥ*)*att*–/ 〈 *ˀ*aḥadt*– "하나" (여성형, 1.48:13&)

33.14. 역행동화

n*자 〉 /자자/ (n*C 〉 /CC/)

ap = 음절문자 *ap–pu* /ˀ*appu*/ 〈 *ˀ*anpu* "코" (1.2:I:13&)

다음은 예외다.

① 동사의 셋째 어근이 *n*이고 그 뒤에 바로 자음이 올 때

ytnt (√*ytn*의 기본형G) "너는 주었다" (1.6:VI:14)

② {자*n*–자*x*} (C*n*–C*x*) 또는 {자*n*–자*n*} (C*n*–C*n*)형으로 된 합성어나 반복 어근의 단어

gngn /*g*V*ng*V*n*–/ "속, 내장" (1.4:VII:49)

③ 때때로 인두음이나 후두음 앞에서

mnḥ /*minḥ*–/ "제물, 공물" (1.2:I:38&)

33.15. 역행동화

l*자 〉 /자자/ (l*C 〉 /CC/)

오직 √*lqḥ* "취하다, 잡다" 동사에서만 일어난다(§75.4).

---

47) 이 주제에 대해서는 다음을 보라. Garr, "Voicing and Devoicing"; Voigt, "Voicing and Devoicing."

48) 이 현상을 영어로는 voicing/devoicing이라 하고, 독일어로는 Stimmtonverlust (Stimmhaftigkeit/Stimmlosigkeit)라고 한다.

33.16. 순행동화progressive Assimilation

*ny 〉 /nn/

I–y 동사의 N형 어두변화형에서 나타난다.

ynp^c = /yinnapi^c/ 〈 *yinyapi^c (√yp^c)(§75.51)

33.17. š이 /ṯ/와 만났을 때, *š 〉 /ṯ/가 된다(조음점의 동화). 특히 Š형을 만들 때 동사의 어근이 /ṯ/를 포함하면, 사역형 형태소(§74.3)는 š이 아니라 ṯ가 된다. 이런 동사들의 예를 들면 다음과 같다.

① 어근의 첫 자음이 ṯ인 동사(I–ṯ)의 사역형

√ṯwb의 Š형인 ṯṯb 〈 *šṯb

√ṯkr의 Š형인 ṯṯkr 〈 *šṯkr

√ṯmn의 Š형인 ṯṯmn(?) 〈 *šṯmn*

② 첫 자음이 w나 y이고(I–w/y), 동사 가운데 둘째 자음이 ṯ인 경우(II–ṯ)

√yṯb의 Š형인 ṯVṯb*(?) 〈 šVṯb*(?)

③ 때때로 셋째 자음이 ṯ인 경우(III–ṯ)

√ʾbṯ의 Š형인 ṯʾbṯ* 〈 šʾbṯ*

√ḥdṯ의 Šp형인 ṯḥdṯ* 〈 šḥdṯ*

33.18. 공명음(/r/, /l/ 울림소리)과 인두음(/ʿ/ 인두소리)을 포함한 동사 어근이나 단어 형태에서 이따금씩 자음의 위치전환(자위치환, Metathese)이 나타난다.[49]

mrḥ 〈 *rmḥ "창"槍 (1.6:I:51&)

√mzl 〈 *zml "절뚝거리다, 뒤를 쫓다"

33.2. 모음의 음운변화[50]

33.21. 모음동화

*qatt$\bar{v}_1$l 〉 /q$\bar{v}_1$tt$\bar{v}_1$l/

ibr /ʾibbīr–/ 〈 *ʾabbīr "황소" (1.10:III:35&)

33.22. /ʾ/로 시작하는 열린 단모음의 모음동화

*ʾ모$_1$ 자모$'_2$자(자) 〉 ʾ모$_2$ 자모$'_2$자(자) (*ʾ$v_1C\acute{v}_2C$[C] 〉 ʾ$v_2C\acute{v}_2C$[C])

---

49) 1.14:II:46.47; 1.14:IV:25(2회). 같은 의미를 지닌 아랍어의 √zml과 비교하라.

50) 음절문자의 예는 Huehnergard, *Vocabulary*, 268–283을 보라.

urbt /*ʾurubbat*–/ 〈 **ʾarubbat*– "(천장으로 난) 창, 창문, 입구" (1.4:V:61&)
iršt /*ʾirišt*–/ 〈 **ʾarišt*– "소원, 소망" (1.104:1&)

33.23. 강세 앞 모음 소실Vokalsynkope, 곧 단모음 v́ 바로 앞 음절의 모음이 소실되는 경우

(자모) 자모 자모 자모′ 〉 (자모) 자모자 자모′
([Cv]CvCvCv́ 〉 [Cv]CvCCv́)
rišt /*raʾšāt*–/ 〈 **raʾašāt*– "머리들" (1.2:I:22.24&)

33.24. 강세 뒤 모음 소실, 곧 v́의 바로 뒤 모음이 소실되는 경우. 아래 두 경우 모두 네 음절 단어는 세 음절로 축약되는 경향을 보이며,[51] 첫 음절의 v́ 뒤 모음이 소실된다.

자모′ 자모 자모 자모 〉 자모′자 자모 자모 (Cv́CvCvCv 〉 Cv́CCvCv)
또는 자모′자 자모 자모 자모 〉 자모자 자모자 자모 (Cv́CCvCvCv 〉 CvCCvCCv)

33.25. 다른 가나안어와는 달리, 우가릿어에서 장음 /*ā*/는 /*ō*/로 변하지 않는다. 하지만 음절문자로 전하는 다음의 경우 등에서 몇 가지 예외를 볼 수 있다.

① 고유명사를 만드는 어미 –*ūn*V은 아마 *ān*V에 뿌리를 둘 것이다.
② *bu–nu–šu*(§51.9) = [bunōšu](?) "인간, 노예" 〈 **bunu* "아들" + *ʾunāšu* "인간"

또는 이 단어를 모음동화로 볼 수도 있다. **bunāšu* 〉 /*bunūšu*/[52]

---

51) 강세와는 무관하지만, 우리말에도 이와 유사하게 네 음절이 세 음절로 줄어드는 현상이 있다: 가지가지 〉 갖가지.

52) 이론적으로는 이렇게도 볼 수 있다. 숨을 잠깐 멈추는 알레프가 /*a*/와 결합했을 때, 이따금씩 /*â*/가 아니라 /*ô*/로 축약된다는 것이다. 이 이론을 받아들인다면, 음절을 닫는 알레프를 표시하기 위해 {u} 문자를 사용하는, 일종의 예외 현상을 설명할 수 있다. I–ʾ 동사의 어두변화형에서 {u} 문자를 보라(§75.21; §21.724).

33.3. 이중모음과 삼중모음의 음운변화[53)]

33.31. 이중모음의 축약은 다음과 같다.

aw 〉 /ô/

ay 〉 /ê/

iy 〉 /î/

uw 〉 /û/

33.32. 다음의 삼중모음은 축약되지 않고 보존된다.

/*uwā̆*/, /*iyv̄̆*/, /*awā*/, /*ayā*/, /*v̄wv̄̆*/, /*v̄yv̄̆*/

하지만 다음의 삼중모음은 축약된다.

awū̆ 〉 /û/

awī̆ 〉 /î/

ayū̆ 〉 /û/

ayī̆ 〉 /î/

awa 〉 /â/

aya 〉 /ȧ/

uwū̆ 〉 /û/

33.4. 음절의 음운변화

33.41. 어두음 첨가Prothese[54)]

uṣb^{c} /(ʾ)*uṣba*^{c}–/ 〈 **ṣba*^{c} "손가락들" (복수형, 1.2:IV:14&)

33.42. 문장을 맺는 특별한 형태Pausalform

특히 시에서 한 문장을 맺는 단어는 아래와 같이 음운이 약간 변한다.

- 음절의 감소
- 강세모음의 장음화
- (동일한 문헌에서 나타났던) 삼중모음이 축약되지 않는다.
- (동일한 문헌에서 나타났던) 모음이 소실되지 않는다.

---

53) 음절문자의 예는 Huehnergard, *Vocabulary*, 288–292를 보라.

54) '어두음 첨가' Prothese는 발음하기 쉽도록 단어의 첫머리에 모음을 첨가하는 것을 말하는데, 특히 단어 맨 앞에 자음이 겹쳐 있을 경우에 발생한다.

4. 대명사

41. 인칭대명사

41.1. 주격의 형태[55]

단수	1인칭	통성	*a) ank* = 음절문자: *a-na-ku*	*/ʾanāku/*[56]
			b) an	*/ʾanā/*[57]
	2인칭	남성	*at* = 음절문자: *at-ta*	*/ʾattă̄/* 〈 **ʾanta*
		여성	*at*	*/ʾattĭ̄/* 〈 **ʾanti*
	3인칭	남성	*hw* = 음절문자: *ú-wa*[58]	*/huwa/*
		여성	*hy*	*/hiya/*
쌍수	2인칭	통성	*atm*	*/ʾattumā/* 〈 **ʾantumā*
	3인칭	통성	*hm*	*/humā/*[59]
복수	2인칭	남성	*atm*	*/ʾattumŭ̄/* 〈 **ʾantumŭ̄*

41.2. 사격斜格의 형태[60]

단수	3인칭	남성	*hwt /huwă̄ti/* (1.3:VI:20&)
	3인칭	여성	*hyt /hiyă̄ti/* (1.3:III:10&)
쌍수	3인칭	통성	*hmt /humāti/* (1.17:V:20.30; 1.19:III:44)
복수	3인칭	남성	*hmt /humūti/* (1.19:III:9&)

---

55) 인칭대명사의 주격 뒤에 강조하기 위해 *-m*이나 *-n*을 붙일 수 있다(§89.1-2). 하지만 다음의 예에서 *hw-m*은 "그 스스로, 그 혼자"로 옮길 수 있다.

w mspr hnd hw-m \ [⋯] "이 이야기를 그는 홀로 (지었다/ 적었다?)" (RS 92.2016:41')

이 표에 빠진 인칭은 우가릿어 문헌에서 아직 발견되지 않은 것이다.

56) 교재로 보이는 5.11:3에서는 *unk*로 나온다. 또한 아직 분명히 해석하지 못하는 1.82:42의 *ʿnk*도 있다.

57) 이 짧은 형태인 *an*은 오직 운문에서만 나타난다(1.1:III:18&).

58) *wa*는 흔히 음절문자 'PI'로 표현한다. 이 문자는 때때로 {y}를 의미할 수도 있다.

59) Gordon, *Textbook*, §6.3과는 달리, 3인칭 복수 남성/여성은 우가릿어 문헌에서 보이지 않는다. 1.23:68-71의 *hm*은 3인칭 쌍수 통성이고, 4.132:3.6의 *hn*(*ksp.hn* "그녀의 은銀")은 3인칭

42. 접미대명사

	소유접미대명사	목적접미대명사
단수		
1인칭 통성	*–ø*, *–y* /*–ī*/	*–n* /*–nā*/, /*–nāy*/[61]
	–y /*–ya*/[62]	
	n–결합형들: *–n*(*y*) /*–nā*/[63]	
2인칭 남성	*–k* /*–kā̆*/	*–k* /*–kā̆*/
	n–결합형들: *–nk*	
여성	*–k* /*–kī̆*/	*–k* /*–kī̆*/
3인칭 남성	*–h* = 음절문자: *–ú* /*–hū̆* /, *–nh*	*–h* /*–hū̆*/
	n–결합형들: *–nh*	*n*–결합형들: *–nh*, *–nn*, *–n*(?)
여성	*–h* /*–hā̆*/	(**–h* 형태가 없다)
	n–결합형들: *–nh*	*n*–결합형들: *–nh*, *–nn*
쌍수		
1인칭 통성	*–ny* /*–nayā*/	*–ny* /*nāyā*/[64]
2인칭 통성	*–km* /*–kumā*/	*–km* /*–kumā*/
3인칭 통성	*–hm* /*–humā*/	*–hm* /*–humā*/
복수		
1인칭 통성	*–n* /*–nā̆*/ 또는 /*–nê*/	*–n* /*–nā̆*/ 또는 /*–nê*/
	변형으로 드물게 *–ny* /*–nay*(V)/(?)[65]	
2인칭 남성	*–km* /*–kumū̆*/	*–km* /*–kumū̆*/
	n–결합형들: *–nkm*	
여성	*–kn* /*–kun*(*n*)*ā̆*/	발견되지 않음
3인칭 남성	*–hm* /*–humū̆*/	*–hm* /*–humū̆*/
여성	*–hn* /*–hun*(*n*)*ā̆*/	*–hn* /*–hun*(*n*)*ā̆*/

복수 여성 접미대명사다. 1인칭 통성 복수, 2인칭 여성 복수, 1인칭 통성 쌍수도 우가릿어 문헌에서 아직 찾지 못했다.

60) 명사와 대명사에서 주격과 호격을 제외한 다른 격을 사격(斜格, Obliquus)이라 한다. 사격은 일종의 파생적 형태(파생격)로 이해할 수도 있다. 우가릿어의 사격은 대부분 소유격과 목적격이며 강조할 목적으로 주격 대신 사용하는 일도 드물게 있다.

61) 이 책을 번역하던 중에 저자 트롭퍼 교수가 최근의 연구를 반영하여 이 표의 일부를 수정하였다. 특히 번역 당시 미출간된 Huehnergard, *Vocabulary*의 추가수정본 393쪽을 근거로

앞 변화표에서 살펴보았듯이, 우가릿어 접미대명사는 대개 두 가지 형태가 있다. 하나는 '단순형' 이고, 다른 하나는 '*n*-결합형' 이다. 접미대명사의 이런 차이는 단순히 형태상의 차이로만 보인다. 이 *n*-결합형은 우가릿어에서 흔하게 발견된다. 전치사에도 *n*-결합형이 자주 보이고, 동사에서도 *n*-결합형, 또는 *nn*-결합형 등이 자주 발견된다(하지만 이런 *n*-결합형을 들여다 보면 다른 자음들과 -*n*(*n*)-이 동화되는 과정을 알 수도 있다. 특히 동사에서 *n*이 하나 또는 두 개 첨가된 동사의 형태를 '강조' energisch 형태라고 하는데, §73.4에서 자세히 다룰 것이다).

43. 지시대명사

43.1. 가까운 것을 지시하는 '이(것)'

- *hnd* /*hannadī*/*ā*/ (?) 〈 **hn* + *d* 〈 **ḏ* (지시대명사)

  n-결합형으로 *hnd*-*n*가 있다(2.71:10).

  꾸미는 말을 뒤에서 한정하는attributive 형용사적 용법으로 쓰인다.

  성과 수의 변화가 없다(예가 충분히 많이 있다).[66]

삼아서(PRU 3 41ff.[RS 16.270]의 LUGAL.EN-*na*-*a*의 접미대명사를 아무르어가 아닌 우가릿어 고유의 것으로 인정한 것), 우가릿어의 1인칭 통성 목적접미대명사를 위와 같이 바꾸었다. 이는 히브리어 등 가나안어 계통의 /-*nū*/나 아카드어의 /-*nī*/와는 차이가 있고, 아랍어나 아람어와 같다. 독일어본에는 1인칭 통성 목적접미대명사가 -*n* /-*nī*/로 되어 있다.

62) 1인칭 통성 소유접미대명사는 단모음 /*i*/와 다양한 장모음(축약된 모음까지 포함) 뒤에서 /-*ya*/가 되고, 그 밖에는 모두 /-*ī*/이다.

63) 독일어본에는 /-*nī*/로 되어 있다. 저자의 요청으로 위와 같이 수정한다. 각주 61 참조.

64) 고대 셈어 가운데 오직 우가릿어에만 1인칭 쌍수 남성 접미대명사가 보존되어 있다. 독일어본에는 -*ny* /-*nayā*/로 되어 있다. 저자의 요청으로 위와 같이 수정한다. 각주 61 참조.

65) 아래 제시한 예 네 개(병행하는 두 개의 문헌에 각 2번씩)에서 1인칭 복수 통성의 소유접미대명사가 -*ny*-로 분명히 나타난다.

kl-***ny***-*y qšh* \ *nbln* / *kl*-***ny***-*y nbl ksh* "우리는 모두 그의 그릇을 \ 가져가리라, / 우리는 모두 그의 잔을 가져가리라" (1.3:V:33-34).

kl-***ny***-*n q*[*š*]*h nb*[*ln*] /\ *kl*-***ny***-*n nbl ksh* (1.4:IV:45f.).

위의 네 경우 모두, 소유접미대명사는 (-*n* 또는 -*y*로) 확장되었다(의존 불변화사: §89.3). 문맥상 이들은 1인칭 쌍수 통성은 아니다.

66) 예: *spr mlk hnd* "임금의 이 문서" (2.19:13).

43.2. 먼 것을 지시하는 '저(것), 다음의 (것)'

- *hnk* 〈 **hn + k*

명사처럼 사용되고 단수형이다(2.33:23).

- *hnhmt* 〈 **hn + hmt* (인칭대명사 3인칭 남성 복수/쌍수)

형용사처럼 사용되고 복수형이다(3.3:8;[67] 아마도 4.659:6[68]).

44. 한정대명사(관계대명사)

우가릿어의 한정대명사인 *ḏ*(오직 1.24:45에만 나온다)나 *d*(〈 **ḏ*)는 관계대명사로도 사용되는데, 격변화를 하는 것과 하지 않는 변형이 있다. *d*=/*dă*/(?)는 격변화를 하지 않는다. 격변화를 하는 것은 다음과 같다.

단수	남성	주격	*d* /*dū*/[69]
		소유격	*d* /*dī*/ 또는 *ḏ* /*ḏī*/ (1.24:45)
		목적격	*d* /*dā*/
단수	여성	주격	*dt* /*dātu*/
		소유격	*dt* /*dāti*/
		목적격	*dt* /*dāta*/
복수	통성(?)		*dt* /*dūtV*/

한정대명사의 격변화 여부를 알 수 있는 방법은 구문론적 맥락을 보는 것이다. 곧 관계대명사가 이끄는 관계절의 서술어가 동사일 때(곧 관계절이 동사문일 때), 그 관계대명사는 규칙적으로 격변화를 한다. 하지만 그 반대로 관계절이 명사문일 때, 그 관계대명사는 격변화를 하지 않을 수도 있다.

45. 의문대명사

45.1. 사람을 가리키는, 명사적 용법: '누구?'

---

67) *ˁl ˁrbnm \ hnhmt* "다음 보증인들에게 부담을 지우려고."

68) *hndt*(1.19:IV:62; 2.38:12; 2.45:7)과 *hnkt*(2.46:13; 2.21:10)은 지시대명사라기보다는 '여기'와 '거기'를 표현하는 부사로 보아야 할 것이다(§81.1).

69) RS 92.2014:1는 주격으로 쓰인 *d*에 불변화사 접미어 *y*(§89.3)가 붙어 *dy*로 확장되었다.

– *my* /*mĭya*/(?) (예가 충분히 많이 있다)[70]
– *mn* /*mannu*/ (1.3:III:37; 1.3:IV:4; 또는 1.5:IV:23)

45.2. 사물을 가리키는, 명사적 용법: '무엇?'
– *mh* /*mah*(*a*)/ (예가 충분히 많이 있다)
– *mhy* 〈 **mh* + –*y*[71] (2.14:9)
– *mat* /*maʾati*/(?) 〈 **mh* + –*t* (1.14:I:38)
– *mn* (예가 뚜렷하지 않다: 1.5:IV:23; 2.45:25; 2.72:22)[72]

46. 부정대명사

46.1. 사람을 가리키는 명사적 용법: '누군가, 누구나'
– *mnk* 〈 **mn* "누구?" + *k* (3.2:12)[73]
– *mnkm* 〈 **mnk* + –*m* (2.19:12; 3.2:13)(§89.2 ⑤)
– *mnmn* /*manmannu*/ (1.123:22 [*mr mnmn*])(§51.7)[74]
– *mnn* 〈 **mn* + –*n* (5.9:I:2)
– *klkl* "누구나"[75]
– *kll* "누구도(?)"[76]

---

70) 다음과 비교하라. *my k qdš* "누가 쿠드슈 같은가?"(신화적 문헌인 RS 92.2016:14')

71) 다양한 대명사를 확장시키는 불변화사 접미어들 –*n*, –*m*, –*y*, –*k*, –*t*에 대해서는 §89.1–4를 보라.

72) 1.16:II:19.20의 *mn*는 "얼마나 많이?"를 의미한다.

73) 다음의 맥락이다. *mnk \ mnk–m l yqḥ bt hnd bd ʿbdmlk * … *ʿd ʿlm* "누구도, 그 누구도(누구도 절대) *ʿbdmlk*에게서 영원히 이 집을 빼앗을 수 없다"(3.2:12–17). 병행구(3.5:16)에서는 *mnk mnk–m* 대신에 *bnš bnš–m* "어떤 사람도, 그 어떤 사람도"가 나타난다.

74) 다음의 두 아카드어 용법과 비교하라.

mamman 〈 **man–man* "누군가"
mār mammana(*ma*) "누군가의 아들"

75) *kl\kl ykly* "누구나 (제물을) 먹어도 된다"(1.127:8). 해석이 확실하지는 않다.

76) *kll ylḥm bh* "그 누구도(?) 그것을(그것에서 일부를) 먹을 수 있다"(1.115:10). 다음처럼 읽을 수도 있다. *kl l ylḥm*.

46.2. 사물을 가리키는 명사적 용법: '어떤 것, 어느 것이나'

- *mnk* 〈 **mh* "무엇" + -*k* (2.38:26)
- *mhkm* 〈 **mhk* + -*m* (2.30:22[77]; 2.71:14 [{*h*}*mhkm*])
- *mnm* (예가 충분히 많이 있다)
- *klkl* /*kulkullu*/ "어떤 것도; 그 밖의 모든 것"(§51.7)[78]

46.3. 사물을 가리키는 형용사적 용법: '어떤 것이나'

- *ay* /ˀ*ayyu*/ (1.23:6[79]; 1.24:44)

---

77) 다음의 맥락이다. *w ap mhkm* \ *b lbk al* \ *tšt* "그리고 역시 네 심장에 어떤 것도 올려 놓지 마라!"(곧 아무 걱정도 하지 마라)(2.30:22–24)

78) *w* 〈*k*〉*lkl-hm* "그리고 너희들의 것 전부"(2.38:21): 오른쪽에서 왼쪽으로 쓴 문헌이다.
yd \ [*k*]*lkl-h* "그 밖에 그의 것 모두"(3.5:9f.).
(?) *yd kl*.[*kl-h*] (4.639:6).

79) 다음의 맥락이다. *lḥm b lḥm ay* / *w št b ḫmr yn ay* "어떤 음식이나 들고 / 어떤 발효 포도주나 마셔라!"

5. 명사와 형용사

51. 명사와 형용사의[80] 형성

51.1. 셈어의 명사와 형용사를 형성하는 방법은 형태에 따라 다양한 유형으로 나눌 수 있다. 이를테면 한 음절로 형성할 수도 있고 여러 음절로 형성할 수도 있다. 자음이나 모음을 연장(또는 중복)할 수도 있고, 단어의 머리나 꼬리나 중간에 어떤 요소를 첨가할 수도 있다(이를 저마다 '접두어'[接頭語 Präfix, 또는 '어두'], '접미어'[接尾語 Suffix, 또는 '어미'], '접중어'[接中語 Infix]라 한다). 그리고 이런 형태들과 어떤 의미들을 연관시킬 수도 있다. 곧 특정한 형태나 유형은 형용사를 의미할 수도 있고, 또는 특정한 명사들을 의미할 수도 있다.

그런데 우가릿어에서 명사와 형용사의 형태적 유형을 나누는 일은 때로 매우 어려운 일이다. 그 이유는, 모음이 부족한 우가릿어 문자만으로는 그 형태를 분명히 알 수 없을 때가 자주 있기 때문이다. 이런 상황에서 우가릿어의 음절문자들은 명사와 형용사의 형태를 알아내는 데 큰 도움을 준다.[81]

아래는 음절문자나 알파벳으로 표기된 우가릿어의 명사 형태들 가운데 추린 것이다(강동사 어근의 남성형이 많다. 모음은 주격을 기준으로 달았다).[82]

---

80) 이 책에서는 언어학에서 '명사' 또는 '좁은 의미의 명사'로 옮기는 Substantiv와 '넓은 의미의 명사' 또는 '명사적 품사'로 옮기는 Nomen(복수형 Nomina 또는 Nomen)이 구분되어 쓰였다. 일반적으로 Nomen은 격변화가 가능한 품사, 곧 수사, 대명사, 관사, 명사, 형용사 따위를 넓게 의미하는 상위개념이다. 좁은 의미의 명사를 일컬을 때 언어학자들은 Substantiv란 말을 선호하는 경향이 있다(Bußmann, *Lexikon*, 469). 저자 또한 이런 의미로 사용하여 Nomen으로 '형용사와 명사'를 지칭하고, 명사만을 일컬을 때는 Substantiv를 사용하였다. 여기에서는 우리말로 수월하게 이해하기 위해 Substantiv를 '명사'로, Nomen을 '명사와 형용사'로 옮긴다.

81) Huehnergard, *Vocabulary*, 302–317.

82) Segert, *Basic Grammar*, §43; Sivan, *Grammar*, 61–74.

51.2. 어근이 한 글자인 경우

{q}: *g* /*gû*/ "목소리" (1.1:II:17&)
p /*pû*/ "입" (1.2:IV:6&)
š /*šû*/ 〈 **śû* "양"羊 (1.40:9&)

51.3. 어근이 두 글자인 경우

{qal}: *ad* /*ʾadu*/ "아버지" (1.23:32.43)
yd /*yadu*/ "손, 팔" (1.1:IV:10&)
다음의 단어는 연계형과 대명사결합형에서 장모음 어미를 갖는데, 아마 원래 어근이 글자 세 개로 되어 있었기 때문일 것이다(§55).
ab /*ʾabu*/ "아버지" (1.1:II:18&)
aḫ /*ʾaḫu*/ "형제" (1.6:II:12&)[83]

{qil}: [*i*]-*lu* /*ʾilu*/ "신"神 (RS 20.189:30) = *il* (1.1:III:17&)
bn /*binu*/ "아들" (1.1:IV:12.14)

{qul}: *mt* /*mutu*/ "남자" (1.17:I:17&)

51.4. 어근이 세 글자인 경우

{qatl}: *abn* /*ʾabnu*/ "돌, 돌멩이" (1.1:V:23&)
ar-ṣu /*ʾarṣu*/ "땅" (RS 20.123+:III:14) = *arṣ* (1.1:II:10&)
kàs-pu 또는 *ka-as-pu* /*kaspu*/ "은"銀 (RS 20.123+:II:2.3) = *ksp* (1.4:I:25&)

{qitl}: *ikl* /*ʾiklu*/ "음식, 식사" (1.22:I:24)
ri-[*i*]*g-lu* /*riglu*/ "발, 다리" (RS 20.123+:I:4')
šil /*šiʾlu*/ "요구" (2.63:8)
ti-ib-nu /*tibnu*/ "갈대" (RS 20.149+:III:17')

{qutl}: *udn* /*ʾudnu*/ 〈 **ʾuḏnu* "귀"耳 (1.13:23&)
urk /*ʾurku*/ "길이" (2.23:20)
su-nu /*suʾnu*/ "옷자락, 술" (RS 19.28:2) = *sin* (1.6:II:10)

---

83) 모음동화가 일어나 다음과 같이 변하기도 한다. *uḫ* = /*ʾuḫŭ*/(주격); *iḫ* = /*ʾiḫĭ*/(소유격). §33.21을 보라.

ṯu-uq-du /*ṯuqdu*/ "아몬드 (나무)" (RS 19.35B+:4') = *šqd* (1.71:6&)

{*qatal*}: *da-ka-rù* /*dakaru*/ 〈 **ḏakaru* "남자의, 수컷의" (RS 20.123+:III:5) = *dkr* (1.43:6!.19)

rš^c /*raša*^{c}*u*/ "악인, 악한惡漢" (RS 92.2014:10)

{*qatil*}: *yrḫ* /*yariḫu*/ "달月, 한 달" (1.6:V:7&)

SA-li-mu /*šalimu*/ "샬리무"(신명神名) (RS 20.24:33) = *šlm* 신명神名 (1.23:52.53&) = *šlm* "온전한, 깨끗한" (1.3:II:32&)

{*qatul*}: *a-du-rù* /*ʾaduru*/ "힘센, 강한" (RS 20.123+:II:28') = *adr* (1.12:II:29&) (또는 *qat[t]ūl*로 볼 수 있다)

gdl /*gadulu*/ "큰, 거대한" (4.14:1&)

a-mu-q[u(?)] /^{c}*amuqu*/ "(장소가) 깊은; 계곡, 분지" (RS 20.24:18).

{*qut(t)ul*}: *ku-sú-m[u(-ma)]* /*kus(s)umu*/ "밀" (RS 20.123+:II:45') = *ks/ ṣm* (1.5:VI:5&)

{*qatāl*}: *atn* /*ʾatānu*/ "암나귀" (1.4:IV:7&)

šal /*šaʾālu*/ "질문"(부정사형)[84] (1.14:I:38)

{*qatīl*}: *asr* /*ʾasīru*/ "죄인, 포로" (1.2:I:37&)

ymn /*yamīnu*/ "오른편, 오른쪽으로" (1.2:I:40&)

{*qatūl*}: *šb*^{c} /*šabū*^{c}*u*/ "일곱, 7" (1.4:VI:32&)

ṣpy /*ṣapūyu*/ "치장한, 장식한" (4.167:4) = 기본형G 분사 수동형

{*qitāl*}: *ilh* /*ʾilāhu*/ "신"神 (1.39:3.5&: 3번 나온다)

ḥmr /*ḥimāru*/ "(수컷) 당나귀" (1.14:III:17&)

{*qutāl*}: *ḫu-r[a-ṣu]* /*ḫurāṣu*/ "금, 황금" (RS 20.123+:II:4) = *ḫrṣ* (1.4:I:26)

{*qutīl*}: *ḫu-zi-rù* /*ḫuzīru*/ "돼지" (RS 20.123+:II:19') = *ḫzr*(?) (1.23:63. KTU와 비교하라)

{*qātil*}: *khn* /*kāhinu*/ "사제" (1.91:1&)

spr /*sāpiru*/ "서기관" (1.6:VI:54&) = 기본형G 분사 능동형

---

84) {*qatāl*}형의 부정사에 대해서는 §73.6을 보라.

{quttal}: *pu-la-ṭu* /*pullaṭu*/ "구원" (RS 20.123+:II:20') = 중첩형D 부정사

{qattāl}: *ḫa-ra-šu* /*ḥarrāšu*/ "육체 노동자" (RS 20.189:7)
= *ḥrš* (1.12:II:61&)

{qittāl}: *ki-na-rù* /*kinnāru*/ "비파, 현악기, 칠현금" (RS 20.24:31)
= *knr* (1.101:16, 1.108:4)

51.5. 세 글자짜리 어근에 접두어가 붙는 경우

{ʾaqtVl}: *aliy* /*ʾalʾiyu*/ "(월등히) 강한" (1.3:III:14&)

{maqtal}: *mlak* /*malʾaku*/ "전령" (1.2:I:11&)
ma-ba-ri (소유격) /*maʿbaru*/ "개울, 샛길" (RS 20.12:6.19)
= (*gt*) *mʿbr* (4.243:12)
ma-ṣa-du /*maʿṣadu*/ "낫, 도끼" (RS 19.23:15)
= *mʿṣd* (4.625:3&).

{maqtil}: *ma-ar-zi-ḫi* (소유격, RS 14.16:3) 또는 *mar-zi-i* (소유격, RS 15.70:4-5) /*marziḥu*/, 어떤 축제의 '의례' 또는 그것을 행하는 '무리' - *mrzḥ* (1.114:15&) 또는 *mrzʿ* (1.21:II:1.5)

{taqtal}: *ta-ar-bá-ṣi* /*tarbaṣu*/ "안뜰, 우리, 축사" (RS 16.189:17)
= *trbṣ* (1.14:II:3)

{taqtil}: (여성형) *tant* /*tânîtu*/ < **taʾniytu* "한숨, 신음" (1.3:III:24)

{taqtul}: (여성형) *tmnt* /*tamûnatu*/ "모습, 형태" (1.169:6; RS 92.2014:15)

51.6. 세 글자짜리 어근에 접미어가 붙는 경우

{qatlān}: *ad-ma-ni* (소유격) /*ʾadmānu*/ "붉은" (RS 15.145:8.12)
ia-ar-qa-ni (소유격) /*yarqānu*/ "노란/ 녹색의" (RS 16.178:9)

{qitlān}: *dì-ip-ra-ni-ma* (사격 복수) /*diprānu*/ "노간주 나무" (RS 16.190:4) = *dprn* (1.72:28&)

{qutlāy}: *uḫ-ra-a-yi* (소유격) /*ʾuḫrāyu*/ "끝" (RS 15.85:18) = *uḫry* "끝, 후손" (1.19:III:49.56&)

51.7. 반복되는 형태

{qVlqVl}: *gngn* "속, 내장" (1.4:VII:49)

dr(.)dr /dârdâru/ "영원" (1.2:IV:10&)[85]

kbkb /kabkabu/ "별" (1.3:II:41&)

klkl /kulkullu/ "무엇이든, 어느 것이나" (1.127:7–8&)

ᶜpᶜp- /ᶜapᶜapu/ "눈동자(?), 눈꺼풀(?)" (1.14:III:43; 1.14:VI:30; RS 92.2016:5' [쌍수])

mnmn /manmannu/ "누구나" (1.123:22)

qdqd "정수리" (1.17:VI:37&)

{qataltVl}: *ysmsm /yasamsVmu/* "대단히 아름다운" (1.4:IV:15&)

ysmsmt "미인" (1.17:II:42)

nhmmt /naham(m)Vm(a)tu/ 〈 **nawamwVmatu* 또는 〈 **nahamhVmatu* "(깊은) 잠, 졸음" (1.14:I:32.34)

51.8. 어근이 네 글자 이상인 경우

{qVrtVl}: *ḫrẓp* "발 관절" 또는 "발 끝, 발가락 끝" (1.103+:27; [*ḫrẓp*(!)*h*]로 읽는 1.12:I:41과 비교하라)

ḫa-ar-me-ša-tu (복수형) [ḫarmeṯat] 〈 **ḫarmiṯatu* 〈 **ḫammiṯatu*(?) "(초승달 모양의) 낫" (RS 19.112:3) = *ḫrmṯt* (4.625:1&)

{qtl}: *ᶜqrb /ᶜaqrabu/* "전갈" (RS 92.2014:5.7).

{qVt(V)lVl}: *šmal /ša/imʾalu/* "왼편, 왼쪽으로" (1.2:I:40&)

ğrpl "구름" (1.107:34&)

51.9. 합성어

blmt 〈 *bl + mt* "죽지 않는다", 곧 "불사"不死, "불멸" (1.16:I:15&)

blmlk 〈 *bl + mlk* "임금이 아니다" 곧 "보통 사람" (1.4:VII:43)

---

85) 이 단어는 "영원히 언제나, 영원무궁히"라는 뜻의 히브리어 *dôr dôr* 또는 *dôr wādôr*나 같은 뜻의 시리아어 *lᵉdārdārīn*과 비교하여 이해할 수 있다. 또는 상이한 두 어근을 이어 붙여 만든 아카드어 (*ana*) *dāri dūri*로 이해할 수 있다.

bu-nu-šu 〈 *bn* + *ˀnš* (§33.25) "사람의 아들; 인간, 노예" (RS 20.123+:II:25' &) = *bnš* (1.86:8&), 그 밖에도 *bn nšm* (RS 92.2014:10)

52. 성性

우가릿어에는 문법적 성이 두 개, 곧 남성(m.)과 여성(f.)이 있다. 남성 명사와 형용사는 기본적으로 별다른 외적 표시가 없고, 여성 명사와 형용사는 원칙적으로 특별한 접미어로 구별한다. 여성 형태소로서 대부분 -(*a*)*t*가 쓰인다. 앞음절의 구조에 따라 -*at* 또는 -*t*를 쓴다.86)

또한 우가릿어에서 어미 -(*a*)*t*는 명사와 형용사가 낱개임을 표현할 때nomina unitatis 사용할 수 있다. 다음을 비교하라.

mnḥt "(낱개의) 봉헌물" (4.709:6)

mnḥ "(일반적) 봉헌물" (1.2:I:38&)

그 밖에 -*y* = /-*ayV*/가 여성형 어미로 드물게 사용되는데, 아마 아랍어의 여성형 어미인 -*āy*와 관련 있을 것이다. 이 -*y*가 형용사의 여성형 어미로 사용된 것은 다음이 유일하다. 그리고 이 어미가 명사와 함께 사용될 수 있는지는 아직 분명하지 않다.87)

nˁmy "(매우) 아름다운 (여성)" (1.5:VI:6 28; 1.17:II:42)88)

여성 명사 어미 -*h*는 우가릿어에서 볼 수 없다. 유일하게 수사 *ˁšrh* "열"10에서 나타난다(§54.5; §62.2).

여성 어미가 없는 여성 명사나 여성 형용사는 셈어에서 흔하며, 우가릿어에서도 드물지 않다.

um "엄마"

---

86) 그런데 고대 아랍어와 비교해 볼 때, 우가릿어에서 -*t* 형태의 빈도가 분명히 훨씬 높다. 다음을 참고하라.

aḥt /ˀaḥ(ḥ)att-/ 〈 *ˀaḥadt (여성형) "하나" (1.48:13&)

87) 다음 구절이 유일한 경우인데 뜻이 분명하지 않다. *hm brky tkšd \ rumm* "내 식욕은 …와 같다" 또는 "야생 수소가 덮어쓴(?) 진흙처럼(?)" (1.5:I:16f.).

88) 이 단어는 추상적으로 '아름다움'이라고 옮길 수도 있다.

53. 수

53.1. 우가릿어에는 단수, 쌍수, 복수, 이렇게 문법적 수가 셋이다.

단수형(sg.)은 별다른 표시가 없다. 단수는 우선 단일한 존재나 사물을 가리킨다. 그 밖에 존재나 사물의 집단collectivum이나 전체적인 종(種, nomen generis)을 가리킬 수 있다.

53.2. 쌍수형(du.)은 우가릿어에서 자주 사용된다. 다음에서 볼 수 있듯 어미의 형태는 변하지 않고 발음만 *–ā*가 된다. *–ø* = /*–ā*/.

이 어미는 격어미와 결합하면 다음과 같이 된다.

주격: *–ā*

사격(소유격과 목적격): *–ê*

절대형에서는 이 쌍수 어미에 *–m*이 추가된다.

주격: *–m* = /*–āmi*/

사격: *–m* = /*–êma*/ 또는 /*–êmi*/

쌍수 어미는 단수형 뒤에 붙는 것이 원칙이다. 여성형일 때는 –(*a*)*t* 다음에 붙는다.

쌍수는 어떤 사물이나 존재의 '자연적' 쌍(암수 한 쌍 등)에 사용되거나, '두 개'(자연적 쌍이 없는 것)를 가리킨다.

53.3. 복수형(pl.)을 나타내는 특징은 모음을 길게 하는 것이다. 곧 여성 명사나 형용사의 단수 주격 어미인 /*–atu*/가 /*–ātu*/로 되고, 여성 복수 사격은 /*–āti*/가 된다(이처럼 어근에 '복수 형태소'가 붙고, 그 뒤로 '여성 형태소'나 '격 형태소'가 온다). 남성 복수 주격은 /*–ū*/, 사격은 /*–ī*/가 된다. 남성 복수 절대형의 주격과 사격은 /*–ūma*/, /*–īma*/이다.

§57의 변화표에서 보듯, 대개의 명사와 형용사는 동일한 어근에 어미만 바꾸어 단수와 복수를 구별한다. 하지만 어근에 약한 자음이 사용되면 어근 자체가 변할 수 있다. 그리고 어근이 변하는 특정한 단어도 이따금 있다. 그 밖에 {*qatl*}, {*qitl*}, {*qutl*}형이 복수에서 원칙적으로 {*qatal*}, {*qital*}, {*qutal*}로 어근이 변한다는 점은 눈여겨봐야 한다.

예: 단수에선 *riš* /*raʾš–*/이지만, 복수에선 *rašm* 또는 *rašt*의 어근이 /*raʾaš–*/이다.[89]

89) Sivan, "Notes."

단수에서 남성형 명사는 복수에서도 남성형을, 마찬가지로 단수에서 여성형 명사는 복수에서도 여성 어미를 취한다. 하지만 일부 예외가 있다.

단수에서 남성형이지만 복수에서 여성 어미를 취하는 경우

남성 명사	*qrnt*	"뿔들"	(단수형 *qrn*)
	šmt	"이름들"	(단수형 *šm*)
	apnt	"바퀴들"	(단수형 *apn*)
여성 명사	*uṣbᶜt*	"손가락들"	(단수형 *uṣbᶜ*)
	kpt	"손들"	(단수형 *kp*)
	brkt	"무릎들"	(단수형 *brk*)

단수에서 여성형이지만 복수에서 남성 어미를 취하는 경우

단수: *ḥṭt* 복수: *ḥṭm* "밀"

고유한 성이 남성이지만, 복수형으로 남성과 여성 모두 지니는 경우

ym "날"日 (1.1:V:15&)[90]

riš "머리" (1.3:II:9&)[91]

복수형은 사물이나 존재 두 개 이상을 표현한다. 하지만 다른 셈어와 마찬가지로 우가릿어에서도 복수형이 다른 기능도 한다. 이를테면 셀 수 없는 존재의 부더기를 표현할 때, 사물이나 존재의 확장을 표현할 때, 그리고 추상적인 것을 표현할 때 등이다.

54. 격

54.1. 3중격변화: 주격, 소유격, 목적격

54.11. 우가릿어 문헌에서 공통적으로 발견되는 중요한 격은 세 가지다. 곧 주격(nom.), 소유격(gen.), 목적격(acc.)이다. 이들은 어미의 모음이 변하면서 구별된다. 여성형은 어미 앞에 *-at-*가 삽입된다.

---

90) 대부분 복수는 *ymm*(1.1:V:15&)이지만, 운문에서는 여성형인 *ymt*가 복수를 표현하기도 한다. *l ymt špš w yrḫ* "해들과 달들의 (모든) 날들을 위해" (1.108:26; RS 92.2016.38'-39'*) 아마 7.51:18에서도 *ymt*가 사용되었을 것이다.

91) 대부분 *rišt*(1.2:I:23.24&) 또는 *rašt*(1.2:I:27.29)가 복수형으로 쓰인다. 하지만 남성형 복수인 *rašm*(1.3:III:42; 1.5:I:3)이 쓰이기도 하는데, 머리가 일곱 달린 괴물 *Šlyṭ*와 관련 있을 때에만 사용되었다.

54.12. 단수 남성과 단수 여성에서 어미가 저마다 *−u*(주격), *−i*(소유격), *−a*(목적격)로 변하는 3중격변화Triptosie가 나타난다. 특별한 형태의 명사나 형용사(이를테면 이따금씩 보이는 접미어 *−n* = /*−an*/과 결합했을 때)와 특정한 고유명사는 두 격만 보여 준다(2중격변화, Diptosie). 아랍어와 똑같이 주격은 *−u*, 사격(obl.소유격/목적격)은 *−a*가 된다.

쌍수와 복수에서는 2중격변화만 보인다. 목적격과 소유격의 형태가 사격으로 합쳐졌다. 쌍수 주격은 *−ā*, 사격은 *−ê*, 복수 주격은 *−ū*, 사격은 *−ī*이다.[92]

54.13. 주격은 대개 문장에서 주어를 표현한다. 주격은 ① 명사문에서 주어를 표시하고, ② 명사문에서 주어를 설명하는 술어가 되며, ③ 동사문에서 주어가 되고, ④ 목록 등을 열거할 때 '중립적인' 격으로서 기능한다.

②의 예: *kptr ks**u** ṯbth* "캅토르(크레타)는 그가 앉을 왕좌이다" (1.3:VI:14f.)

③의 예: *tᶜdb ks**u*** "자리(왕좌)가 세워졌다" (1.4:V:46)

54.14. 소유격은 다른 것에 의존하기 때문에 의존격이라고도 하는데, ① 연계형에서 꾸며주는 말Nomen rectum로 기능하거나, ② 전치사 다음에 사용되는(곧 전치사에 의존하는) 격이다.

①의 예: *npš lb**i**−m* "사자의 식욕" (1.5:I:14; 1.133:3. 다음을 보라 §91.3; §91.33)

②의 예: *yṯb l ks**i** mlk* "그는 왕좌 위에 앉았다" (1.16:VI:23)

54.15. 목적격의 기능이 가장 폭넓고 다양하다. 목적격은 우선 ① 동사의 직접목적어가 된다. 그 밖에 ② 특정 불변화사(*in* "…이 존재하지 않는다" 따위 §88)나 이른바 특정 '조동사' (√*kwn* "있다" 따위) 다음에 서술어로서 기능하고, ③ 부를 때 호격 대신 사용하기도 한다(§54.2). 그리고 ④ 다양한 부사적 기능을 지니는데, 이를테면 시간을 표현하거나,[93] 특히 시간의 경과를 나타낸다. 그리고 공간적 방향, 종류와 방법을 표현하거나 무언가를 구체적으로 표현할 때도 쓰인다.

92) 특히 남성 복수 연계형에서 드물지만 주격 대신에 사격을 사용하는 경우가 있는데, 이는 주격이 점차 사라져감을 의미할 수 있다(Liverani, "Elementi", 179; Israel, "Èudes", 259). 이를테면 ***ily ugrt***(/*ilī UgaritV*/) ***tǧrk tšlmk*** "우가릿의 신들은 그대를 보호할지어다 (그리고) 그대를 이롭게 할지어다"(2.16:4−6).

93) 예: *b ᶜšt \ ᶜšrh ṣb**a** špš* "열 하루째 해가 뜰 때"(1.112:13f.).

①의 예: *l yhpk ksa mlkk* "그는 분명 당신 왕국의 왕좌를 쳐부술 것이오" (1.6:VI:28)

54.2. 호격

멀리 또는 가까이 있는 이를 부르거나 상대하여 말할 때 사용하는 호격은 구문론적으로 다양하게 표현할 수 있다. ① 명사나 형용사를 그냥 쓰거나, ② 불변화사 *l*가 이끄는 명사나 형용사, ③ 불변화사 *y*가 이끄는 명사나 형용사, ④ 1인칭 접미어가 붙는 명사나 형용사를 쓰면 된다.

우가릿어에 호격 어미가 따로 있을까? 어근의 셋째 글자가 알레프(III-ʾ)인 단어에서 일부 보이기는 하지만 문헌자료가 너무 적어 단정할 수 없다. 네 가지 방식으로 호격을 표현하는 위의 명사나 형용사가 모두 형태가 동일한지도 분명치 않다. 더구나 호격이 위에서 말한 3중격변화 가운데 어떤 한 격과(특히 주격이나 목적격) 동일한가 하는 점도 분명치 않다. 몇몇 단서들에 따르면, 단수에서 호격은 아무런 격어미를 지니지 않을 수 있고, 목적격이 호격의 기능을 할 수 있다.

III-ʾ 어근에서 보이는 호격의 중요한 예는 다음과 같다

l ksi(!) = /*kussiʾ*(*i*)/ "오 왕좌여!" (1.161:20)

ksi nqmd = /*kussiʾ*/ "오 니크맛두의 왕좌여!" (1.161:13)

ksa "오 보름달이여!" (1.123:6; 맥락이나 의미는 분명하지 않다)

rpim /*rapiʾīma*/ "오 라피우마여!" (1.21:II:9)

rpi arṣ /*rapiʾī arṣi*/ "오 땅의 라피우마여!" (1.161:2.9)

54.3. 종착격

우가릿어에는 주로 부사적 기능을 하는 격이 두 개 있다. 곧 종착격Terminativ과 위치격Lokativ이다. 이 둘 모두 비교적 적게 발견된다. 종착격은 종착부사Terminativ-Adverbial라고도 하는데, 우가릿어에서는 독립된 부사격으로서, 주로 방향을 나타낸다.[94]

종착격의 형태는 어미에 *-h*를 붙여서 만드는데, 히브리어 문법의 이른바 '장소의

94) 그 밖에 종착격 어미는 일반 부사를 만드는 데 사용되기도 한다. 예: *aḥdh* "함께, 같이" (1.71:6&).

헤' He locale와 연관시킨다면, 그 모음은 /*-ah*/가 되어야 할 것이다. 종착격 어미는 명사나 한정하는 형용사에 붙는데, 절대상태에서만 정확히 볼 수 있다. 또한 이 어미는 언제나 격어미 등이 없이 어근에 직접 붙는다.

arṣh = /*ʾarṣah*/ "땅으로" (1.14:I:29)

하지만 우가릿어 문헌에서 종착격의 어미를 찾아내는 데는 두 가지 어려운 문제가 있다. 첫째는 종착격 어미 *-h*와 형태상 똑같은 3인칭 남성/여성 단수 접미어를 어떻게 구별할 것이냐는 문제로 매우 어렵다. 둘째는 더욱 근본적인 문제인데, 과연 종착격일 때 자음 {h}를 언제나 붙이는 것이 올바른 표기법인가, 또는 이 자음을 붙이지 않고도 종착격을 표현할 수 있는가 하는 점이다.

종착격의 예는 대부분 시에서 볼 수 있다.

arṣh "땅으로" (1.14:I:29)
mṭth "침대로" (1.14:I:30)
qrth "도시로" (1.14:III:13)
amth "팔꿈치까지" (1.14:III:53)
šmmh "하늘로" (1.14:IV:5; 1.23:38)
palth "덤불숲으로" (1.19:II:12)
aklth "황무지로"(?) (1.19:II:19)
šdmth "(계단식) 포도밭으로" (1.23:10)
ẓrh "산등성이로" (1.169:4)
skh "덤불로" (1.169:4)
ʿlmh "영원히"(시간) (1.19:III:48&)

54.4. 위치격

우가릿어에는 격이 하나 더 있다. 위치격 또는 위치 부사Lokativ-Adverbial이다. 위치격은 어미 /*-ŭ*/를 붙여 알 수 있고, 명사의 절대형, 연계형, 대명사형 모두에 붙는다.

ṣbu špš /*ṣbīʾŭ*/ "해가 질 때" (1.41:47.53)

이 위치격 어미를 구분해 내는 것은 좀 어렵다. 왜냐하면 어근의 셋째 자음이 알레프인 낱말(III-ʾ 어근)에서만 형태를 구분해 낼 수 있는데, 그것도 주격 어미와 겹치기 때문이다. III-ʾ 어근의 단어 가운데 문제가 되는 것은 다음과 같다.

ǵmu ǵmit /*ǵamāʾū*/ "너는 몹시 목마를 것이다" (1.4:IV:34)
bu tbu /*bâʾŭ*/ "그녀는 정말 들어왔다" (1.16:VI:31)

bu al tbi /bâʾŭ/ "너는 절대 들어오면 안 된다" (1.169:18)
šṣu ašṣ(!)*u* /šVṣVʾŭ/ (√yṣʾ의 Š형) "나는 (곡식을) 반드시 넘겨줄 것이다" (2.34:30f.)
ṣbu špš /ṣabīʾŭ/ "해가 질 때" (1.41:47.53)
s(!)*puy* /sVp(V)ʾŭ- ya/ "내 식사로써" (1.6:VI:11.15).

다른 어근의 동사에서 이 위치격을 알려 주는 표지는 의존불변화사 −*m*인데(§8.9), 다음과 같이 위치격의 확장된 형태로 흔히 나온다.

klatn−m "두 (손) 안에" (1.14:II:15&)
špš−m "해가 질 때" (1.14:III:3&)
urbt−m "창문을 통해" (1.169:3).

이 형태들을 위치격으로 곧 목적격의 부사적 용법이 아닌 것으로 해석하는 그 근거는 순전히 의미상의 차이뿐이다.

위치격은 ① 공간적 위치를 가리킬 때, ② 시각(시간적 위치)을 나타낼 때, ③ 탈격Ablativus을 나타낼 때, ④ 도구를 표현할 때, ⑤ 무게나 부피를 표현할 때, ⑥ 부정사나 분사와 함께 목적을 표현할 때, ⑦ 유음중첩법Paronomasie에서 사용되는 부정사를 표현할 때 쓰인다.

54.5. 격변화 어미가 없을 때

우가릿어 문헌을 읽다 보면 아주 가끔 남성 단수 명사가 아무런 어미 없이 쓰여 있을 때가 있다.[95] 어떤 것은 호격으로 사용된 명사이다. 그리고 "열하나"11를 가리키는 *ˁšt ˁšr*(*h*/*t*) (1.112:13−14&)에서 *ˁšt*가 이렇게 쓰였다.[96]

54.6. 우가릿어에서 절대격의 흔적에 대해서(?)

목적격의 '절대상태' status absolutus에 해당하는 이른바 절대격Absolutivkasus의 흔적이 우가릿어에 남아 있는지 연구해 볼 만하다.

---

95) 음절문자의 예는 Huehnergard, *Vocabulary*, 300 이하를 보라.
96) 규칙에 맞추려면 *ˁšty*로 적었어야 했을 것이다(1.161:27).

고대 셈어의 절대격 어미는 다음과 같다.

남성 단수	/-*a*/ (목적격과 형태가 같다)
	/-ø/ (어미의 모음이 사라진 형태로서 아카드어의 고대 방언)
여성 단수	/-(*a*)*t*/ (이 뒤에 어미가 붙지 않는다)
	/-(*a*)*ta*/ (남성 단수와 같은 어미가 붙은 형태)
남성 쌍수	/-*ā*/ (연계형 주격과 같다)
여성 쌍수	/-(*a*)*tā*/ (연계형 주격과 같다)
남성 복수	/-*ū*/ (연계형 주격과 같다)
여성 복수	/-*āt*/ (이 뒤에 어미가 붙지 않거나 종성 자음이 사라진다)
	/-*ā*/ (아카드어와 같다)

이처럼 절대격 어미는 명사와 형용사의 가장 단순한 형태이다. 격변화를 하지도 않고 -*m*이나 -*n*이 붙지도 않는다.[97)]

실제 고대 셈어의 절대격의 용법은 아카드어의 '절대상태'와 매우 유사하다. ① 명사나 형용사를 인용하는 일반적인 형태, ② 명사나 형용사의 서술적 형태, ③ 명사와 형용사의 호격 형태, ④ 양을 표시할 때, ⑤ 부사적 또는 배분적distributiv 표현에 쓰인다. 특히 ②의 기능과 관련하여 어미변화형의 3인칭 형태가 사용된다.

우가릿어의 명사와 형용사 체계에는 특이한 현상들이 여럿 보인다. 이런 현상들은 절대격을 통해서 더 잘 설명할 수 있고, 우가릿어의 역사를 기존의 학설보다 더 정확히 서술할 수 있을 것이다. 특히 다음의 현상들을 주목해야 한다.

- 격어미가 없는 명사와 형용사 형태가 이따금씩 보이는데, 이는 어느 정도는 절대격의 형태로 설명할 수 있다. 특히 격어미가 없는 숫자들이 이에 해당한다.
- 우가릿어의 숫자(기수) "둘2", 곧 *ṯn*(m.)과 *ṯt*(f.)의 절대격에는 쌍수의 -*m*이 붙지 않는다. 이를 아카드어의 *šinā*/*šittā*같이 절대격으로 설명할 수 있다.
- 어근의 셋째 글자가 *w*나 *y*인 낱말(III-*w*/*y*)의 {*qatāl*}-부정사는 설화체에서 흔히 사용되는데, 어떤 것은 종성의 모음이 축약되기도 하고, 어떤 것은 그렇지 않기도 하다. 전자는 절대격으로 설명할 수 있다.
- 수많은 고유명사들은 주격이 아니라 절대격에서 인용한 것 같다(예: 알파벳 각 글자의 이름들: §21.5).

97) 이 주제에 대해서는다음을 보라. Tropper, "Endungen."

55. 연계상태, 절대상태, 대명사결합상태

우가릿어의 명사와 형용사는 다른 명사나 형용사와 구문론적으로 어떤 관계에 있느냐에 따라 세 가지 상태로 나눌 수 있다.

① 절대상태(Status absolutus: St.abs.)

② 연계상태(Status constructus: St.cs.)

③ 대명사결합상태(Status pronominalis: St.pron.)

이 세 가지 상태 모두 격변화 어미를 지니며 격변화를 한다. 그런데 단수에서 이 세 가지 상태는 많은 경우에 형태가 같아서 구별이 잘 되지 않는다. 하지만 쌍수와 복수에서는 어미에 *-m*이 붙으면 절대상태이고(이른바 '명사와 형용사의 멤*m*화' nominale Mimation), 안 붙으면 연계상태나 대명사결합상태다.

연계상태는 단수 · 쌍수 · 복수에서 아무런 표시가 없다. 연계상태와 대명사결합상태는 형태로 보자면 같다. 이 둘은 구문에 따라 구분한다.

다음에서 보듯이, 이 규칙의 예외로 *ab* "아버지"와 *aḫ* "형제"를 들 수 있다. 아마도 원래는 어근의 셋째 글자가 존재했었음을 추론해 볼 수 있다.

연계상태, 대명사결합상태	/ˀ*abū*/*ī*/*ā*/
절대상태	/ˀ*abu*/*i*/*a*/

56. 한정과 비한정

우가릿어에서는 한정 상태인지 비한정 상태인지 알려 주는 형태상의 표시가 없다. 관사도 없고 특정한 한정 상태도 없다. *-m*이 붙는 것으로도 한정인지 비한정인지 규정할 수 없다.[98] 어떤 명사나 형용사의 한정 여부는 구문론이나 문맥으로 파악해야 한다. 명사나 형용사가 연계상태에서 꾸며지거나, 접미대명사를 지니거나, 지시대명사가 뒤따르면(예: *bt hnd* "이 집" 3.2:14) 한정된 것이다.

---

98) 이와 다른 의견으로 다음을 보라. Segert, *Basic Grammar*, §52.6; §62.6; §73.21.

57. 명사와 형용사의 변화표

다음 표는 지금까지 설명한 우가릿어 명사와 형용사의 변화를 일목요연하게 보여준다. 예로 삼은 낱말은 *kalbu* "수캐"와 *kalbatu* "암캐"이다.

	단수(3중격변화)[99]			
	남성(모든 형)		여성(모든 형)	
주격	*kalb-u*		*kalbat-u*	
소유격	*kalb-i*		*kalbat-i*	
목적격	*kalb-a*		*kalbat-a*	
	쌍수(2중격변화)			
	남성	남성	여성	여성
	절대형	연계형/대명사형	절대형	연계형/대명사형
주격	*kalb-āmi*	*kalb-ā*	*kalbat-āmi*	*kalbat-ā*
사격	*kalb-êma*	*kalb-ê*	*kalbat-êma*	*kalbat-ê*
	복수(2중격변화)			
	남성	남성	여성	
	절대형	연계형/대명사형	(모든 형)	
주격	*kalab-ūma*	*kalab-ū*	*kalabāt-u*	
사격	*kalab-īma*	*kalab-ī*	*kalabāt-i*	

99) 3중격변화 대신 2중격변화로 본다면, 남성의 경우 주격은 *raḥbān-u* "광장", 사격은 *raḥbān-a*가 될 것이다. 그런데 소유격으로 *ra-aḫ-ba/bá-na*(RS 16.162:12&)가 우가릿어 문헌에 등장하지만, 같은 문헌에서 소유격으로 *ra-aḫ-ba/bá-ni*(RS 16.162:5&)도 등장함에 주의하라.

6. 숫자

61. 들어가며

수사數詞는 형태-구문론Morpho-syntax에서 대개 명사와 형용사Nomina와 함께 다루지만, 여기에서는 따로 다룬다. 그 이유는 의미나 구문이 뚜렷이 구별되기 때문이다.

보통 셈어는 십진법을 쓰고, 우가릿어도 마찬가지다. 우가릿어 문헌에서 숫자를 이따금 독특한 숫자기호Logographie로 나타날 때가 있는데, 이는 메소포타미아 지역에서 발달한 숫자 표기 방법을 따른 것이다. 음절문자 문헌에서는 이런 독특한 숫자기호가 흔히 나오지만, 우가릿어 알파벳 문헌에서는 상대적으로 적고, 그나마 경제 활동 목록을 나열하는 문헌에서만 나온다. 다양한 경제 활동을 기록한 문헌이 많이 남아 있는데, 우가릿어 서기관들은 이런 숫자기호를 비교적 적게 사용했다. 그 덕분에 숫자를 표기하는 우가릿어 고유의 체계를 파악하는 데 어려움을 덜 수 있다.

62. 양을 표현할 때(기수)

62.1. 1부터 10까지 양을 나타내는 숫자는 다음과 같다.

	남성(어미가 없는 형태)		여성(여성 어미가 붙은 형태)	
1	*aḥd*	*/ʾaḥ(ḥ)ad-/*[100]	*aḥt*	*/ʾaḥḥatt-/*
2	*ṯn*	*/ṯinā/*(주격), */ṯinê/*(사격)	*ṯt*	*/ṯittā/*(주격), */ṯittê/*(사격)
3	*ṯlṯ*	*/ṯalāṯ-/*	*ṯlṯt*	*/ṯalāṯat-/*
4	*arbᶜ*	*/ʾarbaᶜ-/*	*arbᶜt*	*/ʾarbaᶜat-/*
5	*ḫmš*	*/ḫamiš-/*	*ḫmšt*	*/ḫam(i)šat-/*
6	*ṯṯ*	*/ṯiṯṯ-/*	*ṯṯt*	*/ṯiṯṯat-/*
7	*šbᶜ*	*/šabᶜ-/*	*šbᶜt*	*/šabᶜat-/*
8	*ṯmn*	*/ṯamānv̂/ 〈 *ṯamāniy-*	*ṯmnt*	*/ṯamānît-/〈 *ṯamāniyat-*
9	*tšᶜ*	*/tišᶜ-/*	*tšᶜt*	*/tišᶜat-/*
10	*ᶜšr*	*/ᶜaš(a)r-/ 〈 *ᶜaśar-*	*ᶜšrt*	*/ᶜaš(a)rat-/ 〈 *ᶜaśarat-*

100) 다음과 비교하라. *yḥd* "낱개의, 홀로, 하나의" (1.14:II:43; 4.224:7; 4.750:5.6.7).

62.11. '하나'를 의미하는 *aḥd*와 *aḥt*는 형용사이다. 바로 앞에 오는 (단수) 명사의 성(§91.2)에 따라 변한다.

ğzr aḥd "한 젊은이" (4.102:3&)

pğt aḥt "한 소녀" (4.102:7&)

62.12. 우가릿어에서 *ṯn*와 *ṯt*는 오직 명사로만 사용된다. 그런데 언제나 바로 뒤에 셈해야 할 명사가 오고 성에 따라 변한다. 셈할 명사는 언제나 쌍수 형태다.

ṯt qštm w ṯn qlʿm "활 두 개와 방패 두 개"

(직역: "활의 둘과 방패의 둘" 4.63: I:2&)[101]

62.13. 숫자 3–10은 문장에서 명사 구실을 한다. 그래서 이 숫자 뒤에 셈할 낱말이 온다. 거의 모든 고대 셈어에서 숫자 3–10의 성은 셈한 숫자의 성과 정반대다. 곧 셈할 명사가 남성이면 숫자는 여성이 오는 식이다(성교차 구문론, genuspolare Syntax). 이 점에서 우가릿어는 예외인데, 셈할 명사나 형용사가 남성이면 숫자 또한 남성으로 쓴다.

하지만 주의할 점은 바알루 신화, 아크하투 서사시, 그리고 일련의 시에서는 고대 셈어처럼 성교차 구문론이 쓰인다.

šbʿt rašm "일곱 머리/머리 일곱 개" (직역: "머리들의 일곱" 1.3:III:42; 1.5:I:3)

이와 반대로 케레투 서사시에서는 어미가 없는 남성 수사에 남성 명사가 오는데, 실제로 산문에서도 이런 식으로만 쓰인다.

šbʿ bnm "일곱 아들" (직역: "아들들의 일곱" 1.15:II:23)

산문에서 숫자가 여성일 때는 *ṯql* '세켈'(단위)과 *ym* '날'日이 생략되었을 때뿐이다.

62.2. 숫자 11–19는 다음 순서로 쓴다.

"1자릿수 — 10자릿수"

12에서 19까지의 1자릿수 숫자는 위의 표와 동일하다. 하지만 11에서 1자릿수 숫자는 *aḥd/t* 대신에 *ʿšt*를 쓴다(히브리어 *ʿaštê ʿāśār/ʿæśreh*와 아카드어 **išteššer* 또는 *ištenšeret* 참조).

---

101) 전체적인 종을 가리킬 때Nomina generis에만 *ṯn*와 *ṯt* 뒤에 단수 명사가 온다. Sivan, "Dual", 235–237에서는 *ṯn*와 *ṯt* 뒤에 복수 명사가 오는 경우를 추론했는데, 이는 뚜렷하게 증명할 수 없다. Vita, "Bemerkungen", 1997.

10자릿수 숫자의 어근은 √ᶜšr를 쓰는데 그 형태는 다음의 세 가지가 있다. 이를테면 15를 표현할 때,

① *ḫmš ᶜšr*

② *ḫmš ᶜšrh*

③ *ḫmšt ᶜšrt*

위에서 ①은 남성 명사를 셀 때만 쓰이고, ②는 남성과 여성 명사에 모두 사용되며, ③은 *ṯql* "세켈"과 *ym* "날"이 생략되었을 때만 사용된다(이 경우 서수의 기능을 한다).

12–19의 숫자를 표현할 때[102] 10자릿수와 1자릿수의 순서를 바꿀 수도 있다. 곧 '10자릿수 — 1자릿수' 의 순서다. 이 경우는 1자릿수 숫자 뒤에 *kbd/kubda/*를 넣는데, 그 뜻인즉 "더하여"가 될 것이다(§62.3).

ᶜšr arbᶜ kbd "10 (그리고) 4 더하여/열넷14" (4.244:18&)

숫자 11–19를 셈하는 명사는 복수로도, 단수로도 쓸 수 있다. 통계적으로 *ᶜšr*와 사용되는 명사는 복수가, *ᶜšrh*와 결합된 명사는 단수가 월등히 많다.

62.3. *kbd*는 다양한 단위나 숫자를 이어 주는 역할을 한다. 곧 덧셈에만 쓰이는 전문 용어라 할 수 있다. 이 말의 어근으로는 셈어의 √*kpt*(변형으로 √*kbt*) '덧붙이다, 연합하다' 를 생각해 볼 수 있다(Tropper, "Lexikographie", 662 이하를 보라). 우리말로 옮길 때는 '…에 더하여' 가 적절할 것이다.

62.4. 20은 *ᶜšr* "10"의 쌍수형(또는 복수형)이 쓰인다("10의 두 개").

ᶜšrm	"20"

30–90은 3–9의 숫자를 복수형으로 쓴다.

ṯlṯm	"30"
arbᶜm	"40"
ḫmšm	"50"
ṯṯm	"60"
šbᶜm	"70"
ṯmnym	"80"
tšᶜm	"90"

이 숫자 다음에 셈하는 것이 대개 단수형으로 나온다.

---

102) 이 경우 11은 아직 발견되지 않았다.

62.5. 21–99는 단어 세 개나 두 개로 조합한다. 1자릿수, 10자릿수, 그리고 이 두 수를 연결해 주는 단어로서, ***kbd*** "더하여"나 전치사 *l* "…에 (추가로)"가(§82.1) 쓰인다. 조합하는 방법은 다음과 같다.

① '10자릿수 — 1자릿수 — ***kbd***' 예: *ṯmnym ṯmn **kbd***
"80 (그리고) 8 더하여/ 88" (4.179:14)

② '1자릿수 — ***kbd*** — 10자릿수' 예: *ḫmš **kbd** arbᶜm*
"5 더하여 40/ 45" (4.282:3)

③ '1자릿수 — *l* — 10자릿수' 예: *ṯṯ l ṯṯm*
"6, 60에 (추가로)/ 66" (1.4:VII:9)

④ '10자릿수 — 1자릿수' 예: *šbᶜm šbᶜ*
"77" (1.4:VII:10 유일하게 확실한 예)

셈한 명사는 대개 이 숫자구 뒤에 오며, 복수형을 띠는 게 규칙이다.

ṯlṯ l ᶜšrm ḫpnt ššwm "23개의 말안장 덮개" (4.363:6f.)

하지만 10자릿수가 1자릿수보다 앞에 오는 경우 때때로 셈할 명사가 10자릿수 바로 뒤에서 언제나 단수형으로 서기도 한다.

*tšᶜm mrḥ aḥd **kbd*** "90개의 창 (그리고) 하나 더하여/ 91개의 창" (4.169:9f.)

62.6. 숫자 '100'은 *mit* /*miʾt*-/이다. '200'은 쌍수 형태인 *mitm*이다. 300부터는 1자릿수 숫자를 남성형으로 쓰고 *mat* /*maʾāt*-/(= *mit*의 복수형)을 붙인다.

ṯlṯ mat "300"

셈해지는 명사는 복수형이나 단수형으로 쓰인다.

62.7. 101–999의 양은 다음과 같이 표현할 수 있다.

① 100자릿수와 10자릿수만 또는 100자릿수와 1자릿수만 있는 경우
'100자릿수 — 10자릿수/1자릿수 — ***kbd***'
'10자릿수 — *l* — 100자릿수' 103)

② 100자릿수, 10자릿수, 1자릿수가 모두 있는 경우
'100자릿수 — 10자릿수 — 1자릿수 — ***kbd***' (흔하다.)
'100자릿수 — 10자릿수 — ***kbd*** — 1자릿수 — ***kbd***' (드물다)
'10자릿수 — *l* — *mit* — 1자릿수— ***kbd***' 104)

---

103) 이런 구문은 오직 *mit* "100"과 *mitm* "200"과 함께 나온다.

'100자릿수 — 1자릿수 — "10"(ˁšr, ˁšrh) — ***kbd***' [105]

셈할 명사는, 100자릿수가 어느 위치에 있든지, 대개 그 100자릿수 바로 뒤에 단수형으로 위치한다. 셈할 명사가 10자릿수나 1자릿수 뒤에 설 때는 복수형이 된다.

62.8. '1000'은 *alp* /ˀ*alp*–/이고, '2000'은 그 쌍수형인 *alpm*이다. '3000'부터는 *alp*의 복수형인 *alpm*을 붙여 만든다.

ḫmš alpm "5000" (4.181:2)

셈할 명사는 *alp* '1000' 뒤에 단수나 복수형으로 선다. 하지만 *alpm* '2000' 뒤에는 언제나 복수형이다.

62.9. 1001–9999는 다음처럼 조합한다.[106]

① 1000자릿수와 100자릿수만 있을 때

'1000자릿수 — 100자릿수 — ***kbd***' (자주 나온다)

'1000자릿수 — 100자릿수' (드물다)

'100자릿수 — ***l*** — ***alp***' [107]

② 1000자릿수, 100자릿수, 10자릿수만 있을 때

'*1000자릿수 — 100자릿수 — 10자릿수 — ***kbd***' [108]

'1000자릿수 — 10자릿수 — ***l*** — ***mit***' [109]

③ 1000자릿수, 100자릿수, 1자릿수만 있을 때

'1000자릿수 — 100자릿수 — 1자릿수 — ***kbd***'

'1000자릿수 — 100자릿수 — ***kbd*** — 1자릿수— ***kbd***'

지금까지 양을 나타내는 숫자의 체계를 일부 보았다. 이 가운데 *l*가 등장하는 구문에선 *kbd*가 등장하지 않는다. 또한 *w*를 사용한 구문도 찾을 수 없다.

---

104) 이런 구문은 오직 *mit* "100"과 함께 나온다.

105) 이 구문은 10자릿수가 "10"(ˁšr, ˁšrh)일 때만 쓰인다. 딱 한 번(RS 92.2057:3f.) 다음과 같은 구문도 나온다. '1자릿수 — 10자릿수 — ***kbd*** — 100자릿수'

106) 1000자릿수, 100자릿수, 10자릿수, 1자릿수가 모두 나오는 예는 아직 발견되지 않았다.

107) 이런 구문은 오직 *alp* "1000"과 함께 나온다.

108) 이런 구문은 충분히 가능하지만 우연하게도 실제 문헌에서는 나오지 않는다.

109) 이런 구문은 오직 *mit* "100"과 함께 나온다.

62.10. "만"10,000(또는 "무수")은 *rbt* 또는 *rbbt*를 쓴다. 셈할 낱말은 숫자 뒤에 단수나 복수로 쓴다.

63. 순서를 표현할 때(서수)

63.1. 우가릿어에서 2–10을 표현하는 서수는 {*qātil*}형을 사용함이 분명하다.

"둘째"	*ṯn*	/*ṯānŷ*/ 〈 **ṯāniy*–	1.4:VI:24&
여성형(?)	*ṯnt*	/*ṯānît*–/ (?)	1.14:I:15
"셋째"	*ṯlṯ*	/*ṯāliṯ*–/	1.4:VI:26&
"넷째"	*rbᶜ*	/*rābiᶜ*–/	1.4:VI:26(!)&
"다섯째"	*ḫmš*	/*ḫāmiš*–/	1.4:VI:29&
"여섯째"	*ṯdṯ*	/*ṯādiṯ*–/	1.4:VI:29&
"일곱째"	*šbᶜ*	/*šābiᶜ*–/	1.14:III:4
여성형	*šbᶜt*	/*šābiᶜ*(*a*)*t*–/	1.19:IV:15
"아홉째"	*tšᶜ*	/*tāšiᶜ*–/ (?)	1.104:11

위에서 *rbᶜ* "넷째"와 *ṯdṯ* "여섯째"만 서수와 기수(*arbᶜ*와 *ṯṯ*) 형태가 확실히 구별된다.

63.2. 하지만 "열째", "여덟째", "첫째"의 서수는 발견되지 않았다. 몇몇 곳에서 기수가 서수의 역할을 대신한다.

lbš aḥd "첫 번째 옷" (4.146:1)
(같은 문헌 3째 줄과 8째 줄에서는 [*lbš*] *ṯn* "두 번째 옷")

b ṯmnt "여덟째 (날)에" (1.112:11)

"첫째"를 표현하는 데는 *prᶜ*가 쓰였다.

b ym prᶜ "첫째 날에" (4.279:1)

63.3. 1.14:I:16–20에서는 "셋째", "넷째", "다섯째", "여섯째", "일곱째"의 여성형 대신에, 중첩형 수동Dp의 여성 분사형이 쓰였다(Tropper, "sieben Frauen").

mṯlṯt	/*muṯallaṯ*(*a*)*t*–/	"세 번째(로 취해진) 여자", 곧 "셋째 부인"
mrbᶜt	/*murabbaᶜ*(*a*)*t*–/	"네 번째(로 취해진) 여자", 곧 "넷째 부인"
mḫmšt	/*muḫammaš*(*a*)*t*–/	"다섯 번째(로 취해진) 여자", 곧 "다섯째 부인"
mṯdṯt	/*muṯaddaṯ*(*a*)*t*–/	"여섯 번째(로 취해진) 여자", 곧 "여섯째 부인"

mšb^{c}*t* /*mušabba*^{c}(*a*)*t*–/ "일곱 번째(로 취해진) 여자", 곧 "일곱째 부인"

64. 나눔을 표현할 때(나누기)

64.1. 우가릿어에서 나누기는 ('절반'을 의미하는 *mltḥ*를 제외하고) 대개 숫자를 표현하는 어근을 변형시켜 표현한다. 하지만 무게의 단위 세켈의 나누기를 표현할 때는 일반적으로 나누기를 표현하는 방식과는 다른 방식이 사용되는데, 형태론과 의미론적으로 구분된다.

64.2. 일반적으로 나누기를 표현할 때는 숫자를 나타내는 명사형에 접두어 *m*–을 붙여 만든다. 기본 형태는 {*maqtil*}이 사용되는데, 여성형으로는 {*maqtil*(*a*)*t*}가 사용된다. 우가릿 문헌에서 이런 형태로 나누기를 표현하는 예는 아래 네 가지가 있다.

① *mltḥ* "절반"

② *mṯlṯ* "삼분의 일"[110)]

③ *mrb*^{c} 또는 *mrb*^{c}*t* "사분의 일"[111)]

④ (음절문자) *ma*–(^{ɔ}–)*ša*–*rV* = /*ma*^{c}*šar*–/ 〈 **ma*^{c}*śir*–(?) "십분의 일(?)"

64.3. 세켈의 나누기를 표현할 때는 '반半 세켈'을 뜻하는 *nṣp* – /*nVṣp* /가 쓰인다. 이 낱말은 고유 어근을 지닌 것이다. 이 밖에는 여성형 어미를 뒤에 붙인 {*qatul*(*a*)*t*}형이 쓰인다(아카드어의 *šaluštum* '삼분의 일'). 문헌에서는 다음의 예를 볼 수 있다.

ṯlṯt "삼분의 일(세켈)"

rb^{c}*t* "사분의 일(세켈)"

ḫmšt "오분의 일(세켈)"

64.4. 쌍수형인 *mṯlṯm*은 "3분의 2"(RS 94.2600:2.6)를 뜻한다. 이렇게 분수를 나타내는 숫자의 쌍수나 복수를 사용해서 정확한 양을 표현한다. 그 밖에 ***kmsk***는 아마도 "3분의 2"를 뜻하는 고유 어근인 듯하다(4.341:9&).

---

110) RS 94.2472:14' .15' (단수 *mṯlṯ*); RS 94.2600:2.6(쌍수 *mṯlṯm*, 곧 "3분의 2").

111) *w mrb*^{c}[(*t*) *l* ^{c}]*bdm* "(*dd*–단위로) 사분의 일은 시[종에게]" (4.362:6)(훼손된 곳은 불확실).

65. 반복이나 곱절을 표현할 때(곱하기)

65.1. 우가릿어에서 "몇 배" 또는 "몇 번"을 표현하는 방법은 여러 가지다. 주로 양을 표현하는 기수를 기반으로 다음과 같은 방법이 있다.

① *t̠nm* = /*t̠inâ*(*m*)*ma*/(?) "두 번" (1.18:IV:22&)

② (?) *arbᶜtm* "네 번" 또는 "네 배" (RS 92.2016:15')[112]

③ 기수에 어미 *–id*(가끔 *–d*)를 첨가한다.[113]

t̠nid	"두 번"
t̠lt̠id	"세 번"
šbᶜd 또는 *šbᶜid*	"일곱 번"
ᶜšrid	"열 번"

④ 매우 자주 나오며, 기수와 *pamt*(복수)를 함께 쓴다.

"일곱 번" *šbᶜ pamt* (1.43:7.26) 또는 *pamt šbᶜ* (1.23:20&)

65.2. 반복의 의미를 담은 "몇 번째로"를 뜻하는 부사는 우가릿어 문헌에서 단 한 번 발견된다.

t̠nm tšqy msk hwt "두 번째로 그녀는 그에게 마실 혼합 음료를 주었다" (1.19:IV:61)

65.3. 곱절을 의미하는(몇 배) 표현은 우가릿어 문헌에서 오직 "2"와 "3"과 함께 쓰였다(두 번 모두 확실하다). 아래 예를 보면 기수를 사용했다.

t̠nh k(!)*spm atn / w t̠lt̠h ḫrṣm* "나는 그녀에게 은 두 배를 줄 것이고, 금 세 배를 줄 것이다" (1.14:IV:42f.)

---

112) 히브리어 *ʾarbaᶜtayim* "네 배"를 참고하라.

113) 어원은 스바어의 *–ʾḏ*와 동일하다: *t̠ny/ʾḏ* "두 번", *s²lt̠tʾḏ* "세 번, 세 번째로", *s¹dt̠/ʾḏ* "여섯 번째로". Renfroe, *Arabic–Ugaritic*, 11–14를 보라.

66. 배분을 표현할 때(배분수)

우가릿어에는 이른바 배분수를 표현하는 특정한 형태나 단어는 없다. 하지만 이에 해당하는 표현으로, 접속사 없이 기수를 반복하는 예가 있다.

ṯmn ḥblm šb^c šb^c mat "700리(里: 엘렌)마다 밧줄 여덟 개씩" (4.247:31)

67. 집합을 표현할 때

집합을 표현할 때, 우가릿어에서는 확실히 *{qatūl}* 또는 *{qatalat}* 형태를 사용한다. 다음 형태를 문헌에서 볼 수 있다.

ṯlṯ = /*ṯalūṯ*–/ "3인조"

ṯdṯ = /*ṯadūṯ*–/ "6인조"

šb^c= /*šabū^c*–/ "7인조"

^{c}šr = /*^{c}ašūr*–/ "10인조"

또는

ṯlṯt = /*ṯalāṯat*–/ "3인 집단"(세 명으로 이루어진 집단)

ṯṯt = /*ṯiṯṯat*–/ "6인 집단"

^{c}šrt = /*^{c}aš(a)rat*–/ "10인 집단"

이 밖에 집합을 표현할 때, 숫자에서 파생되지 않은 어근이 사용되는 수가 있다.

klat– /*kil$^{\supset}$atā/ê*–/ "양 (손)"(여성 쌍수 연계형) (KTU 1.1:IV:10&)[114]

ṣmd /*ṣimd*–/ "(인간이나 짐승의 한) 쌍"

---

114) 우연하게도 이 낱말은 언제나 여성형으로 나온다. 남성 쌍수 절대형이라면 **klam* = /*kil$^{\supset}$āmi*/로 구성할 수 있다(히브리어의 *kil$^{\supset}$ayim*과 비교하라). 남성 쌍수 연계형이라면, **kla* = /*kil$^{\supset}$ā*/(아람어 *kilā*와 비교하라)가 될 것이다.

68. 기수로 양을 표현하는 방법

어떤 사물의 양을 제시할 때, 대개 다음의 어순이 된다.

"숫자(단수) — 단위(생략 가능) — 사물"

šb^c kkr š^crt "양털 일곱 탈렌트" (4.709:1)

mit ksp "은銀 100(세켈)" (3.4:13f.)

어떤 양적 단위의 단수를 표현할 때는 숫자 *aḥd/aḥt*를 사용하지 않고, 그냥 그 사물을 단수로 표현한다.

kkr ṯlṯ "구리 한 탈렌트" (4.181:4)

양적 단위 두 개를 표현할 때는 그 사물의 쌍수 형태를 사용한다.

kdm yn "포도주 두 *kd*-단위" (1.91:26)

그 이상을 나타낼 때는 언제나 숫자와 단위를 쓴다(양적 단위는 셈할 명사의 성과 일치한다).

상이한 단위들 여러 개가 함께 쓰였을 때는, 그 단위들을 그냥 나열하거나 (가장 작은 단위 뒤에) *kbd* "더하기"(§62.2) 또는 *ḫsr* "빼기"를 첨가한다.

kkr ḫmš mat kbd ṯlṯ "구리 500(세켈)에 세 탈렌트 더하여" (4.272:4)

lṯḥ ḫsr b šb^c ddm "(밀가루) 일곱 *dd*-단위에서 한 *lṯḥ*-단위 빼기" (4.361:3)

7. 동사

71. 들어가며

71.1. 셈어 동사의 형태와 기능은 서로 긴밀히 연관되어 있다. 동사는 성(남성, 여성), 수(단수, 쌍수, 복수), 인칭(1인칭, 2인칭, 3인칭)에 따라 변한다. 그 밖에 동사의 형태를 이해하기 위해서는 다음의 문법적 요소들을 고려해야 한다.

시제와 시상時相: 완료, 미완료; 전시성, 동시성, 후시성

법: 직설법, 의지법(명령형, 권유형)

태: 수동태, 능동태, 재귀형

동작양태Aktionsart: 사역형faktitiv, 작위형kausativ

여기서 태와 동작양태를 구분하는 이유는 동사 줄기를(§74) 이해하기 위함이다. 시제와 시상과 법은 어두변화형과 그 변형들, 명령형과 어미변화형으로 표현한다. 성과 수와 인칭은 다양한 접두어와 접미어로 표현한다. 이상의 여러 요소들이 서로 결합하여 동사의 형태를 이룬다.

71.2. 동사는 어두변화형, 명령형, 어미변화형이 세 가지 한정동사의 형태와 두 가지 명사적(비한정) 형태를 지닌다. 곧 동사의 형용사적 형태인 분사와 동사의 명사적 형태인 부정사이다. 이 두 형태는 동사의 어근에서 직접 파생하였고, 동사의 형태뿐 아니라 그 의미에도 깊이 관여한다. 그리고 이들은 성, 수, 태, 동작양태에 따라 변한다.

72. 통계 자료

다음의 자료는 Tropper, "Verbalsystem"을 바탕으로 하여, 우가릿어 동사의 통계 분포를 보여 준다. 우가릿어 문헌에서 볼 수 있는 동사 형태들의 전체 분포뿐 아니라 다양한 형태들이 상대적으로 얼마나 자주 등장하는지 한 눈에 보여 준다.

운문과 산문은 시제의 사용이 확연히 다르기 때문에, 설화시(KTU 1.1–6; 1.14–16; 1.17–22) 텍스트에서 볼 수 있는 통계도 따로 실었다. 이런 통계에서는 각 항목 간의 상대적 수치가 의미를 지닐 것이다.

구분	수	비율
우가릿어 문헌 전체에서		
동사 어근 전체	약 500개	
동사 형태 전체[115]	약 3800회	(100%)
어두변화형	약 2280회	(60%)
어미변화형	약 800회	(21%)
명령형	약 420회	(11.1%)
부정사	약 140회	(3.68%)
분사[116]	약 160회	(4.21%)
설화시 본문에서		
동사 형태 전체	약 2100회	(100%)
어두변화형	약 1320회	(62.9%)
어미변화형	약 345회	(16.4%)
명령형	약 235회	(11.2%)
부정사	약 95회	(4.5%)
분사	약 105회	(5%)

73. 기본형들

73.1. 명령형

73.11. 명령형은 2인칭과 관련 있다. 그 형태는 어두변화 단형에서 접두어를 떼어 내면 된다. 곧 {*qtVl*}형으로서 단음절 단어가 된다. 여기서 'V'는 이른바 '어간모음' Themavokal으로서 /*a*/, /*i*/, /*u*/ 가운데 하나인데, 기본적으로 어두변화형의 모음과 같은 모음이 쓰인다.

그런데 모음 없이 두 자음이 중첩되어 단어를 시작하지는 못하기에, 실제로는 /*q*/와 /*t*/ 사이, 곧 첫 자음과 둘째 자음 사이에 모음이 삽입되어 두 음절이 된다(모음삽입: Anaptyxe). 대개 /*i*/가 많이 쓰이는데 이따금 /*u*/도 쓰인다.

isp /*ˀispī*/ 〈 **ˀVsupī* (여성 단수) "모아들여라!" (1.107:33&)

---

115) 한정된 동사와 부정사를 포함한다.

116) 명사로 사용된 경우와 사전에 등재된 형태는 제외한다.

uḫd /ʾᵘḫud/ 〈 *ʾḫuḏ “잡아라!” (1.82:6)[117)]

이렇게 단어 첫머리에서 자음이 중첩할 때, 맨 앞에 모음을 덧붙여 문제를 해결하는 수도 있다(어두음 첨가, Prothese). 다음의 예는 모두 여성 단수형이다.[118)]

uqrb /(ʾ)uqrubī/ (√qrb) “들어오라!” (1.169:5)

ibky /(ʾ)ibkiyī/ (√bky) “울어라!” (1.161:13)

išḫn /(ʾ)išḫanī/ (√šḫn) “뜨거워져라!” (1.161:18[2회])

73.12. 명령형의 인칭어미는 어두변화 단형 2인칭과 같이 변한다.

	남성		여성	
단수	q^VtVl		$q^VtVl\bar{\imath}$	
쌍수		$q^VtVl\bar{a}$		통성이다.
복수	$q^VtVl\bar{u}$	---		여성 복수는 발견되지 않는다.

73.13. 명령형에서 인칭어미가 붙지 않은 형태는 남성 단수다. 하지만 히브리어와 마찬가지로, 어미에 /–ă/가 붙는 연장형이(강조형) 있다: $q^VtVl\breve{a}$. 이 연장형 어미는 권유형 등에도 붙는다(§73.25).

ša /šaʾă/ 〈 *śaʾă (√nšʾ) “높이 들어라!” (1.5:V:13; 1.14:II:22)

73.14. 명령형에 부정의 불변화사가 직접 붙어 부정하는 구문은 없다. 부정 명령은 다음과 같이 표현한다(§87).

al + 어두변화 단형 2인칭

73.2. 동사의 어두변화형

73.21. ‘어두변화형’ prefix conjugation이란 동사변화의 형태에 따른 명칭으로, ‘어미변화형’과는 달리 낱말의 머리(어두語頭)에 접두어를 붙여 변화하므로 이렇게 부른다. 다음 표에서 보듯 어두변화형은 일종의 상위 개념이다. 곧 다양한 형태와 의미를 지닌 변형들을 포함한다(§76).

---

117) 그런데 /a/가 삽입되는 경우도 있는지는 확실치 않다. (*w*) *arš* /(wa–)ʾᵃrVš/ “요구하라!” (5.11:12)를 가능한 예로 볼 수도 있겠다. 하지만 이 예는 /ʾarriš/로, 곧 중첩형D 명령형으로도 볼 수 있다.

118) Tropper, “Spätugaritischen”, 392 이하.

형태	기능
단형	① 완료; 직설법(과거형 등)
	② 완료; 의지법(권유형 등)
연장된 단형	① 1인칭 권유형Kohortativ
	② 강조하는 권유형(2, 3인칭, 비교적 드물다)
장형	미완료(현재)

73.22. 어두변화 단형의 변화를 접두어와 접미어만 표기하면 다음과 같다.

	단수	복수	쌍수
3 남성	*y*---	*t*---*ū*/**y*---*ū*[119]	*y*---*ā*/*t*---*ā*
3 여성	*t*---	*t*---*nă̄*(?)[120]	*t*---*ā*
2 남성	*t*---	*t*---*u*	*t*---*ā*
2 여성	*t*---*ī*	*t*---*nă̄*(?)	*t*---*ā* (통성!)
1 통성	ʾ---	*n*---	--- (?)

119) 3인칭 남성 복수 접두어는 다음처럼 규칙적으로 *t*-이다(Dobrusin, "Third Masculine Plural", 1981).

tšu */tiššaʾū/* 〈 **tinśaʾū* (√*nšʾ*) "그들은 (자신의 머리를) 들었다" (1.2:I:29)

하지만 접두어로 *y*-를 사용하는 경우가 다음처럼 최소한 두 번 발견된다(Tropper, "Archaismen").

yblk "그들은 보내야 한다" (***tblk***와 병행, 1.4:V:17)

yblnn "그들은 보냈다" (1.4:V:38.40)

하지만 이 두 *y*-를 접두어로 인정한다 하더라도 그것은 매우 제한적이며 운문에서만, 그것도 '정상적인' *t*-접두어와 문법적으로 병행하는 것으로 평가해야 한다. 곧 3인칭 남성 쌍수에서는 *y*-접두어가 '정상적'이고, *t*-접두어도 제한적이지만 사용되는 것이다.

120) Verreet, "Beobachtungen I", 317-319는 이와 다르게 본다. 3인칭 여성 복수의 어두변화 장형을 *tqtln* = */taqtulūna/*로, 단형을 *tqtl* = */taqtulū/*로 보았다. 하지만 Verreet의 관찰과는 달리, 3인칭 여성 복수의 어미로 -*n*이 빠지는 사례를 볼 수는 없다.

73.23. 강동사 기본형G의 어두변화형은 다음 구조를 따른다.

$\{CV_1qtV_2l\}$

위 형태를 강동사인 √*qtl*의 기본형G 능동태를 기준으로 설명하면 다음과 같다.

C는 *y*−, *t*−, ᵓ−, *n*− 등의 접두자음을 가리킨다.

V_1은 접두자음C에 붙는 모음으로서, /*a*/나 /*i*/가 된다.[121]

V_2는 이른바 '어간모음'으로서, /*a*/, /*i*/, /*u*/ 가운데 하나다.

V_1과 V_2는 다음처럼 {*a*−*u*}, {*a*−*i*}, {*i*−*a*} 형태로 결합된다.

{*Caqtul*}, {*Caqtil*}, {*Ciqtal*}[122]

위 세 형태 가운데 과연 어느 형태를 취하는가는 다음 두 요소에 달려 있다.

① 대개 행위동사는 {*Caqtul*}이나 {*Caqtil*}을, 상태동사는 {*Ciqtal*}을 취한다.

② 어근의 둘째나 셋째 자음이 후음일 때 흔히 {*Ciqtal*}을 취한다.[123]

73.24. 어두변화 단형의 변화를 모두 표기하면 다음과 같다({*Caqtul*}형을 기준으로).[124]

	단수	복수	쌍수
3 남성	*yaqtul*	*taqtul*−*ū*	*yaqtul*−*ā*/*taqtul*−*ā*
3 여성	*taqtul*	*taqtul*−*nā̆*(?)	*taqtul*−*ā*
2 남성	*taqtul*	*taqtul*−*ū*	*taqtul*−*ā*(통성)
2 여성	*taqtul*−*ī*	*taqtul*−*nā̆*(?)	*taqtul*−*ā*(통성)
1 통성	ᵓ*aqtul*	*naqtul*	—— (?)

121) V_1을 '어두모음' Präfixvokal이라 한다.

122) 고대 북서셈어의 이런 모음결합에 대한 지식은 Barth, "vergleichenden II", 4 이하에서 유래한다(바르트의 법칙). Ginsberg, "Epic", 382 이하; "Religious", 318−322; Harris, "Conditioned"; Hammershaimb, *Verbum*, 181−184는 이 법칙이 우가릿어에서도 유효함을 증명하였다. 이 주제에 대해서는 Verreet, "Gültigkeit"에서 면밀히 연구하였다.

123) 아래 §73.34의 표를 보라.

124) 이 변화형은 어간모음을 *u*로 삼았다. 따라서 어간모음이 달라지는 동사의 경우 모음이 달라질 수 있다. 이를테면 3인칭 남성 단수의 경우, *yaqtul*형이 동사의 어간모음에 따라 *yaqtil*이나 *yiqtal*이 될 수 있다. 하지만 §73.22의 접두어의 자음과 접미어의 음절은 그대로 보존된다.

73.25. 위 표를 보면, 어미가 없는 형태들이 있다. 이렇게 어미가 없는 형태 일부에 어미 /*-ă*/가 붙어 어미가 연장되는 형태가 존재한다.[125] 이 어미는 오직 권유형에만 쓰이기 때문에, '연장된 권유형' 또는 '강조적 권유형'이라 한다.

이 '연장된 권유형'이 오직 1인칭 단수로만 나온다는 사실은 수많은 사례들이 있기에 확실한 편이다.[126] 이 점이 히브리어 문법과 매우 비슷하여, 이 형태를 '1인칭 권유형' Kohortativ이라고도 부른다.

'연장된 권유형'이 2인칭과 3인칭에는 없고 '연장되지 않은' 권유형과 그 기능이 대조적이지도 않아, 하나의 독립적인 문법 범주라고 볼 수는 없다. 다시 말해 우가릿어에는 아랍어와 달리 특정한 '*yaqtula* 화법'이 존재하지 않는다.

73.26. 어두변화 장형은 어두변화 단형의 어미를 늘린 것이다. 단형에서 어미가 없었던 것은 장형에서는 /*-u*/ 어미가 붙는다. 또한 단형에서 /*-ū*/, /*-ī*/, /*-ā*/ 등 장음으로 끝났던 어미에는 *-n* = /*-na*/, /*-ni*/가 붙는다.

	단수	복수	쌍수
3 남성	*yaqtul-u*	*taqtul-ūna*	*yaqtul-āni*/*taqtul-āni*
3 여성	*taqtul-u*	*taqtul-nă*(?)	*taqtul-āni*
2 남성	*taqtul-u*	*taqtul-ūna*	*taqtul-āni*(통성)
2 여성	*taqtul-īna*	**taqtul-nă*(?)	*taqtul-āni*(통성)
1 통성	*ʾaqtul-u*	*naqtul-u*	—— (?)

73.27. 우가릿어 연구의 초창기에는, 과연 우가릿어에도 아카드어의 *iparrVs*형이나 에티오피아어의 *yəqattəl*형, 또는 신남부아랍어의 이와 비슷한 형태들과 비교할 수 있는 *{Ca/iqattVl}*형이 존재하는지를 집중적으로 논의하였다.[127] 하지만 Fenton, "Absence"와 Marcus, *Aspects*, 75-105(특히 97 이하)는 우가릿어에서 그런 형태는 발견되지 않는다고 증명하였다. 최근 20년간 출판된 우가릿어 텍스트를 보아도 이 점은 분명하다.

---

125) 이와 비슷하게 명령형 남성 단수에도 이 어미가 붙는 연장형이 있다. §73.13을 보라.

126) §77.23과 비교하라.

127) 특히 Goetze, "Tenses", 296-309을 보라.

73.3. 동사의 어미변화형

73.31. '어미변화형' suffix conjugation이란 동사변화의 형태에 따른 명칭으로, 낱말의 머리(어두)는 전혀 변하지 않고 낱말의 꼬리(어미語尾)만 변화하므로 이렇게 부른다. 역사적으로 셈어 동사의 어미변화형은, (명사문에서 흔히 등장하는 명사적 술어처럼) 명사가 술어 역할을 할 때 명사 어미에 접미대명사가 붙어 주어 역할을 한 데서 기원한다. 이런 어미의 크기(음절 또는 문자의 수)는 인칭과 수에 따라 달라진다. 이 점은 다른 서부 셈어에서도 마찬가지다.

기본적으로 어미변화형의 어간모음은 상태동사와 행위동사에 따라 달라진다. 상태동사는 어떤 '상태'를 묘사하고, 행위동사는 '행위의 과거나 완료'를 의미한다(§73.34).

73.32. 동사의 어미변화형은 다음과 같다.

	단수	복수	쌍수
3 남성	*qatVl-a*	*qatVl-ū*	*qatVl-ā*
3 여성	*qatVl-at*	*qatVl-ā/ū*(?)	*qatVl-tā*
2 남성	*qatVl-tă*	*qatVl-tum*(*V*)[128]	*qatVl-tumā*(통성)
2 여성	*qatVl-tĭ*	**qatVl-tun*(*n*)*ă*	*qatVl-tumā*(통성)
1 통성	*qatVl-tŭ*[129]	**qatVl-nă/ŭ*	*qatVl-na/iyā*

73.33. 어미변화형의 어간모음은 /*a*/, /*i*/, /*u*/가 쓰인다. 어미변화형에서 어간모음을 직접 알려 주는 단어는 어간의 둘째 자음이 알레프인 II-ʾ형 동사뿐이다. 하지만 우가릿어는 어두변화형과 어미변화형에서 모음이 규칙적으로 변하는 것으로 보아 어간모음의 규칙성을 인정할 수 있다. 다른 셈어와 언어학적으로 비교 연구한 결과도 이

128) 어미의 모음을 /*i*/로도 볼 수 있다. 곧 /*qatVl-tim*(*V*)/. 2인칭 여성 복수와 2인칭 남녀 쌍수도 저마다 /*qatVl-tin*(*n*)*ă*/와 /*qatVl-imā*/로 볼 수 있다.

129) 또는 가나안어에서 볼 수 있듯, 어미를 /*-tĭ*/로 볼 수 있다. /*-tŭ*/를 선호하는 이유는 첫째, 우가릿어의 1인칭 통성 단수 대명사가 가나안어와는 달리 /*ʾanāku*/이고 둘째, 가나안어에서 /*-i*/ 모음의 유래는 이차적인 것이기 때문이다(아랍어의 /*-tu*/와 아카드어와 에티오피아어의 /*-ku*/를 보라).

런 규칙성을 뒷받침한다. 이런 결과를 기반으로 아래와 같이 어간모음 체계를 비교적 믿을 만하게 제시할 수 있다.

어미변화형에서 행위동사의 어간모음: /*a*/ 또는 /*i*/

어미변화형에서 상태동사의 어간모음: /*u*/ 또는 /*i*/

하지만 상태동사라도 어근의 둘째나 셋째 자음이 후음인 경우에 어두변화형에서 /*a*/가 사용됨은 앞에서 보았다(§73.24).

73.34. 지금까지 논의한 어간모음을 정리하면 다음과 같다.

	어미변화형	어두변화형
상태동사	*qat**i**la* / *qat**u**la*	*yiqt**a**l*
행위동사	*qat**a**la*	*yaqt**u**l* / *yaqt**i**l*
II/III-후음	*qat**i**la*	*yiqt**a**l*

73.4. 강조어미를 사용하는 동사 형태

73.41. 흔히 우가릿어 문헌에 쓰인 동사들은 위의 표에서 본 변화형에 추가로 접미대명사나 이른바 '강조어미'를[130] 달고 있다. 한정된 동사들뿐만 아니라, 설화체에서 술어로 사용되는 {*qatāl*} 형태의 부정사(§73.64)도 자주 이런 어미를 달고 있다. 대개 운문에서 자주 나오고, 목적격 어미와 함께 붙어 있는 경우도 있다. 이런 강조어미가 의지법은 물론 직설법에서도 사용된다는 점은 주목해야 한다.[131]

이런 '강조어미'는 -*n*이나 -*nn*으로 쓰는데, 다음과 같이 세 가지 형태로 나뉜다.

73.42. 강조어미-I: 강조어미들 가운데 가장 흔한 형태는 -*n*이다. 아랍어 문법의 강조어미를 따라, 이 강조어미의 모음은 /-(*a*)*nnV*/으로 구성할 수 있고 '강조어미-I'이라 이름 붙인다.

강조어미-I은 단독으로 동사의 어미에 직접 붙지만, 때로 접미대명사와 함께 사용된다. 단독으로 사용될 때는 대개 운문에서 볼 수 있는데 매우 흔하며, 강조어미가 없

130) Verreet, *Modi*, 79–98; Krebernik, "Verbalformen"; Zewi, *Syntactical*, 175–186.

131) 한편 북서셈어에서 직설법 강조어미 -*un*(*n*)*a*와 의지법 강조어미 -*an*(*n*)*a*를 구별해야 한다는 Moran, *Syntactical*, 53–56; Rainey, *Canaanite*, 234–244.263 이하의 주장은 설 곳이 없다. 직설법에서 사용된다고 추론했던 모음 /*u*/-는 어두변화 장형(*yVqtVl-u*)의 어미가 강조어미와 결합할 때 보존된 것뿐이다.

는 동사와 병행을 이루어 대구나 대조의 효과를 낸다.

아래에서 보듯, 이 강조어미-I은 접미대명사 가운데 3인칭 단수와 자주 사용된다.

-nh = /*-anna-hŭ*/(남성) 또는 /*-anna-hă*/(여성)

만일 이 강조어미-I과 결합하는 동사가 개음절로 끝나면, 강조어미-I의 시작 모음은 개음절의 모음이 된다.

어두변화 장형 3인칭 남성 복수: *yaqtulunna* 〈 *yaqtulu* + *-nna*

73.43. 강조어미-II: 또한 우가릿어에는 *-nn*형태로 나타나는 강조어미가 있는데, 아카드어의 의지법어미 *-nim*을 따라 이 모음을 /*-nin*/으로 구성할 수 있다. 강조어미-II는 오직 3인칭 단수 접미대명사와 함께 쓰이며, 접미대명사인 /*h*/는 항상 *n*으로 동화된다.

-nn = /*-nVnnŭ*/ 〈 **-nin-hŭ*

-nn = /*-nVnnă*/ 〈 **-nin-hă*

강조어미-II가 사용된 동사 형태에서는 *n*이 최대 4개까지 사용될 수 있다.

tšḫṭn.nn /*tušaḫîṭūna-nVnnu*/ (√*ḫyṭ*의 사역형Š 어두변화 장형 3인칭 남성 복수) "그들이 그를 깨울 (때)" (1.19:III:45. KTU²의 본문과 다름)

tšknnnn /*tušakînūna-nVnnu*/ (√*kwn*의 사역형Š 어두변화 장형 3인칭 남성 복수) "그들은 그를/그것을 굳건히 할 것이다/준비하게 할 것이다(?)" (2.7:11)

ttnn.nn /*tâtinūna-nVnnu*/? (√*ytn*의 기본형G 어두변화 장형 2인칭 남성 복수) "너희들은 그것을 줄 것이다" (2.21:17. KTU²의 본문과 다름)

73.44. 강조어미-III: 그 밖에 우가릿어에 강조어미가 하나 더 있을 가능성이 있다. 그 형태는 *-n*이지만 아랍어의 강조어미-II를 따라 이 모음을 /*-an*/으로 구성할 수 있다. 이는 강조어미-I과 다르게, *n*이 겹치지 않으며 개음절로 끝난 동사의 모음을 취하지도 않는다.

접미대명사 2인칭이나 1인칭과 결합하면, /*n*/은 접하는 자음에 동화된다.

어두변화 장형 3인칭 남성 단수: *yaqtul-akkă* 〈 **yaqtul -an -kă*

접미대명사 3인칭과 결합하면 /*h*/가 /*n*/에 동화된다.[132]

어두변화 장형 3인칭 남성 단수: /*yaqtul-aunŭ*/ 〈 **yaqtul-an-hŭ*

---

132) *tn aḥd b bnk amlk-n* "네 아들들 가운데 하나를 다오, 내가 (그를) 임금으로 만들리니!" (1.6:I:45f.)

73.5. 분사

73.51. 분사는 일종의 '동사적 형용사' Verbaladjektiv로서, 동사에서 유래하여 형용사처럼 변한다. 분사의 의미와 구문론적 활용은 동사적 용법과 긴밀히 연관되어 있다. 그 형태는 다양한 동사줄기에 따라 변한다.

73.52. 기본형G의 분사는 능동태에서 {*qātil*}형을 취한다. 수동분사의 형태는 페니키아어와 같이 {*qatīl*}형을 취하는데, 아마도 {*qatūl*}형도 사용된 것 같다.

기본형G 분사	
능동태	수동태
qātil	*qatīl* 또는 *qatūl*

73.53. 아랍어의 수동분사인 {*maqtūl*}형이 우가릿어에도 기본형G의 수동분사 역할을 한다는 주장이 지난날 끊임없이 제기되었다. 하지만 아직 증명되지는 않았다.

73.6. 부정사

73.61. 부정사는 일종의 '동사적 명사' Verbalsubstantiv다. 그 의미나 구문론적 용법으로 볼 때 동사적 성격이 강조된 명사라고 할 수도 있다. 부정사도 다양한 동사형에 따라 그 형태가 변한다. 가장 중요한 기본형G의 부정사는 {*qatāl*}형이다.

73.62. 이 {*qatāl*}형 말고도 우가릿어에서는 기본형G의 부정사 형태가 여럿 존재한다. 가장 중요한 것으로는 {*qitl*}형으로서, 음절문자 문헌에 잘 나온다.

ni-iḫ-rù /*niǧru*/ "감시, 지킴" (RS 20.123+:I:5')[133]

그 밖에도 다음과 같은 형태를 찾을 수 있다.

{*til*}	(I–*w*/*y* 어근에서만 나타나는 {*qitl*}의 변화형)
	tn /*tin*–/ "줌" (1.4:V:8)
{*til*(*a*)*t*} 또는 {*tal*(*a*)*t*}	(I–*w*/*y* 어근과 √*hlk*에서만 나타남)
	ṣat /*ṣiʾat*–/ "나옴, 솟음" (1.4:VII:30.32)
	dʿt /*daʿat*–/ "앎, 지식" (1.2:I:16.32)

133) 다른 예는 Huehnergard, *Vocabulary*, 305 이하를 보라.

	lkt /*likt*-/ "감" (1.10:II:28.29)[134]
{*qat*(*a*)*lat*}	*ṯigt*[135] /*ṯaʾgat*-/ 〈 **ṯaʾagat*- "큰소리, 울부짖음" (1.14:III:16)
{*taqtVl*}[136]	*tdrq* /*tadrVq*/ "오는 것, 다가옴" (1.3:IV:39; 1.4:II:15)
	(?) *ttn* /*tâtVn*/[137] "줌" (1.2:IV:6)

73.63. 히브리어에서 자주 나타나는, 부정사 절대형(inf.abs.)과 부정사 연계형(inf.cs.)을 조심스럽지만 우가릿어 구문론에서도 구별할 수 있다. 부정사 절대형은 대개 명사나 형용사처럼 위치가 자유롭고 부정사 연계형은 보통 전치사 뒤에서 연계상태에 있는 명사나 형용사처럼 쓰인다.

부정사 절대형은 히브리어(*qāṭôl* < **qaṭāl*)에서처럼 오직 {*qatāl*}형으로만 쓰인다. 부정사 연계형은 히브리어와 다르게 {*qatāl*}형이 쓰일 수도 있다. 더 자주 쓰이는 부정사형은 {*qitl*}형인데, I-*w* 어근 동사에선 {*til*(*a*)*t*}형, {*tal*(*a*)*t*}형 또는 {*til*}형도 보인다(§75.51).

73.64. 부정사 절대형의 중요한 세 가지 기능은 다음과 같다.

① 유음중첩법은[138] 동사의 의미를 강조한다.

w lakm ilak "나는 반드시 보낼 것이다!" (2.30:19f.)

bt krt bu tbu "그녀는 기어이 케레투의 집으로 갔다" (1.16:VI:3)

w an mt-m amt "그리고 나는 기어코 죽으리라!" (1.17:VI:38)

ˤly l tˤl bṯn ˤlk "네 위로 뱀이 기어 올라가는 일은 결코 없으리!" (RS 92.2014:6)

---

134) 히브리어의 *ṣe*(ʾ)*t*, *daˤat*, *lækæt*와 비교하라.

135) 페니키아식 변형: *ṯiqt* (1.14:V:8).

136) 또 다른 변형 {*taqtVl*(*a*)*t*}.

137) 또는 다음과 같이 볼 수 있다. *tt* /*titt*/ 〈 **tint* + 의존불변화사 -*n*.

138) 유음중첩법(類音重疊法, Paronomasie)은 동사의 의미를 강조하는 표현법으로서, 어근 강세법(schema etymologica, figura etymologica), 내적 목적어inner object, 또는 동족목적어cognate object라고도 일컫는다. 성경 히브리어에서 비교적 자주 쓰이는 것으로 같은 어원의 한정 동사와 부정사를 중첩시켜 동사적 술어를 구성하는 방법이다. 우리말로 옮길 때는 대개 강조하는 의미의 부사를 사용한다.

② 설화체에서 술어로 사용된다.

w ʿn kṯr w ḫss “그리고 코싸루와하시수가 대답하였다” (1.2:IV:7)

w ʿn rbt aṯrt ym “여주인님이신 바다의 아씨라투님께서 대답하셨다” (1.6:I:53)

ṣḥq btlt ʿnt “처녀 아나투는 웃었다” (1.4:V:25)

šmḫ btlt ʿnt “처녀 아나투는 기뻐하였다” (1.4:V:20)

w rgm ank “그리고 나는 말하였다” (2.42:25)

③ 명령형 기능을 한다.

ḥšk ʿṣk ʿbṣk “너는 서둘러라! 조급히 굴어라! 재촉하라!”(직역: 너의 서두름, 너의 조급함, 너의 재촉) (1.3:III:18과 병행구)

73.65. 이른바 부정사 연계형은 흔히 전치사 다음에 나오는데, 자주 쓰이는 전치사는 다음과 같다.

b “… 안에, … 함께”: 대개 동시성의 시간절이나 조건절을 만든다.

– *w yqrb b šal krt* “케레투가 묻는 동안 그는 다가갔다” (*{qatāl}* 형) (1.14:I:37f.)

– *b ḫbṯh ḥwt ṯth* “그가 다른 땅으로 도망갈 때 …” (3.3:4)

l “…을 위해”: 대개 목적절을 표현한다.

– *l lḥm l šty ṣḥtkm* “먹고 마시기 위해 나는 여러분을 불렀소” (1.15:IV:27; 1.15:VI:4–5)

– *aqht [km yṯb] l lḥm / w bn dnil l ṯrm*

“아크하투가 먹기 위해 스스로 앉자, 다닐루의 아들들도 식사하기 위해 (앉았다)” (1.18:IV:18f.)

그 밖에 *k* “…처럼”, *ʿd* “…까지”, *aḫr* “… 다음에”도 부정사 연계형이 뒤따른다.

73.66. 부정사는 그 밖에도 명사나 형용사의 기능을 다양하게 수행한다. 평범한 명사들처럼 목적어나 주어가 되기도 하고, 연계 구문에서 꾸며 주는 역할을 한다.

74. 동사형: 기본형G과 파생형들

74.1. 셈어의 동사는 행동양태(이를 테면 사역형, 작위형, 반복형)나 태(수동태, 능동태)에 따라 형태가 다양하게 변한다. 이런 동사의 형태를 묶어 '동사줄기' Verbalstamm라 일컫는다. 형태가 가장 단순한 것을 '기본형' G이라 하고 나머지를 이른바 '파생형' 이라 하는데, 기본형에 자음이나 모음을 덧붙여서 만든다.

74.2. 우가릿어의 동사줄기 10개는 다음 표와 같다.

약자	이름	중요 기능
G	기본형	사전적 기본 기능
Gp	기본형의 수동형	기본형의 수동적 의미
Gt	기본형의 재귀형	기본형의 재귀적 의미와 기타
D	중첩형	강화된 의미, 사역형, 기타
Dp	중첩형의 수동형	중첩형의 수동적 의미
tD	중첩형의 재귀형	중첩형의 재귀적 의미와 기타
Š	사역형	사역적 의미, '…을 일으키는' 의미
Šp	사역형의 수동형	사역형의 수동적 의미
Št	사역형의 재귀형	사역형의 재귀적 의미와 기타
N	수동형	재귀적 · 수동적 의미와 기타

74.3. 위 열 가지 동사형[139] 가운데 기본형G, 중첩형D, 사역형Š, 수동형N을 '중요형' 이라 한다.

기본형G은 형태적으로 가장 단순하다(히브리어의 **칼**)

중첩형D은 어근의 둘째 자음을 중첩한다(히브리어의 **피엘**)

---

139) 우가릿어에서 이 열 개의 동사형을 제외하면 독립된 동사형이라고 할 수 있는 것은 없다. 이른바 '연장형' (L: Längungsstamm)이라는 것은 II-*w*/*y* 동사나 일부 II-중복어근 동사에만, 그것도 중첩형D의 특정한 변형에서만 나온다(§75.52; §75.6). 아랍어 동사형의 IX., XI., XII.-XV. 형에 해당하는 동사형을 우가릿어에서는 찾을 수 없다. 이른바 '복제형' (Reduplikationsstamm: Gordon, *Textbook*, §§9.32.41-42)에 대해서는 §75.7을 보라.

사역형Š은 *š*–접두어를 덧붙인다(히브리어의 **히필**)[140]

수동형N은 *n*–접두어를 덧붙인다(히브리어의 **니팔**)

위의 네 중요형은 수동형N을 제외하면 저마다 수동형과 재귀형을 지닌다. 재귀형은 *t*를 삽입한다.

기본형의 재귀형Gt은 어근의 첫째 자음 다음에 *t*–를 삽입하고

중첩형의 재귀형tD은 어근의 첫째 자음 앞에 *t*–를 삽입하고(히브리어의 히트파엘)[141]

사역형의 수동형Št는 사역형의 접두어 *š* 다음에 *t*–를 삽입한다.

반면 수동형들, 곧 기본형의 수동형Gp, 중첩형의 수동형(Dp, 히브리어의 푸알), 사역형의 수동형(Šp, 히브리어의 호팔)은 능동태의 자음에 모음만 변화시켜서 만든다. 하지만 우가릿어 알파벳 체계로 이 모음의 변화를 언제나 알 수 있는 것은 아니기 때문에 수동형은 대개 구문이나 문맥으로만 알아낼 수 있다.

74.4. 우가릿어에 과연 동사마다 수동형들이 있는가를 의심하는 연구가 몇 가지 있었다(대표적으로 Verreet, "Beobachungen", 324–330). 하지만 수동형의 존재에 대해서는 뚜렷한 근거가 있다. 첫째, 우가릿어 문헌의 구문 가운데 주어가 분명히 피동형으로 사용된 적이 더러 있다. 둘째, 우가릿어에서 능동태와 수동태를 대조시켜 표현할 수 있는 다른 어떤 방법도 없다. 파생형 가운데 *t*–를 동사의 앞이나 어근의 중간에 삽입하는 방법으로는 수동태를 만들기 힘들다. 또한 드물게 나오는 수동형N도 비교적 후대에 발생한 것이다.[142] 셋째, 비교언어학적 증거들도 우가릿어에서 수동태가 존재한다는 쪽으로 기운다. 중부셈어 전체가 수동태를 알고 있고, 특히 이 중부셈어를 대표하는 고대의 언어들이 수동태를 비교적 자주 사용한다.

---

140) 다른 북서셈어의 사역형에는 이처럼 치찰음(잇마찰소리)이 첨가되지 않는다. 이를테면 히브리어 히필형의 경우도 첨가되는 접두자음은 *h*이다. 그래서 과거에는 이 사역형에 첨가되는 *š*–자음이 우가릿어의 고유함을 증명한다고 주장하는 학자들이 다수 존재했다. 하지만 이런 시도들은 확신을 심어 주지 못하였다. Tropper, *kausativstamm*, 113–182.

141) 중첩되는 자음 뒤가 아니라 첫째 자음 앞에 *t*–음이 첨가되기에, Dt형이 아니라 tD형이 됨에 주의하라.

142) §74.6을 보라.

74.5. 동사형 변화표는 다음과 같다. 모두 3인칭 남성 단수형이고 분사와 부정사는 곡용 어미가 빠져 있다.

	어두변화단형	명령형	어미변화형	분사	부정사
G	*yaqtu/il*	*q*^{V}*tu/il*	*qatala*	*qātil*(능동)	*qatāl*
	yiqtal	*q*^{V}*tal*	*qati/ula*	*qatūl* (수동)	
Gp	*yuqtal*	불분명	*quti/ala*	—— [143]	?[144]
Gt	*yiq**t**atil*[145]	(ʾ*i*)*q**t**atil*	(ʾ*i*)*q**t**at*(*a*)*la*	*muq**t**atil* (?)	*tVq**t**atil*[146]
D[147]	*yuqattil*[148]	*qattil*	*qattila*	*muqattil*	*quttal*
Dp	*yuqattal* (?)	불분명	*qutti/ala* (?)	*muqattal* (?)	불분명
tD	*yV**t**qattVl*[149]	불분명	(ʾ*i*)***t**qatti/ala*[150]	불분명	?[151]
Š	*yušaqtil*[152]	*šaqtil*	*šaqtila*	*mušaqtil*	*šVqtVl*[153]
Šp	*yušaqtal*	불분명	*šuqta/ila*	*mušaqtal*	불분명
Št	*yVštaqtil*	불분명	불분명	*muštaqtil*	불분명
N	*yiqqatil*[154]	*naqtVl* (?)[155]	*naqtala*	*naqtă̄l* (?)	*naqtāl*

143) Gp형 분사의 기능은 바로 윗칸의 G형 수동분사(/*qatūl*/형)가 대지한다.

144) 예가 오직 하나밖에 없는데 확실치 않다. *dṯ ydṯ mʿqbk* "너를 (바위에) 매어 두려는 자는 철저히 파괴되리라"(1.18:I:19).

145) 또는 /*yiq**t**atal*/. 바로 오른쪽 칸의 Gt 명령형처럼 셋째 모음은 변할 수 있다. 만일 인칭 어미가 붙어 네 음절이 되면 이 셋째 모음은 탈락한다. /*yiqtatlū*/ 〈 **yiqtati/alū*. 이미 §33.24에서 이런 현상을 보았다.

*자모자 (자)모 자모 자모 〉 자모자 (자)모자 자모 (*CvC[C]vCvCv 〉 CvC[C]vCCv)

146) 다음의 예가 있다. *tmtḫṣh* "그녀의 싸움" (1.3:II:19), *tmtḫṣ* "싸움" (1.3:II:20), *ṯḫtṣb* "분쟁"(1.3:II:20.30).

147) 중첩형D은 언제나 어근의 둘째 음이 중첩되지만, 우가릿어에서는 자음을 두 번 쓰지 않기 때문에 형태상으로는 어떤 표시도 없을 때가 대부분이다. 따라서 의미를 추론하거나 친족어를 비교해서 밝혀내야만 할 때가 많다.

148) /*yuqattil*/, /*tuqattil*/, /*nuqattil*/ 또는 첫 모음이 매우 짧아져서 /*y*^{e}*qattil*/, /*t*^{e}*qattil*/, /*n*^{e}*qattil*/이 된다. 하지만 1인칭 단수 통성에서는 *ʾ*uqattil* 〉 /ʾ*aqattil*/ 또는 /ʾ^{a}*qattil*/이 된다.

149) 어근의 첫 글자 치찰음(잇마찰소리)이나 /*ṯ*/음이면, *t*는 어근의 첫 글자 다음에 삽입된다. 이를 자위치환(字位置換, Metathese)이라 한다.

150) 또는 /*taqattila*/나 /*taqattala*/로 볼 수 있다. 확실한 예는 다음뿐이다. *w tkms* /*wa-t*(*a*)*kammVsa*/ "그는 무릎을 꿇었다"(1.12:II:54). 그리고 가능한 예: *tmz*ʿ(1.19:I:36.46).

151) 아마도 /*tuqattil*/이 될 수 있다. 음절문자로 된 다음의 예는 D형의 부정사일 수도 있어 논쟁의 여지가 있다. *tu-a-pí-*[*ku*(?)] /*tuhappiku*/ (RS 20.123+:II:23').

74.6. 파생형의 대표적 예와 빈도, 기능 등에 대한 주요 특징은 다음과 같다.

Gp(기본형의 수동형)

Gp형은 기본형G의 수동형으로만 쓰이며, 운문과 산문에 걸쳐 자주 나온다.156) 특히 I–ʾ, II–ʾ, I–*w*, I–*y*, I–*n* 동사의 어두변화형에 주의해야 한다. 이것들은 아래 예에서 보듯 수동형N이 될 수 없고, 오직 Gp형으로만 이해할 수 있기 때문이다.

- *tuḫd* /*tûḫadu*/ 〈 **tuʾḫaḏu*,157) √*ʾḫd*의 어두변화 장형 3인칭 여성 단수
  hm qrt tuḫd "만일 도시가 정복당한다면" (1.127:30)
- *yiḫd* /*yûḫadu*/ 〈 **yuʾḫaḏu*의 어두변화 장형 3인칭 남성 단수
  l yiḫd ṣṭqšlm b unṯ "*Ṣṭqšlm*은 *unṯ*–의무에 매이면 안 된다" (2.19:1f.)
- *yṣq* /*yûṣaqu*/, √*yṣq*의 어두변화 장형 3인칭 남성 단수
  w yṣq b aph "그리고 그것(약藥)은 그것(말馬)의 코에 부어졌다" (1.71:4&)
- *ytn* /*yûtan*/, √*ytn*의 어두변화 단형 의지법 3인칭 남성 단수
  ytn bt lk km aḫk "네 형제들처럼 네게 집이 주어질 것이다" (1.4:V:27f.)
- *tlakn* /*tulʾakâni*/, √*lʾk*의 어두변화 장형 3인칭 남성 쌍수
  k tlakn ǧlmm "그 (두) 어린 종이 보내졌을 때" (1.4:V:42f.)

특히 주어가 여성 명사일 때는 형태가 분명해지기 때문에 해석도 분명해진다.

tšt išt b bhtm "그 집들에는 불이 놓여졌다" (1.4:VI:22)

주어로 쓰인 명사가 주격임을 확실히 알 수 있을 때 가장 뚜렷이 알 수 있다.

---

152) /*yušaqtil*/, /*tušaqtil*/, /*nušaqtil*/ 또는 첫모음이 매우 짧아져서 /*y*ᵉ*šaqtil*/, /*t*ᵉ*šaqtil*/, /*n*ᵉ*šaqtil*/이 된다. 하지만 1인칭 단수 통성에서는 **ʾušaqtil* 〉 /*ʾašaqtil*/ 또는 /*ʾ*ᵃ*šaqtil*/이 된다. 어근에 /*ṯ*/가 있으면 사역형을 만드는 *š*는 *ṯ*로 바뀐다. 예: *yṯṯb* = /*yuṯaṯîb*/ 〈 **yušaṯîb* "그는 되돌려 보내야 한다"(√*ṯwb*).

153) 아마도 /*šaqtil*/ 또는 /*šuqtul*/이 될 수 있다.

154) /*yiqqatil*/ 〈 **yinqatil*

155) 예: *npẓl* (1.169:15)

156) Marcus, "*qal*"을 보라.

157) **tuʾḫaḏu*는 √*ʾḫd*의 원셈어 어근을 √*ʾḫḏ*로 본 것이다.

tᶜdb ksu /*tuᶜdab kussiᵓu*/ "왕좌가 주어질 것이다" (1.4:V:46): 다음과 비교하라. *tᶜrk ksu* (1.106:27f.)

Gt(기본형의 재귀형)

Gt형은 원래 재귀적 또는 상호적 기능을 하지만, 그 밖에 (대개 G형의 의미에) 지속적, 강조적, 반복적 의미도 표현한다. 하지만 G형과 Gt형의 의미상의 차이를 뚜렷이 구분하기는 힘들다.[158] 우가릿어에서 Gt형은 대개 운문에서 매우 풍부하게 사용되는데, N형보다도 많이 나오는 것 같다.

- *tmtḫṣ* /*timtaḫVṣu*/, √*mḫṣ*의 어두변화 장형 2인칭 남성 단수
  ik tmtḫ\ṣ ᶜm aliyn bᶜl "너는 어찌 위대하신 바알루님에 맞서 싸울 수 있느냐?" (1.6:VI:24f.)
- *yrtḥṣ* /*yirtaḥVṣ*/, √*rḥṣ*의 어두변화 단형 직설법 3인칭 남성 단수
  yrtḥṣ w yadm "그는 씻고 붉게 칠했다" (1.14:III:52)
- *ištir* /ᵓ*ištaᵓra*/ 〈 *(ᵓ*i*)*štaᵓVra* 또는 /ᵓ*ištaᵓira*/, √*šᵓr*의 어미변화형 3인칭 남성 단수
  arbᶜ ᶜšrh šmn d lqḥt ṯlġdy w kd ištir ᶜm qrt "*Ṯlġdy*가 들고 온 열네(*kd*의) 기름; 그러나 한 *kd*는 *Qrt*에 남는다" (4.290:1–3)

D(중첩형)

D형은 기본적으로 동사의 의미를 '강화'强化하거나 '상승' 시키는 작용을 하는 것 같다. 하지만 구체적인 기능은 동사마다 기본형G이 지니는 의미, 결합가[159] 등에 따라 결정된다. 아래에 정리한 대표적인 의미 말고도 중첩형D은 다양한 파생적인 의미를 담고 있다.

- 기본형G이 상태동사인 경우(예: 좋다), 중첩형D은 사역의 의미가 된다(예: 좋게 만들다).
- 기본형G이 행위동사이지만 자동사인 경우(예: 일어나다), 중첩형D은 타동사의 의미를 표현한다(예: 일으키다).
- 기본형G이 행위동사의 타동사인 경우(예: 먹다), 중첩형D은 사건의 강조, 주어나 목적어의 복수화, 또는 행위의 반복 등을 의미한다(예: 게걸스레 먹다, 여럿이 먹다, 많이 먹다, 반복해서 먹다 등).

158) 우가릿어의 Gt형과 tD형에 대해서 Krebernik, "Gt- und tD-Stämme", 1991을 보라.
159) 동사의 결합가에 대해서는 §93.3을 보라.

우가릿어 파생형 가운데 가장 많이 쓰이는 것이 D형이다(분명히 Š형보다 많이 쓰인다).

– *tlik* /*tulaʾʾik*(*u*)/, √*lʾk*의 D형 어두변화형 2인칭 남성 단수
lm tlik ᶜmy "왜 너는 내게 계속해서 사자를 보내느냐?" (2.26:4)

– *ywsr-nn* /*yuwassir*(*u*)/, **wsr* 〉 √*ysr*의 D형 어두변화형 3인칭 남성 단수
ap yṣb yṯb b hkl /\ *k*/*w ywsrnn ggnh* "그의 내면이 깨우쳐 주자, 야치부*Yaṣṣibu* 또한 신전에 앉았다" (1.16:VI:25f. *k*/*w*는 분명치 않음)

– *amlk-n* /*ʾamalliku*/*a*-/, √*mlk*의 D형 어두변화 장형 또는 어두변화 단형의 연장형(1인칭 권유형)
tn aḥd b bnk amlkn "네 아들들 가운데 하나를 다오, 내가 그를 임금으로 만들리니!" (1.6:I:45f.)

– *kbd* /*kabbidī*/, √*kbd*의 D형 명령형 여성 단수
šlḥm ššqy ilm / *sad kbd hmt* "두 신에게 먹을 것과 마실 것을 주라! 그들에게 봉사하고 경배하라" (1.17:V:19f.): Š형의 어두변화형이 두 번 반복되었다.

– *mmlat* /*mumalliʾa*/*āt*-/, √*mlʾ*의 D형 분사 여성 단수 또는 복수
sᶜt b n⟨*p*⟩*k šibt* / *b bqr mmlat* "우물에서 물 긷는 여인을 덮쳐라! 샘가를 채운 여인들을!" (1.14:III:9f.): *bqr*는 *mqr*를 잘못 쓴 것.

– *pu-la-ṭu* /*pullaṭu*/, √*plṭ*의 D형 부정사 "해방하다, 구원하다" (RS 20.123+:II:14')

– *wld* /*wullad*-/, *√*wld* 〉 √*yld*의 D형 부정사
wld špḥ l krt /\ *w ǵlm l ᶜbd il* " … *Krt*에 가족을, 그리고 일루의 종에게 후손을 낳아 주기 위해서" (1.14:III:48f.)

Dp(중첩형의 수동형)

우가릿 문헌에서 Dp형의 사례는 매우 적고, 모두 중첩형D의 의미를 수동태화한 것뿐이다.

– *tbqrn* /*tubaqqarâni*/, √*bqr*의 Dp형 어두변화 장형 3인칭 여성 쌍수
kbˀdm tbqrn "간 두 개가 검사되었다" (1.78:5)

tD(중첩형의 재귀형)

tD형도 매우 적은 편이다. 어근의 첫째 자음이 /š/나 /ṯ/인 단어의 어두변화형은, Gt형인지 tD형인지 구별할 수 없다. 그리고 자료가 충분하지 않아서 tD형의 기능을 확정하긴 쉽지 않다. 하지만 중첩형D의 수동형 역할을 하는 것 같지는 않다.

– *w tkms* /*wa–tkammVsa*/ 〈 **wa*–(*i*)*tkammVsa*(?) 또는
/*wa–takammVsa*/ (√*kms* tD형 어미변화형 3인칭 남성 단수)
kn npl bˁl km ṯr / w tkms hd [[*k*]] ***km ibr / b tk mšmš rṣ***(?)
"그렇게(?) 바알루는 황소처럼 떨어졌다. 핫두는 그렇게 황소처럼 무릎을 꿇었다; 그는 늪의 한가운데로 추락했다"
(1.12:II:53–55)[160]

Š(사역형)

Š형의 중요 기능은 사역 행위를 표현하는 것이다. 그 밖에 드물지만 자동사를 타동사화하기도 하는데, 이는 원칙적으로 중첩형D의 기능과 겹친다. 하지만 매우 드물게 이런 의미를 지니지 않는 Š형도 있다.[161] 우가릿어 문헌에서는 Š형 동사를 150개 정도 발견할 수 있다. 우가릿어에서 Š형은 D형 다음으로 많이 쓰이는 파생형이다.[162]

– *tšlḥm* /*tušalḥim*(*u*)/, √*lḥm* Š형 어두변화 장형 3인칭 여성 단수
tšlḥm tššqy ilm "그녀는 두 신에게 (언제나) 먹을 것과 마실 것을 드렸다" (1.17:V:29)[163]

– *ṯṯb* /*ṯaṯîb*/ 〈 **šaṯîb* (§33.17), √*ṯwb* Š형 명령형 남성 단수
w ṯṯb mlakm lh "사자를 그에게 돌려보내라!" (1.14:III:32f.)

– *šṣat* /*šôṣiˀat*/ 〈 **šawṣiˀat*, √*yṣˀ* Š형 어미변화형 3인칭 여성 단수
[*š*]***ṣat k rḥ npšhm /\ k iṯl brlthm*** "그녀는 그의 넋을 마치 한숨처럼, 그의 영혼을 마치 침처럼 (몸에서) 빠져나오게 했다"
(1.19:II:38f.)

---

160) 본문의 상태가 좋지 않다.

161) 이렇게 형태는 사역형이면서 기능은 사역이 아닐 때, '내적 사역형' innerliches Kausativ이라고도 한다. 이 경우 Š형은 단순 타동 행위를 표현할 수 있다.

162) 우가릿어 Š형, Šp형, Št형에 대해서 다음을 보라. Tropper, *Kausativstamm*, 21–111.

163) 직역: "그녀는 두 신에게 먹을 것을 드렸고 마실 것을 드렸다."

Šp(사역형의 수동형)

Šp형은 비교적 적은데, 예외 없이 Š형의 수동태를 표현한다.

- *yṯṯb* /*yuṯôṯab*/ 〈 **yuṯawṯab*(§33.17), √*yṯb* Šp형 어두변화 단형 직설법 3인칭 남성 단수
  tᶜdb ksu w yṯṯb l ymn aliyn bᶜl "권좌가 세워졌고, 그는 위대하신 바알루의 오른편에 앉혔다" (1.4:V:46–48)

Št(사역형의 재귀형)

Št형도 마찬가지로 드물다. 재귀적 의미의 사역형 또는 단순 사역형으로 사용된다. 하지만 Š형이 수동태로 사용되는 뚜렷한 예는 없다.

- *tštḥwy* /*tVštaḥwiyu*/, √*ḥwy* Št형 어두변화 장형 3인칭 여성 단수
  l pᶜn il thbr w tql /\ tštḥwy w tkbdh "일루의 발치에 그녀는 몸을 굽혀 엎드렸다, 그녀는 충성을 표하고 존경을 드렸다" (1.4:IV:25f.)
- *mštᶜltm* /*muštaᶜlitêma*/, √*ᶜly* Št형 분사 여성 쌍수
  yqḥ il mštᶜltm /\ mštᶜltm l riš agn "일루는 창녀(?) 두 명을 취했고, 수조의 가장자리에 (다시) 창녀(?) 두 명을 (취했다)" (1.23:35f.)

N(수동형)

N형은 우선 재귀적이고 상호적인 사건을 표현한다. 나아가 기동하는(ingressiv, inchoativ) 기능도 있다. 그리고 대개 산문에서 기본형G의 수동형을 의미한다. N형은 D형이나 Š형보다 훨씬 적다. 보통의 어두변화형들 가운데에서 N형인지 Gp형인지 분명히 구별할 수 없을 때가 매우 많다.

- *ynghn* /*yinnagiḥūna*/, √*ngḥ* N형 어두변화 장형 3인칭 남성 쌍수
  ynghn k rumm "그 둘은 두 마리 들소처럼 서로 밀쳤다" (1.6:VI:17f.)
- *ynṯkn* /*yinnaṯikūna*/, √*nṯk* N형 어두변화 장형 3인칭 남성 쌍수
  ynṯkn k bṯnm "그 둘은 뱀들처럼 서로 물었다"(1.6:VI:19)
- *tntkn* /*tinnatikna*/, √*ntk* N형 어두변화 장형 3인칭 여성 복수
  tntkn udmᶜth "그의 눈물이 흘러내렸다/(계속) 뚝뚝 떨어졌다" (1.14:I:28)

– *nkly* /*naklaya*/, √*kly* N형 어미변화형 3인칭 남성 단수
mitm yn ḥsp d nkly b dbḥ [ ] "제물에서 가져온 200(*kd* 단위의) *ḥsp*–포도주 …" (4.213:24)

– *nškḥ* /*naškaḥa*/, √*škḥ* N형 어미변화형 3인칭 남성 단수
〈*t*〉*mtt by gšm adr nškḥ* "(배를) 채운 자들(선원)이 심한 빗속에서 발견되었다" (2.38:13–15)

75. 어근의 유형에 따른 형태상의 특이점들

75.1. 들어가며

'강동사'는 어근 자음이 세 개이고, 동사 변화표의 형태가 모두 있는 동사이다. 이 범주에 들지 않는 모든 동사를 '약동사'라고 한다.

우가릿어에서 약동사는 우선 어근에 반모음 {w}나 {y}가 사용된 동사이고, 드물게 {n}, {l}, {h}, {ʾ}가 사용된 동사이다. 이 글자들은 특정한 형태나 특정한 음절과 관련해서 자음이 되지 않는다. 오히려 자음 앞에서 동화되거나, 모음 앞이나 뒤에서 장모음을 만들거나 생략될 때도 있다.

다음에서는 I–ʾ, II–ʾ, III–ʾ; I–*w*/*y*, II–*w*/*y*, III–*w*/*y*; I–*h*, I–*n*, 중복어근, 그리고 어근이 네 개인 동사를 다룬다.164)

75.2. /ʾ/가 쓰인 동사: I–ʾ, II–ʾ, III–ʾ

75.21. I–ʾ 동사는 /ʾ/가 자음 역할을 할 때는 강동사처럼 규칙적으로 변한다. 하지만 다음 현상을 주목하라.

G형: 다음이 기본형G 어두변화형의 규칙적인 형태다.

yiCC = /$ya^{ʾ}C_2VC_3$/

164) I은 첫째, II는 둘째, III는 셋째 자음을 가리킨다. 이는 셈어학에서 흔한 방법이다. 이를테면 I–ʾ는 첫째 자음이 알레프인 동사이다. 첫째, 둘째, 셋째 자음을 표현하는 방식은 다양하다. 이를테면 리히터 식으로 123으로 표현할 수도 있고(예: 'ʾ23'은 첫째 자음이 알레프인 동사) 널리 사용되듯이 I, II, III으로 표현할 수도 있다. 이 책에서는 저자의 표기법을 존중하여 각각 C_1, C_2, C_3로 표시한다.

하지만 다음 다섯 동사는 불규칙으로 분류하는데, 일부 위와 같은 형태를 띠기도 하지만 대개 아래와 같은 형태를 띤다.

yuC2C3 = /*yôC*$_2$*VC*$_3$/[165)]

√ʾ*bd* "망하다, 멸망하다"

√ʾ*hb* "사랑하다"

√ʾ*ẖd*, √ʾ*ẖḏ* "잡다, 붙잡다, 쥐다, 취하다"

√ʾ*kl* "먹다"

√ʾ*sp* "줍다, 따다, 수확하다, 모으다"

흥미롭게도 이 다섯 동사는 히브리어에서도 유사한 변형을 보인다(이른바 '약한 알레프').[166)] 이 단어들의 어두변화형을 *yaC*$_2$*C*$_3$으로 쓸 수 있는지는 불분명한데, 이런 형태는 중첩형D이거나 수동형N일 것이다.

I–ʾ 동사 기본형G의 명령형(남성 단수)에는 두 가지가 있는데, 대개 /*i*/나 /*ə*/로 발음하는 *i*를 삽입해서 *iC*$_2$*C*$_3$ 형태나 드물게 *u*를 삽입한 *uC*$_2$*C*$_3$ 형태이다.

– *irš* /ʾⁱ*rVš*/ (√ʾ*rš*) "원하라, 요구하라!" (1.17:VI:17*.26.27&)

– *uẖd* /ʾᵘ*ẖud*/ 〈 *ʾ*ẖud* (√ʾ*ẖd*) "잡아라!" (1.82:6)

한편 I–ʾ 동사는 Gt형의 어두변화형에서 규칙적으로 강동사처럼 변한다.

– *yitmr* (1.2:I:32) √ʾ*mr*

– *yitṯm* (4.398:5) √ʾ*ṯm*

하지만 예외도 있다.

– *ytmr* = /*yîtamVr*/ 〈 **yi*ʾ*tamVr* (1.3:I:22) √ʾ*mr*

그리고 I–ʾ 동사의 중첩형D 어두변화형과 수동형N 어두변화형은 형태가 같다.

중첩형D: *yaC*$_2$*C*$_3$ = /*yu*ʾ*aC*$_2$*C*$_2$*iC*$_3$/

수동형N: *yaC*$_2$*C*$_3$ = /*yi*ʾʾ*aC*$_2$*iC*$_3$/ 〈 *yin*ʾ*aC*$_2$*iC*$_3$

한편 사역형Š 어두변화형은 다음과 같다.

사역형Š: *yšiC*$_2$*C*$_3$ = /*yuša*ʾ*C*$_2$*iC*$_3$/

75.22. II–ʾ 동사는 대개 규칙적으로 변한다. 이 II–ʾ 동사는 우가릿어 동사의 어간 모음을 이해하는 데 매우 중요하다.

II–ʾ 동사의 기본형G 어두변화형을 우가릿어 맞춤법에 맞게 적으면 다음과 같다.

yC$_1$*aC*$_3$ = /*yiC*$_1$ʾ*aC*$_3$/

---

165) §21.725와 비교하라.

166) Tropper, "Silbenschließendes", 367.

ylak /*yilʾaku*/ (√*lʾk*) "그는 보낼 것이다" (어간모음은 /*a*/)

한편 II–ʾ 동사의 기본형G 어미변화형은 다음과 같다.

C_1iC_3 = /$C_1a^{ʾ}iC_3a$/

lik /*laʾika*/ (√*lʾk*) "그는 보냈다" (어간모음은 /*i*/)[167]

75.23. III–ʾ 동사는 III–*w*/*y* 동사와 함께 우가릿어 동사 체계를 이해하는 데 매우 중요하다. 그 형태로 동사의 시상과 양태를 원칙적으로 뚜렷이 구별해 낼 수 있기 때문이다. 아래에서 보듯 어두변화 단형은 어미가 짧아 장형과 잘 구별된다.

어두변화 장형 3인칭 남성 단수: yC_1C_2u

어두변화 단형 3인칭 남성 단수: yC_1C_2i

하지만 우가릿어에서 음절을 맺는 마침알레프는 더 이상 발음하지 않기 때문에 실제 형태와 의미를 구별해 내는 일은 복잡할 수 있다.[168] 그래서 기본형G 어두변화형의 세 가지 형태, 곧 *yaqtul*, *yaqtil*, *yiqtal*형 가운데 오직 *yaqtil*형의 어간모음인 /*i*/만 어두변화 장형과 어두변화 단형 사이의 뚜렷한 차이를 만들어 낸다.

– 장형: *yṣu* /*yaṣiʾu*/ (√*yṣʾ*) "그는 나간다, 나갈 것이다"

– 단형: *yṣi* /*yaṣiʾ*/ 또는 /*yaṣî*/ (〈 **yaṣiʾ*, √*yṣʾ*) "그는 나가야 한다, 나갔다"

하지만 *yaqtul*의 어간모음인 /*u*/와 *yiqtal*의 어간모음인 /*a*/는 다음처럼 차이가 없을 수도 있다.

– *ybu* /*yabuʾu*/, √*bwʾ*이 어두변화 장형 3인칭 남성 단수
/*yabû*/ 〈 **yabuʾ*, √*bwʾ*의 어두변화 단형 3인칭 남성 단수

– *yšu* /*yiššaʾu*/, √*nšʾ*의 어두변화 장형 3인칭 남성 단수
/*yiššô*/ 〈 **yinšaʾ*, √*nšʾ*의 어두변화 단형 3인칭 남성 단수[169]

또한 다음의 경우도 마찬가지다.[170] 아래 예에서 어두변화 단형 의지법이 3인칭 단수인지 2인칭 남성 단수인지도 중요하게 고려해야 한다(§73.26; §77.23).

– *yqra* /*yiqraʾa*/ (1.4:VII:47): √*qrʾ*의 어두변화 단형의 연장형
/*yiqrâ*/ 〈 **yiqraʾ*, √*qrʾ*의 어두변화 단형 의지법 또는 직설법

---

167) 이렇게 어두변화형과 어미변화형에서 어간모음이 뚜렷이 구별됨을 주목하라. Segert, "Polarity"는 언어사적으로 이 문제를 다루는데, 그에 따르면 어미변화형의 어간모음인 /*i*/는 어두변화형의 어간모음인 /*a*/와 뚜렷이 구별되기 위해 후대에 생겨난 것이다.

168) §21.724의 '마침알레프'를 참고하라.

169) 문자 {u}가 /*ô*/ 〈 **aʾ* 가 되는 것은 §21.724를 보라. 우가릿어 문헌에 *yši* 형태는 없다.

170) Tropper, "*tertiaeʾ*."

– *ymẓa* /*yimẓaʾa*/ (1.12:I:37): √*mẓʾ*의 어두변화 단형의 연장형
/*yimẓâ*/ 〈 **yimẓaʾ*, √*mẓʾ*의 어두변화 단형 의지법 또는 직설법
– *tḫṭa* /*tiḫṭaʾa*/ (1.169:5): √*ḫṭʾ*의 어두변화 단형의 연장형
/*tiḫṭâ*/ 〈 **tiḫṭaʾ*, √*ḫṭʾ*의 어두변화 단형 의지법 또는 직설법

75.3. I–*h* 동사

I–*h* 동사는 규칙 동사인데, 예외가 두 가지 있다. 바로 둘째 어근에 /*l*/이 오는 것으로서, √*hlk* "가다"와 √*hlm* "치다, 때리다"가 그것이다. 이 두 동사의 기본형G 어두변화형에서는 다음처럼 /*h*/가 사라진다.

ylk– /*yalik*–/
ylm– /*yalum*–/

이 밖에 √*hlm*은 모두 규칙적으로 변한다. 기본형G 명령형은 다음과 같다.

hlm– /*hᵛlum*–/

하지만 √*hlk*는 어근의 첫째 자음인 /*h*/ 없이 I–*w* 동사처럼 변한다.

기본형G 명령형은 *lk*– /*lik*–/
기본형G 부정사는 *lkt* /*likt*–/
Gt형의 어두변화형은 *ytlk* /*yitalik*/

하지만 √*hlk*의 사역형Š은 규칙적으로 변한다.

ašhlk /*ʾašahlik*/ (1.3:V:2&)171)

75.4. I–*n* 동사와 √*lqḥ*

√*lqḥ* "잡다, 취하다"와 I–*n* 동사에서는, 어근 첫 자음에 모음이 없으면, 인접 자음에 동화된다.

yǧr /*yaǧǧur*–/ 〈 **yanǧur*–, √*nǧr* "지키다"의 기본형G 어두변화형
yqḥ /*yiqqaḥ*–/ 〈 **yilqaḥ*–, √*lqḥ*의 기본형G 어두변화형172)

---

171) I–*h*동사의 형태론은 Tropper, "Morphologie"를 보라.

172) 하지만 /*l*/이 /*n*/과 만나는 수동형N에서는 동화되지 않는다. 예: N형 어미변화형 3인칭 여성 단수 *nlqḥt* = /*nalqaḥat*/ (4.659:1).

√*lqḥ*와 I-*n* 동사는 대부분 기본형G의 명령형에서는 어근 첫 자음이 사라진다.

qḥ /*qaḥ*/, √*lqḥ*의 명령형 남성 단수 (1.4:II:32&)

ša /*šaʾă*/ 〈 **śaʾă*, √*nšʾ* "높이다"의 연장된 명령형 남성 단수 (1.4:VIII:5&)

šu /*šaʾū*/, √*nšʾ*의 명령형 남성 복수 (1.2:I:27&)

sk /*sakī*/, √*nsk* "붓다"의 명령형 여성 단수 (1.3:III:16&)

하지만 √*nǵr*는 예외다.[173]

nǵr /*n*^{V}*ǵur*/ "(네 땅을) 지켜라!" (명령형 남성 단수 2.47:2)

nǵr /*n*^{V}*ǵurā*/ "조심하라!" (명령형 남성 쌍수 1.4:VIII:14): 또는 수동형N의 명령형으로 읽을 수도 있다. 곧 /*naǵǵVrā*/ 〈 **nanǵVrā*.

75.5. /*w*/ 또는 /*y*/가 쓰인 동사

어근의 세 글자 가운데 어느 것에든 /*w*/나 /*y*/가 쓰였다면 규칙적으로 변하지 않는다. 왜냐하면 반모음인 /*w*/와 /*y*/가 위치와 조건에 따라 때로는 자음처럼, 때로는 모음처럼 나타나기 때문이다.

/*w*/와 /*y*/가 모음으로 나타날 때

① /*w*/나 /*y*/가 음절을 맺는 위치에서 자음이 뒤따르거나 단어 맨 끝에 있을 때

② /*w*/나 /*y*/가 단어를 여는 위치가 아니라 음절을 여는 위치일 때

③ 모음 사이에서, 곧 축약되는 삼중모음의 가운데에서(일부)

/*w*/와 /*y*/가 자음으로 나타날 때

① 단어를 여는 맨 앞에서 규칙적으로

② 모음 사이에서, 곧 축약되지 않는 삼중모음의 가운데에서(일부)

75.51. 우가릿어에서 매우 자주 사용되는 √*ytn*(〈 **wtn?*) 동사는 우가릿어 I-*w*/*y* 동사에 포함된다. 이 동사들의 변화를 이해하려면, 어근의 첫 글자인 반모음이 보존되는지 여부를 주의 깊게 봐야 한다.

이 반모음이 단어를 여는 맨 앞에 서면, 보존되는 게 규칙이다. 하지만 기본형G의 명령형에서는 첫 글자가 아예 생략되기도 한다.

단어를 여는 위치에서 **w*는 일반적으로 /*y*/가 된다.[174] 하지만 단어를 여는 위치

173) 히브리어의 √*nṣr*도 기본형G의 명령형에는 /*n*/이 쓰인다.

174) §33.11을 보라.

라도 중첩형D 부정사처럼 /*u*/ 모음이 따라올 경우는 /*wu*–/로 남는다. 이 때문에 우가릿어에서 I–*w* 동사와 I–*y* 동사를 구별하기 쉽지 않다. 그래서 대개 I–*w*/*y* 동사라고 표기한다. 중첩형D 어두변화형에서 보이듯이, 반모음 /*w*/는 단어 중간에서도 /*u*/ 모음 다음에서만 보존된다.

그 밖의 경우에는, 사역형Š에서 보듯 앞 모음을 장음화하거나, 기본형G 어두변화형에서 보듯 사라져 버리고 만다.

부정사 연계형은 {*til*(*a*)*t*} 또는 {*tal*(*a*)*t*}형이 된다.

ṣat /*ṣiʾat*–/ (√*yṣʾ* 〈 **wṣʾ*) "나감, 솟음"(§73.62)

I–*w* 동사의 특징적인 변화를 요약하면 아래 표와 같다

(√*yrd* 〈 *√*wrd* "내려가다")[175]

	어두변화 단형	명령형	어미변화형	분사	부정사
G	*yârid*	*rid*	*yarada*	*yārid*	*yarād*
Gp	*yûrad*				
Gt	*yittarid*[176]				
D	*yuwarrid*		*yarrida*		*wurrad*
Š	*yušôrid*[177]	*šôrid*	*šôrida*	*mušôrid*	
Šp	*yušôrad*				
N			*nôrada*		

I–*y* 동사, 이를테면 √*ynq* "빨다, 흡입하다", √*ypʿ* "일어서다", √*yṣq* "붓다, 따르다" 등은 사례가 부족해서 변화표를 만들기가 쉽지 않다. 다음은 주의할 형태다.

기본형G 어두변화형: yC_2C_3 = /$yîC_2aC_3$/

사역형Š에서는 /–*šê*–/가 특이하다.

사역형Š 어두변화형: $yšC_2C_3$ = /$yušêC_2iC_3$/

사역형Š 어미변화형: $šC_2C_3$ = /$šêC_2iC_3a$/

---

175) 문헌자료가 충분하지 않기 때문에 I–*y* 동사의 변화표에서 중요한 형태 몇몇은 확실하지 않다. 하지만 확실한 사례로서 들 수 있는 것은 √*ynq* "빨다"의 기본형G 분사로 *ynq* /*yāniq*/, 기본형G 부정사로 *ynq* /*yanāq*/ 그리고 사역형Š 분사 여성 쌍수 연계상태 *mšnqt* /*mušêniq*(*a*)*tā*/가 있다.

176) 또는 *yîtarid* 〈 **yiwtarid*.

177) 하지만 1인칭 통성 단수는 /*ʾašôrid*/.

그리고 수동형N 어두변화형의 예가 있다.

*ynp*ᶜ = /*yinnapi*ᶜ/ 〈 **yinyapi*ᶜ "그는 일어섰다" (1.5:IV:8) 또는 "그가 일어서 소서" (1.19:II:16). 이렇게 반모음 /*y*/가 바로 앞의 /*n*/과 동화되는 현상, 곧 일종의 순행동화(/*-ny-*/ 〉 /*-nn-*/)는 아카드어 I-*y* 동사에서는 흔하다.

75.52. II-*w*/*y* 동사의 경우, 어근의 (약한) 둘째 글자는 결코 자음으로 나타나는 법이 없고, 언제나 바로 앞의 또는 뒤의 모음을 장음화하는 역할만 한다.

/*yaqûmu*/ 〈 **yaqwumu*, 기본형G 어두변화 장형 3인칭 남성 단수

/*qâma*/ 〈 **qawama*, 기본형G 어미변화형 3인칭 남성 단수[178]

하지만 이렇게 장음화된 모음은 폐음절에서 다시 단음화되기도 한다.

/*yaqum*/ 〈 **yaqwum*, 기본형G 어두변화 단형 3인칭 남성 단수

기본형G 어두변화형의 어간모음은 대개 II-*w* 동사는 /*u*/를(/*yaqûmu*/), II-*y* 동사는 /*i*/를(/*yašîtu*/) 취한다.

하지만 II-*w*/*y* 동사의 어미변화형에 자음으로 시작하는 인칭어미가 붙을 경우, 어떻게 모음을 구성하는가에 대해서는 의견이 분분하다. 비교언어학적 시각에서 두 가지 방식을 생각할 수 있다.

① 어근의 모음이 단음으로 된다: /*qamtă*/ 〈 **qâmtă*(폐음절에서 장모음의 단음화).

② 어근의 장음을 유지한 채, 이른바 '연결모음' Bindevokal인 /*-ă-*/가 어근의 셋째 글자와 인칭 어미 앞에 삽입된다.[179] /*qâ/ûmătă*/ (II-*w*) 또는 /*šâ/îtătă*/ (II-*y*)

후자의 견해를 뒷받침하는 예는 1.5:V:17의 *mtt*이다. 이 단어는 "너는 (이미) 죽었다"는 뜻이 거의 확실한데(√*mwt*의 기본형G 어미변화형 2인칭 남성 단수), 자음 *t*가 두 번 겹쳐 쓰였다는 것은 어근의 마지막 글자와 인칭어미 사이에 모음이 삽입되었다는 것을 입증한다.[180] 우가릿어 문헌에 나타나는 여러 사례들을 종합하면, 히브리어에서처럼 두 방식 다 쓰인 것 같다.

---

178) 보통은 /*yaqūmu*/와 /*qāma*/로 모음을 표기한다.

179) 히브리어 기본형(칼)의 어미변화형 *rībōtā*(√*ryb*)를 보라. 그리고 규칙 변화형(*qamtā*) 말고도 가끔씩 등장하지만 *nᵉqūmōtā*(N. 니팔)와 *hᵃqīmōtā*(H. 히필)도 비교하라.

180) 이 경우와, 문맥은 분명치 않아 의미를 확증할 수는 없지만 비슷한 경우로서 *mtt* (1.2:IV:1. √*mwt*의 G형 어미변화형 1인칭 통성 단수일 가능성) 그리고 *štt*(2.36+:47 = 2.37:5; √*šyt*의 G형 어미변화형 1인칭 통성 단수)를 비교하라. *št* = /*šâta*/(3.9:5)는 √*šyt*의 G형 어미변화형 3인칭 남성 단수이지, 1인칭 통성 단수가 아니다. 더 자세히는 다음을 보라. Verreet, *Modi*, 193; Sivan, *Grammar*, 12.155.

II–*w*/*y* 동사의 중첩형 계열들은(D, Dp, tD) '보통의' 경우와는 다르게, 어근의 첫째와 둘째 글자 사이에 장모음을 만들고 셋째 글자를 중첩시킨다. 이는 히브리어의 '폴렐' Pōlel, '폴랄' Pōlal, '히트폴렐' HitPōlel과 유사하다. 이는 '보통의' 중첩형들과 형태는 다르지만 기능은 같다. 이를 구별하기 위해서 아래의 예에서 D*형, Dp*형, tD*형으로 별표(*)를 붙여 표시한다.[181]

– *yknn–h* /*yukānin*–/, √*kwn*의 중첩형D* 어두변화 단형 직설법 3인칭 남성 단수
il mlk d yknnh "그녀를 만든 임금, 일루" (1.3:V:35f.; 1.4:I:5f.*; 1.4:IV:48)

– *t*ᶜ*rr–k* /*tu*ᶜ*ārir*–/, √ᶜ*wr*의 중첩형D* 어두변화 단형 직설법 3인칭 여성 단수
hm yd il mlk yḫssk / *ahbt ṯr t*ᶜ*rrk* "자! 임금이신 일루의 사랑이 너를 일깨운다 / 황소의 사랑은 너를 자극한다" (1.4:IV:38f.)

– *rmm* /*rāmim*/, √*rym*의 중첩형D* 명령형 남성 단수
*tb*ᶜ *bn bht ym* / [*rm*]*m hkl ṯpṭ n*[*hr*] "나아가라, 얌무의 집을 지어라 / 판관 나하루의 궁전을 올려라!" (1.2:III:7)

– *ypdd* /*yupādadu*/, √*pwd* 또는 √*pyd*의 Dp*형 어두변화 장형 3인칭 남성 단수
k ypdd mlbš(*h*) "만일 (그의) 옷이 헌다면/찢어진다면" (4.182:61.63)

– *yt*ᶜ*dd* /*yit*ᶜ*ādid*/, √ᶜ*wd*의 tD*형 어두변화 단형 직설법 3인칭 남성 단수
y[ᶜ]*n aliyn b*ᶜ*l yt*ᶜ*dd rkb* ᶜ*rpt* "위대하신 바알루님이 대답하셨다, 구름을 타시는 분이 (답을) 돌려 주셨다" (1.4:III:10f.: KTU²는 *y*[*ṯ*]*b*…으로 읽었다)

---

181) 일반적으로 위의 예는 이른바 '연장형'(L: Längungsstamm)이라고 하며 저마다 약자로 L, Lp, tL로 표기한다. 그러나 아랍어 문법에서 유래한 이 '연장형' L은 오류이다. 우선 우가릿어 L형은 형태론적으로 어근 모음이 연장된 것이 아니라 어근의 둘째 글자가 반모음으로서 '약하다'는 점을 보여 주는 것뿐이다. 또한 아랍어 동사의 III형과 VI형의 기능과도 상응하지 않는다.

II-*w* 동사와 II-*y* 동사의 동사 변화 가운데 특징적인 것은 다음과 같다(√*qwm* "일어서다", √*šyt* "놓다").[182]

	어두변화 장형	명령형(남성 단수/복수)	어미 변화형	분사	부정사절대형
G	*yaqûmu*[183]	*qum*/*qûmū*	*qâmu*	*qâm*-(?)[184]	*qûm*-(?)
	yašîtu	*šit*/*šîtū*	*šâta*	*šât*-(?)	*šît*-(?)
D*	*yuqô*/*âmimu*	*qô*/*âmim*		*muqô*/*âmim*-	?[185]
Dp*	*yuqô*/*âmamu*				
tD*	*yitqô*/*âmimu*				
Š	*yuš*(*a*)*qîmu*	*šaqim*/*šaqîmū*	*šaqîma*	*muš*(*a*)*qîm*-	

75.53. 한편 III-*w*/*y* 동사 변화의 특징은 반모음인 어근의 셋째 글자가 드러나느냐 숨느냐 하는 점이다. 원래 음절을 마치는 셋째 자리에 있는 이 반모음은 모음과 결합해서 뒤에 붙는 모음을 장모음화한다(이중모음축약 §33.31).

**iy* 〉 /*î*/

**ay* 〉 /*ê*/

**uw* 〉 /*û*/

**aw* 〉 /*ô*/

이 반모음이 모음 사이에 오면, 다음처럼 자음 역할을 할 때도 있고 때때로 앞뒤 모음과 함께 삼중모음축약을 하기도 한다.

ybky = /*yabkiyu*/ "그는 운다" 기본형G 어두변화 장형 3인칭 남성 단수

하지만 과연 어떤 경우에 자음으로 남고, 어떤 경우에 삼중모음축약을 하는지는 수많은 연구에도[186] 여전히 깨끗하게 해명되지 않았다.[187] 때때로 이 축약이 일어나는

182) II-*y* 동사는 파생형에서 II-*w* 동사와 형태가 같다.

183) 다음에서 보듯 어근의 첫 글자와 마지막 글자로 폐음절이 만들어질 경우, 모음은 단모음이 된다. 어두변화 단형 /*yaqum*/; 어두변화 장형/단형 3인칭 여성 복수 /*taqumnā*/. 이 원리는 다음에도 적용된다. 명령형 남성 단수 /*qum*/; II-*y* 동사의 어두변화 단형 /*tašit*/; II-*y* 동사의 명령형 남성 단수 /*šit*/.

184) 모음이 축약되지 않은 형태, 곧 **qāyim*이나 **qāʾim*은 발견되지 않는다.

185) 발견된 형태는 접두사 *t*-와 여성 어미 -*t*가 붙은 것뿐이다. *trmmt* "높임"(1.6:VI:44).

186) Sivan, "Diphthongs"와 Verreet, "Beobachtungen", 330-341을 보라.

187) 명사와 형용사의 영역에서 나타나는 삼중모음축약의 규칙(§33.32)을 동사의 영역에서 그대로 적용해도 될 것이다. 하지만 III-*w*/*y* 동사에서는 몇 가지 주의할 점이 있다. 어미변화형에

형태와 일어나지 않는 형태가 동시에 쓰였던 것 같기도 하다. 이를테면 어미변화형 3인칭 남성 단수의 경우, 많은 경우 축약되지 않지만 때때로 축약되기도 한다. 이 문제가 복잡한 이유는 특히 두 가지 때문이다. ① 기본적으로 우리가 어간모음을 하나하나 잘 알고 있지 못하고, ② 때때로 형태론적 범주를 확실히 규명해 내지 못하기 때문이다. 예를 들어 어두변화 단형인지 장형인지 모호할 때가 많고 어미변화형과 부정사도 마찬가지다.

III−*w* 동사와 III−*y* 동사의 정서법은 대부분 비슷하다. 이 두 동사의 변화형을 구별하는 일은 특정한 경우에만 가능한데, 이를테면 다음과 같은 것들이다.

atwt /*ʾatawat*/ (√*ʾtw*) "그녀는 도착했다" (1.4:IV:32)

mǵyt /*maǵayat*/ (√*mǵy*) "그녀는 들어섰다" (1.4:II:23&)

비교언어학적 관찰에 따르면 III−*y* 동사가 III−*w*보다 자주 나온다.

또한 어두변화형과 어미변화형에서 어간모음이 다르다는 점도 알아야 한다.[188]

III−*w* 동사의 어두변화형에는 /*u*/와 /*a*/가 쓰인다. 자주 쓰는 형태는 다음과 같다.

**yaqtuw*− (어두변화형); **qatawa* (어미변화형)

III−*y* 동사의 어두변화형에는 /*i*/와 /*a*/가 쓰인다. 자주 쓰는 형태는 다음과 같다.

**yaqtiy*− (어두변화형); **qataya* (어미변화형)

이중 약동사, 곧 어근의 세 글자 가운데 두 글자가 반모음인 √*ḥyy* 또는 √*ḥwy*와 같은 경우는 조금 더 복잡하다. 다음처럼 기본형G의 어미변화형은 중복어근 동사(§75.6)처럼 변한다.

ḥy /*ḥayya*/: 기본형G의 어미변화형 3인칭 남성 단수

기본형G의 어두변화 단형은 둘째와 셋째 어근을 쓰지 않는 게 정서법에 맞다.

yḥ /*yaḥî*/ 〈 **yaḥyiy* 기본형G의 어두변화 단형 3인칭 남성 단수(히브리어 *yᵉḥî*)

서는 보존되었던 삼중모음이 명사와 형용사적 형태에서는 규칙적으로 축약된다. 그리고 어미변화형의 악센트는 명사형이나 형용사형에서 달라질 수도 있다. 곧 어미변화형 3인칭 남성/여성 단수와 3인칭 남성 복수(또한 1인칭/2인칭 단수도 마찬가지)에서는 둘째 음절에 악센트가 놓이고, 악센트 뒤에 있는 반모음은 보존될 수 있다. 이를테면 /*máǵaya*/가 되지 않고 /*maǵáya*/가 된다.

188) 고전 아랍어의 사례와 비교하라.

III−*w*: *yadʿū*/*daʿā*; *yasrū*/*saruwa*

III−*y*: *yarmī*/*ramā*; *yalqā*/*laqiya*

파생형에서는 둘째 어근 /*w*/가 확고하게 보존된다.

yḥwy /*yuḥawwiyu*/ 중첩형D 어두변화 장형 3인칭 남성 단수

그 밖에 다음의 예에서 보듯, 파생형에서는 특별한 문제가 없다.

Gp형 *ybn* /*yubnâ*/? 〈 **yubnaw/y*, 어두변화 단형 의지법 3인칭 남성 단수 (1.4:IV:62)
√*bny*또는 √*bnw*의 Gp형 "지어지다"

D형 *ykly* /*yukalliyu*/, 어두변화 장형 3인칭 남성 단수 (1.2:IV:27; 1.103+:40)
tkl /*tukallî*/ 〈 **tukalliy*, 어두변화 단형 의지법 2인칭 남성 단수 (1.16:I:26)
√*kly*의 D형 "끝장내다, 파괴하다"

Š형 *yššq* /*yušašqî*/ 〈 **yušašqiy*, 어두변화 단형 직설법 3인칭 남성 단수 (1.17:II:30–31.33.35.38)
tššqy /*tušašqiyu*/, 어두변화 장형 3인칭 여성 단수 (1.17:V:29)
ššqy /*šušqiyī*/, 명령형 여성 단수 (1.17:V:19)
√*šqy*의 Š형 "마실 것을 주다"

N형 *ynphy* /*yinpahiyu*/,[189] 어두변화 장형 3인칭 남성 단수 (1.163:12' [5])
√*phy*의 N형 "(눈에) 보이다"
ibky /*ʾibbakiyī*/(?), 명령형 여성 단수 (1.161:13)[190]
√*bky* "슬퍼하다"의 N형

다음의 동사변화표는 기본형G의 중요한 형태들, 곧 어두변화형, 명령형, 어미변화형이다. 예로 든 동사들은 √*mğy* "도착하다, 들어오다"(III-*y*), √*phy* "보다"(III-*y*), √*dʾw* "날다"(III-*w*), √*ʿlw/y* "오르다"(III-*w* 또는 III-*y*)이다.[191]

189) /*n*/이 동화되지 않은 형태다.

190) 또는 기본형G의 명령형으로 볼 수 있다: /(ʾ)*ibkiyī*/.

191) √*ʿlw/y* "오르다"의 어두변화형은 명백히 III-*w* 동사를 따르지만, 어미변화형은 다음처럼 III-*y*형을 따른다: 3인칭 남성 단수 *ʿly* /*ʿalaya*/ (1.14:IV:2).

	√*mğy*	√*phy*	√*dʾw*	√*ʿly*
어미변화형				
3인칭 남성 단수	*mağaya* (드물게 *mağâ*)	*pahiya*	*daʾawa*	*ʿalaya* (드물게 *ʿalâ*)[192]
3인칭 여성 단수	*mağayat* (드물게 *mağât*)	*pahiyat*	*daʾawat*	*ʿalât*[193]
3인칭 남성 복수	*mağayū*	*pahiyū*	*daʾawū*	
2인칭 남성 단수	*mağêtă̄*	*pahîtă̄*	*daʾôtă̄*(?)	
어두변화형				
어두변화 장형 (3인칭 남성 단수)	*yamğiyu*	*yiphû* (〈 **yiphayu*)	*yadʾû* (〈 **yadʾuwu*)	*yʿl* /*yaʿlû*/ (〈 **yaʿluwu*)[194]
어두변화 단형 (3인칭 남성 단수)	*yamğî*	*yiphâ/ê* (〈 **yiphay*)	*yadʾû* (〈 **yadʾuw*)	
명령형				
남성 단수	*m^{i}ğî* 〈 **mğiy*	*p^{i}hî* 〈 **phiy*	*d^{u}ʾû* 〈 **dʾuw*	
여성 단수	*m^{i}ğiyī*	*p^{i}hî* 〈 **phayī*	*d^{i}ʾî* 〈 **dʾuwī*	
남성 복수	*m^{i}ğiyū*	*p^{i}hayū*	*d^{u}ʾû* 〈 **dʾuwū*	
통성 쌍수	*m^{i}ğiyâ*			
분사	*māğiyu/a* (남성 단수 주격/목적격)[195] *māğiyi* (남성 단수 소유격)[196] *māğît*– (여성 단수)[197]			
부정사	*mağâ* 〈 **mağāyV* (축약된 것) *mağāyV* (축약되지 않은 것)			

192) *ʿly* (1.14:IV:2), *ʿl* (2.30:17.19).

193) *ʿlt* = /*ʿalât*/ 〈 **ʿalay/wat* (1.82:9.10).

194) 어두변화 장형 3인칭 여성 단수인 *tʿl*(RS 92.2014:4.6)과 어두변화 장형 1인칭 통성 복수인 *nʿl*(1.119:33)을 참고하라.

195) 예외: *rʿh* /*rāʿû–hŭ̄*/ 〈 **rāʿiyu–hŭ̄* (주격) "그의 목자" (4.391 그 밖에 여러 번 있다).

196) 다음을 보라. *l apy* /*ʾāpiyi*/ "빵 굽는 이를 위하여" (4.212:5)
km šiy /*šāʾiyi*/ "악인처럼" (1.18:IV:23)

197) 다음도 비슷한 유형이다. III–*w*: *dit* /*dāʾît*–/ (1.108:8).

75.6. 중복어근

75.61. 중복어근 동사의[198] 둘째와 셋째 어근 자음은 같다. 곧 같은 자음이 중복되는 게 특징이다. 이 동사의 변화형을 관찰하면, 강동사 변화의 특징과 약동사 변화의 특징이 섞여 있음을 알 수 있다. 다시 말해 어근의 둘째와 셋째 자음이 저마다 한 자음처럼 되어 보통의 강동사처럼 변하는가 하면, 셋째 자음을 단순히 둘째 자음의 중복으로 취급하여 약동사 변화를 하기도 한다. 우가릿어에서는 기본형G에서 약동사 변화가 훨씬 많다. 그리고 강동사와 약동사의 분포는 고전 아랍어와 무척 다르지만 히브리어에서 나타나는 형태와는 어느 정도 비슷하다.

75.62. 기본형G에서는 언제나 약동사 변화를 한다. 모음으로 시작하는 어미가 붙을 경우는 다음과 같다.

ysb = /*yasubbu*/ 어두변화 장형 3인칭 남성 단수

sb = /*sabba*/ 어미변화형 3인칭 남성 단수(히브리어: *sābab*)

sbt = /*sabbat*/ 어미변화형 3인칭 여성 단수(히브리어: *sābᵃbāh*)

기본형G에서 자음으로 시작하는 어미가 붙는 경우는 다음과 같다. 역시 약동사 변화다. 그런데 아래 두 예에서 보듯, 중복어근의 셋째 어근과 자음으로 시작하는 어미 사이에는 이른바 '연결모음' (= /*ă*/)이 존재한다(히브리어의 어미변화형 2인칭 남성 단수 *sabbôtā* 참조).

√*brr* "자유롭다"의 어미변하형 2인칭 남성 단수 *brt* = /*barrătu*/(?) (2.3.5, 2.8:4)

√*sbb* "뒤로 돌다"의 어미변화형 1인칭 통성 쌍수 *sbny* = /*sabbănVyā*/(?) (1.5:VI:3–4*)

기본형G에서 어미 없이 그냥 셋째 어근으로 끝날 경우에도(어두변화 단형과 명령형에서 어미가 없을 경우), 대부분 약동사 변화 형태다.

ysb (√*sbb*) 어두변화 단형 3인칭 남성 단수

이 경우 중복자음은 그냥 하나의 자음으로 환원된다.

ysb = /*yasub*/ 〈 **yasubb* 어두변화 단형 3인칭 남성 단수(히브리어)

---

198) '중복어근' mediae geminatae이란 둘째와 셋째 자음이 동일한 동사 어근을 말한다. 곧 동일한 자음이 어근의 한가운데에서mediae 중복되기에(geminatae: 라틴어 gemino '반복되다, 중복되다' 에서 유래) 이런 형태적 특징을 근거로 '중복어근' 이라고 하며, 대개 히브리어 문법에서는 'עע 동사' 또는 'II–*gem*' 이라고도 일컫고, 리히터 식으로는 '122 동사' 라고 한다.

하지만 중복어근 동사 가운데 I-*n* 동사는 예외다. 셋째 어근을 분명히 써 주는 게 정서법이다.

ṭṭṭ = /*taṭṭuṭā*/ 〈 **tanṭuṭā* (1.3:III:33; 1.4:II:17; 1.19:II:45)

√*nṭṭ* "떨다, 흔들리다" 어두변화 단형 직설법 3인칭 여성 쌍수

아래 동사들도 때때로 강동사 변화 형태다. 이 가운데 *tiggn*을 제외하면 중첩형D이거나 히브리어의 '폴렐' Pōlel형에 해당하는 D*형이다.

tḫss (1.15:III:25), *ymll* (1.16:V:28),[199] *tǧdd* (1.3:II:25), *tiggn* (1.82:43).[200]

75.63. 중복어근 동사의 수동형N 가운데 특히 I-*n* 동사는 강동사 변화형이다.

ndd /*naddada*/ 〈 **nandada* (1.3:I:8), √*ndd*의 수동형N "서 있다, (…한 상황에) 처해 있다" 어미변화형 3인칭 남성 단수

하지만 중복어근 동사의 수동형N에는 강동사 변화와 약동사 변화가 섞여 있다.

약동사 변화의 예는 다음과 같다. 둘 다 운문에서 찾았다.

nsb = /*nasabba*/ (1.4:VI:35) 수동형N 어미변화형 3인칭 남성 단수

nmrt = /*namarrat*-/ (1.19:IV:33) √*mrr*의 수동형N "축복받다"의 분사 여성 단수

한편 다음은 강동사 변화의 예다.

nšdd = /*našdada*/ (4.272:1) √*šdd*의 수동형N "가져가다, 꺼내다"의 어미변화형 3인칭 남성 단수

75.64. 우가릿어 중복어근 동사의 중첩형D을 만들 때, 히브리어의 '포엘' Pōᶜel형처럼[201] 둘째 자음을 중복시키지 않고 첫 자음에 붙은 모음을 장음화할 수 있는지는 분명치 않다. 다시 말해 D*형, Dp*형, tD*형 등을 형성할 때,[202] 이를테면 D*형의 어두변화형을 **yusabbib*- 대신에 **yusābib*-으로 만들 수 있는지 분명하지 않은데, 그 이유는 문헌 자료가 뚜렷하지 않기 때문이다.

---

199) KTU²에서 새롭게 제안한 형태는 *ymlu*이다. Tropper, "Schöpfungsakt"를 보라.

200) 정서법에 맞게 {i}가 쓰였기 때문에 *tiggn*은 기본형G으로만 이해할 수 있다.

201) 이에 해당하는 Pōᶜel형 또는 Pōᶜeᶜ형 등은 히브리어 문법에서 일반적으로 중복동사의 '피엘' 형과 관련된 드문 변화형으로 다룬다.

202) '연장형' 과 이 약자들에 대해서는 §75.52를 보라.

75.65. 사역형Š은 강동사처럼 변한다. 유일한 예외는 운문에서 찾은 다음이다.

yšlḥ = /*yušaliḥ*(*ḥV*)/ (1.4:I:25–26), √*lḥḥ*의 사역형Š "흐르게 하다, (쇠를) 녹여 흐르게 하다" 어두변화형[203]

한편 사역형의 수동형Šp은 강동사처럼 변한다.

yšḥmm /*yušaḥmamu*/ (1.175:7), √*ḥmm* 사역형 수동형Šp "데워지다" 어두변화형

75.66. 중복어근의 Gt형은 어두변화 형태로 사례가 두 개 있는데 하나는 강동사 변화를, 다른 하나는 약동사 변화를 한다.

- *ttpp* /*tittapVp*/ 〈 **tintapVp* (1.3:III:1; 1.3:IV:45)
  √*npp*의 Gt형 "(스스로 향수를) 뿌리다" 어두변화 단형 직설법 3인칭 여성 단수
- *ystrn* /*yistarranna*/ (1.4:VII:48)
  √*srr*의 Gt형 "(비밀을) 믿다" 어두변화 단형 의지법/연장형 3인칭 남성 단수 + 강조의 *n* 첨가[204]

75.67. 다음 표는 중복어근 동사의 특징적인 형태를 담고 있다(√*sbb* "둘러싸다"; √*nṭṭ* "흔들다, 떨다"는 중복어근이면서 I–*n* 동사).

어두변화형	√*sbb*	어미와 함께: *yasubbV* 어두변화 장형 3인칭 남성 단수 *yasubbu* 어미가 없을 때: *yasub* 〈 **yasubb* *yasbub*도 존재한다.
	√*nṭṭ*	*yṭṭ* /*yaṭṭuṭV*/ 〈 **yanṭuṭV*
명령형	√*sbb*	*sub* 〈 **subb* (남성 단수) *subbū* (남성 복수)
어미변화형	√*sbb*	*sabba* (3인칭 남성 단수) *sabbătă* (2인칭 남성 단수) *sabbănVyā* (1인칭 통성 쌍수)
분사	√*sbb*	*sābib*–

203) 또는 어근을 √*lw*/*yḥ*나 √*šlḥ*로 볼 수 있다.

204) 물론 이와 달리 분석하고 이해할 가능성도 있다.

75.7. 어근이 네 글자인 동사

우가릿어 동사 가운데 어근이 네 글자인 동사들은 매우 적지만, 그 형태에 따라 세 가지 유형으로 나눌 수 있다.

---

① $C_1rC_3C_4$ 또는 $C_1lC_3C_4$

√*grdš* "파괴하다" (1.14:I:11.23: 어미변화형 *grdš*)

√*prsḥ* "추락하다" (1.2:IV:22.25: 어미변화형 *yprsḥ*)[205]

② $C_1C_2C_1C_2$

√*glgl* "구르다, 말다"(?) (1.13:33: 어미변화형 *glgl*)

√*grgr* "이방인으로 살다" (1.23:66: 어두변화형 *tgrgr*)

√*krkr* "(손가락을) 돌리다, 손춤을 추다" (1.4:IV:29: 어두변화형 *ykrkr*)

√*mrmr* "정화하다, 내쫓다" (RS 92.2014:2: 어두변화형 *amrmrn*)

√ *qṯqṯ* "잡아당기다, 떨다; 뼈를 바르다" (1.114:5: 어두변화형 *yqṯqṯ*)[206]

③ $C_1C_2C_3C_3$

√*ṣḥrr* "붉다, 메마르다" (1.3:V:17; 1.4:VIII:22&: 어미변화형 *ṣḥrt*)

---

②와 ③ 유형은 어근의 일부를 겹쳐 쓴 것으로 흔히 '복제형'(Reduplikationsstamm: R형) 또는 '재생산형'(Reproduktionsstamm: R형)이라 한다. 이를테면 *ṣḥrrt*는 *√*ṣḥr*의 복제형R의 어미변화형이고, *yqṯqṯ*는 √*qṯṯ*나 √*qṯ*의 복제형R 어두변화형이다.[207]

비교언어학적 관찰에 따르면, 어근이 네 글자인 동사 기본형G의 어두변화형과 어미변화형은 어근이 셋인 보통 동사의 Š형이나 D형과 비슷하게 변한다.

어두변화형 *ykrkr* = /*yukarkir*–/ : /*yušaqtil*–/과 같다.

어미변화형 *glgl* = /*galgVl*–/ : /*šaqtVl*–/과 같다.

---

205) *yprsḥ*는 N형으로 볼 수도 있다.

206) 아랍어의 √*qsqs*와 비교하여 "뼈를 바르다"로 볼 수도 있다.

207) 하지만 *pršа*(1.4:I:35)는 어근이 네 개 있다고 할 수 없고, **prš* /*parVša*/(어미변화형 3인칭 남성 단수)를 규칙에 어긋나게 쓴 것으로 보아야 한다.

76. 시제와 시상

76.1. 들어가며

동사로 표현할 수 있는 시간값을 일반언어학적으로 이해할 때, 흔히 '시제' tense와 '시상'(時相, aspect)으로 나누어 관찰한다. 시상은 어떤 사건이나 행동이 끝났는지 또는 계속되는지를 따지는 것으로 완료perfect와 미완료imperfect를 표현한다. 영어의 경우 완료인지 미완료인지 동사의 형태나 구문론으로 쉽게 구별할 수 있다.

완료와 미완료는 여러 면에서 대조된다. 완료는 행동이나 사건을 전체적이고 외적 관점으로 바라보는 반면, 미완료는 행동이나 사건의 내적 구조를 면밀히 표현하는 특징이 있다. 또한 우가릿어를 포함한 많은 언어에서 공통적으로 관찰되듯이, 완료형은 그 형태가 비교적 단순한 반면, 미완료형은 상대적으로 복잡하다.

'시제'란 화자와 그가 말하는 행위나 사건의 시간적 관계를 말한다. 그 관계는 보통 세 단계로 나뉘는데, 저마다 상대적으로 또는 절대적으로 관찰할 수 있다. 절대적 범주로는 흔히 과거, 현재, 미래라고 한다. 한편 상대적 범주로는 전시성(前時性, Vorzeitigkeit), 동시성(同時性, Gleichzeitigkeit), 후시성(後時性, Nachzeitigkeit)이라고 한다.

이 절대적 시제와 상대적 시제는 종속문이나 직접대화문 등에서 일치하지 않을 때가 있지만, 기본적으로는 거의 같은 시간값을 표현한다. 그 이유는, 시제란 기본적으로 현재 발화자와의 관계에서 정해지는 상대적 시간값이기 때문이다. 따라서 많은 경우에 과거는 전시성에, 현재는 동시성에, 미래는 후시성에 대응한다. 그리고 과거와 다른 시제는 잘 구별되지만, 현재와 미래의 경계가 불분명한 언어는 흔하다.

많은 언어에서 '시제'와 '시상'은 문법적으로 구별되어 있고 흔히 동사변화 체계나 형태론으로 잘 알아볼 수 있다. 한 언어가 시간을 표현할 때 주로 '시제'를 사용한다면 그 언어를 '시제 언어', '시상'을 주로 사용한다면 '시상 언어'라고 한다.

이 책에서는 우가릿어를 포함한 고대 셈어가 시간을 표현할 때, 시상을 주로 사용했다고 전제한다. 또한 유념할 점은 셈어는 완료와 미완료의 시상을 표현하지만, 미래를 표현하는 시상은 특별히 분화되지 않았다는 것이다.

76.2. 우가릿어 동사의 형태와 시제/시상

76.21. 동사의 시상과 (상대적) 시제를 이해하기 위해서는 ① 어두변화의 장형과 단

형의 차이와 ② 행위동사의 어미변화형을 알아야 한다. 다음 표는 동사가 각 형태에 따라 어떤 기능을 하는지 잘 보여 준다(√*qtl* 3인칭 남성 단수 기준이며, 어간모음은 어두변화형에서 /*u*/, 어미변화형에서 /*a*/이다).

	완료		미완료
전시성	*yaqtul* (어두변화 단형 직설법)	*qatala* (행위동사의 어미변화형)	*yaqtulu* (어두변화 장형)
동시성	———	**qatala* (행위동사의 어미변화형)	*yaqtulu* (어두변화 장형)
후시성	**yaqtul*(*ă̄*) (어두변화 단형 의지법/연장형)	*qatala* (행위동사의 어미변화형)	**yaqtulu* (어두변화 장형)

76.22. 위 표의 오른쪽 미완료는 모두 어두변화 장형이다. 반면에 왼쪽의 완료형에는 어두변화 단형과 행위동사의 어미변화형만 있다.

'완료적 전시성'에는 어두변화 단형 직설법과 행위동사의 어미변화형이 같은 기능을 공유하며 자리 잡고 있다(차이에 대해서는 §§76.4-5를 보라).

'완료적 동시성'의 한 칸은 비어 있는데, 동시적으로 계속 진행되는 사건은 원칙적으로 미완료의 영역이기 때문이다. 오직 행위동사의 어미변화형의 기능, 이른바 '수행적 완료'가 여기에 속한다(§76.55).

직설법의 경우에 '완료적 후시성'에는 행위동사의 어미변화형이 해당하는데, 어두변화 단형의 의지법이나 연장형도 여기에 해당한다.[208]

요약하면, 어두변화 장형은 미완료에만 쓰이는 반면 완료형은 어두변화 단형과 행위동사의 어미변화형이 맡는다. 동시적으로 계속 진행되는 사건은 언제나 어두변화 장형으로 표현되기 때문에, 이 형태를 흔히 '현재형'이라고 일컫기도 한다. 또한 어두변화 단형 직설법은 오직 과거의 사건에만 사용되고 행위동사의 어미변화형도 대부분 과거 사건을 표현하기 때문에, 이 두 형태를 흔히 '과거'나 '완료'라고 일컫는다.

---

208) 또한 어두변화 단형의 (명령형과 비교할 수 있는) 기능에 대해서는 §§77.22-23을 보라. 언어사적으로 보면, 원래 어두변화 단형과 어두변화 장형은 후시성의 순수한 시상의 측면에서 저마다 '완료 (단형)'과 '미완료 (장형)'을 표현하는 것이었는데, 나중에 양태를 나타내는 '의지법 (단형)'과 '직설법 (장형)'을 표현하는 것으로 대치되었다. 물론 이런 언어사적 발달 과정은 추측에 의존한 면이 크지만, 어두변화 장형이 엄밀히 말해서 후시성의 완료된 사건을 표현할 수도 있다는 사실을 설명해 준다.

하지만 위 표에서 제시한 대로 어두변화 장형이 미완료를 맡는 반면, 어두변화 단형 직설법과 행위동사의 어미변화형이 완료를 표현한다는 규칙은 실제로 맞지 않을 때가 있다. 어두변화 장형 또한 때로 과거 사건을 표현할 때가 있고(§76.33), 행위동사의 어미변화형도 현재나 미래의 사건을 표현할 때가 있다(§§76.55-56).

76.3. 어두변화 장형

어두변화 장형은 주로 현재와 미래의 미완료된 사건을 표현하는데, 과거의 미완료된 사건을 표현하기도 한다.

76.31. 어두변화 장형이 현재의 사건을 표현하는 예(예가 매우 많다)

– *l tdn dn almnt / l tṯpṭ ṯpṭ qṣr npš / l tdy ṯšm*[209] *ᶜl dl / l pnk l tšlḥm ytm / bᶜd kslk almnt* (1.16:VI:45-50)

"너는 과부의 송사를 재판하지 않는다. / 너는 곤경에 빠진 자의 재판을 판결하지 않는다. / 너는 가난한 자에게서 약탈자를 쫓아버리지 않는다. / 네 앞에 있는 고아에게 결코 먹을 것을 주지 않는다. / 네 등 뒤에 있는 과부에게도 (먹을 것을 주지 않는다)."

– *mh taršn l btlt ᶜnt* (1.3:V:28f.)

"무엇을 원하는가? 처녀 아나투여?"

– *ik tmgnn rbt aṯrt ym / tǧẓyn qnyt ilm* (1.4:III:28-30)

"왜 너희는 여주인 바다의 아씨라투에게 선물하는가 / (왜) 신들을 낳으신 분을 보살피는가?"

76.32. 어두변화 장형이 미래의 사건을 표현하는 예

– *mk špšm b šbᶜ / w tmǧy l udm rbt*(!) (1.14:III:3-5)

"보라, 이렛(날)에 태양이 (질 때) / 너는 큰 (도시) 우둠*Udm*에 들어설 것이다"

– *tld šbᶜ bnm lk* (1.15:II:24)

"그녀는 네게 아들 일곱을 낳아 줄 것이다"

– [*an*(?)] *mt kl amt / w an mtm amt* (1.17:VI:38)

"나는 모두(처럼) 죽음을 겪을 것이오 / 나는 물론 죽을 것이오"

---

209) KTU²는 [[*ṯ*]]*qšm*으로 읽는다.

- *w mnm šalm dt tknn ᶜl ᶜrbnm hnhmt tknn* (3.3:5–9)
  "어떤 요청을 제기하든 간에, 다음과 같은 담보를 세워야 할 것이다."[210)]

76.33. 어두변화 장형이 과거의 사건을 표현하는 예(이런 사건들은 '일반적' 이고 '지속적' 인 특성이 있다)[211)]

- *yṯb l kḥṯ aliyn bᶜl / pᶜnh l tmǧyn hdm / rišh l ymǧy apsh* (1.6:I:58–61)
  "그(= ᶜ*Aṯtar*)는 위대하신 바알루의 권좌에 앉았다 / (하지만) 그의 발은 발판에 닿지 않았고 / 그의 머리는 그것(권좌)의 끝에 닿지 않았다."
  해설: 묘사하는 사건은 그가 키가 작아 발이 발판에 닿지 않고 머리도 권좌의 끝에 이르지 못했다는 것이다. 이런 사건은 단일하고 특수한 사건(§76.4)과 대조되는 의미로 '일반적' · '지속적' 상황이라고 할 수 있다. 동사의 형태는 분명히 정서법에 따라 어두변화 장형으로 쓰였다. ***tmǧyn***(3인칭 남성 쌍수 + 강조어미 –*n*); ***ymǧy***(셋째 어근이 반모음인 동사의 3인칭 남성 단수)
- *tbky w tšnn / ttn gh bky* (1.16:II:35f.)
  "그녀는 (끊임없이) 울었고 이를 갈았다 / 그녀는 목놓아 울었다"[212)]
  해설: 끊임없이 울고 흐느끼는 사건을 묘사했다. 이런 사건을 '단일한 사건' 과 대조되는 의미에서 '복수의 사건' 을 묘사했다고 일컫는다. *tkby*는 III–*y* 동사의 어두변화 장형의 3인칭 여성 단수를 정서법에 맞게 쓴 것이다.
- *ym ymm yᶜtqn / l ymm l yrḫm* (1.6:II:26f.&)
  "하루, 이틀이 지나갔다 / 정말로 날들이, 정말로 달들이 (지나갔다)"[213)]
  해설: 시간이 연속해서 흘러갔음을 묘사한다. 이 역시 '단일한 사건' 이나 '특수한 사건' 과 대조되는 의미에서 '연속적' 인 '복수의 사건' 을 묘

---

210) 직역: "어떤 요청이 제기되었든, 다음과 같은 담보가 세워져야 할 것이다."
211) 특히 Tropper, "Imperfektive"와 비교하라.
212) 직역: "… / 그녀는 울음소리를 (들려) 주었다."
213) 직역: "한 날 (또) 한 날이 지나갔다. …"
하지만 다음 문장에서 어두변화 단형이 사용되었음에 주의하라.
yrḫ yrḫ ṯn yṣi "(다닐루가 앉아서 달을 센다) 한 달, 두 달 지나갔다"(1.17:II:44).
위 문장은 한 달 한 달 센다는 점을 강조한다. 곧 특수하고 단일한 사건임을 강조하고 있다.

사했다고 일컫는다.

다음은 거의 관용화된 구절들로서 이야기의 단락을 시작할 때 사용된다.[214]

- *tšan ghm w tṣḥn* (1.14:VI:2*.38)
  "그 둘은 그들의 목소리를 높여 불렀다"[215]
- *w y*^{c}*ny krt ṯ*^{c} (1.14:VI:16; 1.15:I:8; 1.16:I:24; 1.16:VI:54)
  "그러자 영웅 케레투는 대답했다"[216]

76.34. 어두변화 장형이 (대부분 동시적이나 후시적인) 논리적으로 종속된 사건을 표현하거나 접속사로 연결된 종속문에서 사용되는 예

- *y*^{c}*rb b ḥdrh ybky* (1.14:I:26)
  "그가 우는 동안 그는 그의 방에 들어섰다"
  해설: *ybky* 어두변화 장형 3인칭 남성 단수
  y^c*rb* 어두변화 단형 직설법 3인칭 남성 단수
- *b*^{c}*l ṯbr diy hmt / tq*^{l}*ln tḥt p*^{c}*nh* (1.19:III:9f.)
  "바알루는 그들의 날개를 부수었다 / 그들이 그의 발 아래 떨어지도록"
  tqln √*qyl*의 어두변화 장형 3인칭 남성 복수
  해설: *ṯbr* √*ṯbr*의 (행위동사의) 어미변화 3인칭 남성 단수
- *k t*^{c}*rbn ršpm bt mlk* (1.91:11)
  "리사푸*Rušupu* 신들이 왕궁에 발을 들여놓는다면 …"
  해설: *t*^{c}*rbn* 어두변화 장형 3인칭 남성 복수
- *w hm alp l tš*^{c}*n* (3.8:13f.)
  "그리고 그들이 (은銀) 1000(세켈)을 지불하지 않는다면"[217]
  해설: *tš*^{c}*n* √*ns*^{c}의 어두변화 장형 3인칭 남성 복수

---

214) 지금까지 보았듯이 어두변화 장형은 배경이 되는 사건, 일반적이고 지속적이며 반복적인 사건을 표현하는 느낌을 준다. 따라서 이야기의 단락을 어두변화 장형으로 시작한다면, 이야기의 핵심내용인 직접화법이 대조되어 도드라지고, 이야기가 전체적으로 생동감 있게 된다. 그렇다고 이런 경우에 어두변화 장형이 반드시 사용되는 것은 아니다. 이야기의 단락을 어두변화 단형 직설법으로 시작하는 예도 있다. 이렇게 동사의 형태를 바꾸면서 이야기를 시작하는 뉘앙스나 이야기 전체의 분위기에 변화를 준다.

215) 이와 반대로 어두변화 단형인 *tša*로 시작하는 예(1.5:II:16; 1.19:II:40)도 보라.

216) 이 경우 어두변화 단형 직설법 형태인 *w y*^{c}*n*이나 *w t*^{c}*n*이 더 자주 사용된다.

217) 또는 "…을 지불할 수 없다면."

76.4. 어두변화 단형 직설법

어두변화 단형 직설법은 설화시에서만 확실히 알 수 있다. 어두변화 단형 직설법은 과거의 단일한 사건을 이야기하는 설화체에서 흔히 사용되며[218] 대단히 자주 나온다.[219] 반면에 다른 장르의 문헌에서는 과거나 완료된 사건은 거의 언제나 (접속사 *w*의 유무에 상관없이) 행위동사의 어미변화형으로 표현된다.

- *tǧly ilm rišthm* (1.2:I:23)
  "신들은 그들의 머리들을 숙였다"
- *tšu ilm rašthm* (1.2:I:29)
  "신들은 그들의 머리들을 들었다"
- *tbrk ilm tity / tity ilm l ahlhm / dr il l mšknthm* (1.15:III:17–19)
  "신들은 축복하고 떠났다 / 신들은 그들의 천막으로 떠났다 / 일루의 동족들은 그들의 사는 곳으로 (떠났다)"
- *w y*^{c}*n aliyn b*^{c}*l* (1.4:VII:37f.)
  "그리고 위대하신 바알루는 대답했다"
- *w t*^{c}*n rbt aṯrt ym* (1.4:III:27&)
  "그러자 주인이신 바다의 아씨라투가 대답했다"
- *hlm* ^{c}*nt tph ilm / bh p*^{c}*nm tṭṭ* (1.3:III:32f.)
  "보라, 아나투가 그 두 신들을 보았을 때 / 그녀 때문에 그들의 다리가 떨렸다"
  해설: *tṭṭ* 어두변화 단형 3인칭 여성 쌍수
- *abn brq d l td*^{c} *šmm* (1.3:III:26)
  "하늘이 알지 못하는 천둥을 나는 이해한다"[220]
  해설: *td*^{c} 어두변화 단형 3인칭 남성 복수

---

218) 또한 어두변화 단형 직설법 앞에(히브리어의 *wayyiqṭol*처럼) 접속사 *w* "그리고"가 붙을 수도 있지만 떨어질 수도 있다. 또한 그에 따라 시제나 시상의 기능이 변하지는 않는다.

219) 과연 어두변화 단형 직설법이 독립된 형태-구문론적 범주인가에 대해서 일부 의심하는 학자들이 있다. Smith, *Baal Cycle*, 39–41에 따르면 어두변화 단형 직설법과 어두변화 장형은 형태만 서로 대조될 뿐, 형태에 따라 그 기능이 변하지는 않는다고 한다.

220) '알다, 이해하다, 인식하다' 등은 행위가 아니라 상태를 표현하지만, 과거의 사건에서 비롯한 것이다(경험하였다 > 알다, 인식하다).

76.5. 행위동사의 어미변화형

행위동사의 어미변화형은 우선 전시성의 완료된 사건을 표현하지만 몇 가지 다른 기능들도 있다. 그리고 현재와 미래의 사건도 표현할 수 있다.

76.51. 행위동사의 어미변화형이 산문에서 과거 사건을 표현할 때

이 용례는 매우 흔하다. 아래 예문은 서간과 상업 문서에서 선별했는데, 주문장과 종속문이 섞여 있다.

- *nqmd mlk ugrt ktb spr hnd* (2.19:8f.)
  "우가릿의 임금 니크맛두는 이 문서를 썼다"
- *⟨t⟩mtt by gšm adr nškḥ* (2.38:13–15)
  "(배를) 채운 자들(선원)은 심한 빗속에 있었다"
- *ybnn hlk* ᶜ*m mlk amr w ybl hw mit ḫrṣ w mrdtt l mlk amr w lqḥ hw šmn b qrnh w yṣq hw l riš bt mlk amr* (2.72:25–32)
  "*Hlk*는 아무루의 임금에게 갔다. 그리고 그는 아무루의 임금에게 금 100(세켈)과 *mrdt*를 주었다. 그리고 그는 그의 뿔에 기름을 덜어 아무루 임금의 딸 머리에 부었다."
- *b yrḫ mgm[r] yṣu ḫlpn[t]* (4.192:1f.)
  "바그바무 달月에 (다음의) *ḫlpn*–옷이 선해졌나"
- *w ḫmšm ksp lqḥ mlk gbl* (4.338:14f.)
  "그리고 은 50(세켈)을 비블로스의 임금이 가져갔다"
- *ḍmry w pṯpṯ* ᶜ*rb b yrm* (4.347:3f.)
  "*Ḍmry*와 *Pṯpṯ*는 *Yrm*을 위해 보증을 섰다"
- *l ytn ksphm* (4.779:4)
  "그들은 그들의 돈을 주지 않았다"
- *anykn dt likt mṣrm* (2.38:10f.)
  "네가 이집트로 보낸 너의 배"
- *umy td*ᶜ *ky* ᶜ*rbt l pn špš* (2.16:6–8)
  "내 어머니는 아소서, 제가 '해' 님(핫트의 임금) 앞에 나왔나이다"

76.52. 행위동사의 어미변화형이 운문에서 과거 사건을 표현할 때

76.521. 행위동사의 어미변화형이 과거 사건을 표현하는 용례는 설화시에서도 비교적 자주 볼 수 있다. 주로 어두변화 단형 직설법과 병행하거나 그 대신 쓰이는데,[221] 주로 과거의 독립된 사건을 표현한다. 그리고 직접화법에서 과거 사건을 표현하는 데서 비교적 자주 볼 수 있다.

이야기(설화)의 맥락에서 사용될 때는 주로 다음 경우이다.

① 새로운 이야기를 시작할 때

② 이야기가 진행중일 때, 배경이 되는 정보를 주느라 이야기의 맥락이 잠시 끊길 때

③ 이야기가 끝날 때, 곧 결론을 맺을 때

이 행위동사의 어미변화형이 흔히 설화체에서 사용되는 어두변화 단형 직설법과 대구를 이루어 병행하는[222] 점은 눈여겨봐야 한다. 하지만 전체적으로 볼 때, 우가릿어 설화시에서 행위동사의 어미변화형은 어두변화 단형 직설법보다 훨씬 제한되어 사용된다.[223]

- *lm ǧltm ilm rišt\km* (1.2:I:24f.)

  "오 신들아! 왜 그대들의 머리를 숙였는가?"

  해설: 바로 앞에서(1.2:I:23) 어두변화 단형 직설법 *tǧly*가 나온다.

- *ik mǧy gpn w ugr* (1.3:III:36)

  "왜 구파누와우가루가 오셨는가?"

- *ap ilm lḥ[m] yṯb / bn qdš l ṯrm / bˁl qm ˁl il* (1.2:I:20f.)

  "그때에 신들은 먹기 위해 앉아 있었다 / 쿠두슈의 아들들은 썰기 위해 (앉아 있었다) / 바알루는 일루 곁에 서 있었다"

  해설: 신들이 앉아 있고 바알루가 일루 곁에 서 있는 상황은 이어지는 이야기의 배경이 된다. 이 뒤에 어두변화 단형 직설법 형태가 따른다.

---

221) Smith, *Baal Cycle*, 42 n70에 따르면 어미변화형은 (행위동사의 어미변화형과 상태동사의 어미변화형을 포함해서) 바알 설화집에서 152회, 케레투 설화에서 49회, 아크하투 설화에서 21회 등장한다.

222) 운문에서 같은 연에 속하는 두세 줄의 행Kolon들 사이에서 동의어나 대립어 또는 동일 주제나 대립 주제 등의 형식적 또는 내용적 요소들이 병행하는 것을 특히 '요소병행' Parallelismus membrorum이라 한다.

223) 이 주제에 대해서 Smith, *Baal Cycle*, 45–57; **qatala*과 Sivan, "Use"를 비교하라.

– *nšu riš ḥrṯm* (1.16:III:12)
"밭을 가는 자는 머리를 들었다"
해설: 이야기의 시작
– *mt ql bˁl ql* (1.6:VI:21f.)
"모투가 떨어졌다, 바알루가 떨어졌다"
해설: 한 단락(전투장면)의 절정이자 결말
– *yṣat km rḥ npš[h]* (1.18:IV:36)
"[그의] 혼이 한숨처럼 빠져나왔다"
해설: 한 단락의 절정이자 결말
– *ˁrb b ẓl ḫmt / lqḥ imr dbḥ b ydh / … / klt lḥm d nzl lqḥ / … / yṣq b gl ḥtṯ yn / … / w ˁly l ẓr mgdl / rkb ṯkmm ḥmt / nša ydh šmmh / dbḥ l ṯr abh il / …* (1.14:III:55—IV:6).
"그는 천막의 그늘로 들어섰다 / 그는 그의 두 손으로 새끼양을 희생제물로 잡았다 / … / 그가 봉헌하는 빵 전부를 잡았다 / … / 그는 은잔에 포도주를 부었다 / … / 그리고 그는 성탑 꼭대기에 올랐다 / 그는 성벽의 '어깨'를 탔다 / 그는 그의 손을 하늘로 올려 / 황소이신 그의 아버지 일루에게 제물을 바쳤다 / … "
– *ˁdbt bht[h bˁ]l yˁdb / hd ˁdb [ˁd]bt hklh* (1.4:VI:38–40)
"[바알루]는 [그의] 집에 비품을 놓았다 / 핫두는 그의 신전에 [비품]을 놓았다"
해설: 어두변화 단형 직설법 + 행위동사의 어미변화형
– *knp nšrm bˁl yṯbr / bˁl ṯbr diy hmt* (1.19:III:8f.)
"바알은 독수리의 날개를 부수었다 / 바알은 그들의 날개를 부수었다"
해설: 어두변화 단형 직설법 + 행위동사의 어미변화형

76.53. 행위동사의 어미변화형이 편지에서 완료형을 표현할 때: '서간체 완료형' epistolary perfekt[224)]

– *l pˁn adty mrḥqtm šbˁd w šbˁd qlt* (2.68:4–7)
"내 여주인님의 발치에 멀리 떨어져 일곱 번 그리고 (또) 일곱 번 숙였습니다"

224) 여기서 행위동사의 어미변화형을 완료형으로 해석하는 근거는 편지에 쓰인 사건이 독자(편지의 수신자)의 입장에서 볼 때 모두 과거라는 사실에 근거한 것이다. 더 자세한 논의는 Pardee/Whiting, "Aspects"를 보라.

– *iršt aršt l aḫy l r^cy* (5.9:I:7f.)

"(이 편지를 통해) 내 형제에게, (곧) 내 친구에게 간곡히 청합니다"[225]

– *tbšr b^cl bšrtk yblt* (1.4:V:26f.)

"기뻐하라 바알루여! 내가 그대에게 기쁜 소식을 가져 왔다"

해설: 또는 수행적 완료performatives Perfekt로 볼 수도 있다.

76.54. 행위동사의 어미변화형이 공식 문서에서 완료를 표현할 때[226]

– *l ym hnd* ^c*mṯtmr … ytn šd kḍǧdl … w ytnnn l b^cln* (3.5:1–12)

"이날로부터 암미쓰탐루(^c*Ammiṯtamru*, 우가릿 임금)는 … *Kḍǧdl*의 들판을 (…에게) 주었다. 그리고 그는 그것을 *B^cln*에게 (영원히) 주었다."

76.55. 행위동사의 어미변화형이 수행적 기능을 표현할 때(동시적 사건을 완료적으로 묘사)

– *l rgmt lk l zbl b^cl* / *ṯnt l rkb* ^c*rbt* (1.2:IV:7f.)

"진정으로, 제가 당신께, 영도자이신 바알루께 아룁니다. / 구름을 타시는 분께 되풀이 합니다."

– *an rgmt l ym b^clkm* (1.2:I:45)

"내가 직접 너희의 주인인 얌무에게 말한다"

또는 서간체 완료형

76.56. 행위동사의 어미변화형이 미래 사건을 표현할 때(접속사 *w*나 다른 불변화사 다음에)

– *w ṯb l unṯhm* (3.4:19)

"(그들이 *Iwrikalli*에게 돈을 되돌려 줄 때까지, 그들에겐 오랫동안 *unṯ*–의무가 없었다) 하지만 그들은 그들의 *unṯ*–의무로 되돌아 올 것이다"

– *l yrt b npš bn ilm mt* / *b mh\mrt ydd il ǧzr* (1.5:I:6–8)

"진실로 너는 일루, 모투의 아들들의 복수를 위해 내려가야만 할 것이다 / 사랑받는 일루, 영웅의 죄(?) 때문에!"

– *w hm ḫt* ^c*l w likt* ^c*mk* / *w hm l* ^c*l w lakm ilak* (2.30:16–18)

"그리고 만일 히타이트인(핫티)들이 올라오면, 나는 네게 (소식을) 보낼 것이다 /

---

225) *iršt aršt*는 유음중첩법으로서, 강조의 뜻이 분명하므로 우리말로 "간곡히 청합니다"로 옮겼다.

226) 공식 문서를 읽는 독자나 소송의 당사자들의 시점을 기준으로 볼 때, 공식 문서가 다루는 사건은 이미 완료된 과거의 사건이다.

그리고 만일 그들이 올라오지 않으면, (그래도 또한) 나는 (소식을) 보낼 것이다"

해설: 첫째 조건문의 귀결절에서는 *likt*가 어미변화형으로 쓰였지만, 둘째 조건문의 귀결절에서 쓰인 *ilak*은 어두변화형이다(어두변화 장형). 하지만 어미변화형은 *w* 바로 뒤에 섰다(귀결절의 *w*, *Waw apodoseos*).

- … *w šmᶜ bᶜl l ṣlt[km] / ydy ᶜz l tǧrkm* … (1.119:34)

"(만일 너희 눈을 들어 바알루를 보면), 바알루는 [너희의] 기도를 들을 것이다. / 그는 너희 성문 가운데 '강한 것' 을 쳐부술 것이다"

해설: 조건문의 귀결절에서 어미변화형이 두 번 쓰였다.

76.6. 상태동사의 어미변화형

§73.31에서 언급했듯이, 행위동사의 어미변화형과 별도로 상태동사의 어미변화형을 다룬다. 이는 명사적 영역에 그 기원을 둔 것으로서, 아카드어의 상태동사와 그 기능이 상응한다.[227)]

- *tḥmk il ḥkm / ḥkmt ᶜm ᶜlm* (1.4:IV:41f.)

  "당신의 소식은, 일루여, 지혜로워라 / 당신의 지혜는 영원무궁하여라"

- *rbt ilm l ḥkmt* (1.4:V:3)

  "당신은 크시다, 일루여, 당신은 정녕 지혜로우시다"

- *bᶜl mt* (1.6:I:6)

  "바알루는 죽었다"

77. 법

우가릿어의 '직설법'(Indikativ: 중립적인 화법)과 '의지법'(Volitiv: 희망과 명령의 화법)은 형태론적으로 잘 구분되면서도 우가릿어에서 가장 중요한 역할을 한다. 그 밖에 다른 법들이 표현하는 의미는 부차적이다.[228)]

---

227) 행위동사의 어미변화형과 상태동사의 어미변화형이 의지법으로 사용되는 것에 대해서는 §§77.24–25를 보라.

228) 엄밀한 의미에서 '법'法이란 동사의 문법적 범주로서, 화자가 말하려 하는 사건에 대해 화자의 주관적 태도나 의견을 표현하는 방법이다.

77.1. 직설법

명령형을 제외한 동사의 모든 변화형은 직설적 의미를 지닐 수 있다. 구체적으로는 다음과 같다.

① 어두변화 단형, 곧 어두변화 단형 직설법

② 어두변화 장형

③ 행위동사의 어미변화형(§76)

그 밖에 상태동사의 어미변화형과(§76.6) 술어적 용법으로 사용되는 부정사, 그리고 다른 명사문 등은 본디 특정한 법과 연결되지 않지만, 대부분 직설적 의미를 지닌다.

77.2. 의지법

어두변화 장형을 제외한 모든 동사형태는 의지법의 기능을 한다.

① 명령형

② 어두변화 단형이 의지법의 기능을 할 때, 곧 어두변화 단형 의지법

③ 어두변화 단형의 연장형(1인칭 권유형)

④ 행위동사의 어미변화형

그 밖에 특정 법과 연결되지 않는 명사문이라도 의지법의 느낌을 표현할 수 있다.

77.21. 명령형은 2인칭에 사용된다.

– *qḥ ksp w yrq ḫrṣ* (1.14:III:22)
"은과 누런 금을 가져라!"

– *ˁl l ẓr mgdl / rkb ṯkmm ḥmt* (1.14:II:21f.)
"탑 꼭대기로 올라가라! / 성벽의 '어깨'로 올라가라!"

77.22. 어두변화 단형 의지법은 모든 인칭에서 일반적인 희망과 명령을 표현한다.

– *trtḥṣ w tadm* (1.14:II:9)
"너는 씻고 붉게 치장해야 한다"

– *yip lḥm d ḫmš / mǧd ṯdṯ yrḫm* (1.14:II:30f.)
"너는 다섯 (달)을 위해 빵을 구워야 한다(또는 구워라) / 여섯 달을 위한 식량을"
해설: *yip*는 분명히 어두변화 단형이다 = /*yaˀpî*/ (√*ˀpy*)

– *w yṣi ˁdn mˁ* (1.14:II:34)

"그리고 너는 강한 군대를 끌고 나가라"

해설: *yṣi*는 분명히 어두변화 단형이다 = /*yaṣiʾ*/ (√*yṣʾ*)

- *w yḥ mlk* (2.7:9)

"그리고 임금님은 만수무강하소서!"

해설: *yḥ*는 분명히 어두변화 단형이다 = /*yaḥî*/ (√*ḥwy* 또는 √*ḥyy*)

77.23. 어두변화 단형 연장형은 어두변화 단형 의지법의 기능과 유사하다. 어두변화 단형 연장형의 분명한 기능은 1인칭 화자가 스스로 자신에게 요구하는 것을 표현하는 것이다(1인칭 권유형).

- *iqra ilm nʿ[mm]* (1.23:1)

"나는 사랑[스러운] 신들을 부르리라"

해설: *iqra* = /*ʾiqraʾă*/

- *iqran ilm nʿmm* (1.23:23)

"나는 사랑스러운 신들을 부르리라"

해설: *iqran* = /*ʾiqraʾanna*/ 어두변화 단형 연장형 + 강조의 *n*

77.24. 행위동사의 어미변화형은 대개 직설법에 사용되지만, 운문에서는 이따금씩 의지법이나 희구법(希求法, Optativ)에도 사용된다.

- *alp šd aḥd bt* (1.4:V:56)

"그 집 (한 채)는 천千 길을 포함해야만 할 것이다"

- *hlk l alpm ḫdḍ / w l rbt km yr* (1.14:II:39f.)

"그들은 폭풍(처럼) 천 명에게 가야 한다 / 가을 폭우처럼 만 명에게 (가야 한다)"

- *yḥd bth sgr /\ almnt škr tškr* (1.14:II:43–45)

"외로운 자는 그의 집을 닫으라 / 과부는 하녀가 되어버려라"

해설: 행위동사의 어미변화형인 *sgr*와 어두변화 단형 의지법인 *tškr*가 병행

77.25. 명사나 형용사적으로 사용되는 상태동사의 어미변화형(§76.7)도 사건을 의지법적으로 묘사할 수 있다.

- *mid rm [krt]* (1.15:III:13)

"매우 드높으소서 [케레투여]!"

77.3. 종속절에서 법의 사용

종속절이라고 해서 법이 특별히 다르게 사용되지는 않는다. 하지만 의지법을 표현하는 것 가운데 어두변화 단형 의지법과 어두변화 단형 연장형은 목적절에서만(§97.10) 발견된다.[229]

종속절에만 사용되는 법, 곧 아카드어의 접속법Subjunktive과 비교할 수 있는 법은 우가릿어에 없다.[230]

- *ptḥ bt w uba* (1.100:72)
  "집을 열어라, 내가 들어갈 수 있게"
  직역: "집을 열어라, 그럼 내가 들어갈 것이다"
  uba = /ʾubūʾă/ 어두변화 단형 연장형
- *w tn w nšt* (1.23:72)
  "그러면 (포도주를) 주어라, 우리가 마실 수 있게"
  직역: "그러면 (포도주를) 주어라, 그러면 우리가 마실 것이다"
  nšt = /*ništê*/*â*/ 〈 **ništay* 어두변화 단형 의지법

그 밖에 모든 경우에 종속절은 직설적 의미를 표현한다.

- *aḥdy* … *d*(!) *ymru ilm w nšm* (1.4:VII:49–51)
  "나는 홀로 있다, … (나는) 신들과 인간을 살찌운다"
  해설: *ymru* /*yumarriʾu*/ 어두변화 장형

77.4. 강조나 확언의 특별한 표현들

강조를 표현하는 특별한 동사의 형태는 우선 강조어미(§73.4)를 붙이는 것이다. 우가릿어의 강조형은 일종의 법法으로 볼 수 있지만, 동사변화형의 한 범주에 속하지는 않는다. 그 대신 직설법과 의지법 형태의 동사와 결합해서 다양한 형태를 만들어 낸다.

또한 문장의 한 부분이나 문장 전체를 강조할 때, 강조 불변화사를 이따금 쓰기도 한다. 이런 문장은 대부분 동사문이다. 이런 불변화사에 대해서는 §85를 보라.

---

229) 명령형은 주절에만 사용된다. 또한 어미변화형이 종속절에서 의지법으로 사용된 적도 없다.

230) Tropper, "*yqtla*"; "Subjunktiv"와 Verreet, *Modi*를 비교하라.

77.5. '의무', '허가', '능력' 등을 표현할 때

우가릿어에서 의무, 허가, 능력 등을 표현하는 특별한 법이나 동사형이 있는 것은 아니다. 대개는 미완료 시상을 직설법으로 표현하는 어두변화 장형이 사용된다.

아래 예들이 보여 주는 의미는 저마다 문맥을 보고 유추해 낸 것이라서 다음의 형태들이 언제나 이런 식의 느낌을 표현한다고 할 수는 없다.

① 의무

– *klnyy qšh nbln / klnyy nbl ksh* (1.3:V:34f.; 또한 1.4:IV:45f.*)

"우리 모두 그의 그릇을 가져와야 한다 / 우리 모두 그의 잔을 가져와야 한다"

– … *alp k[sp] tšʿn* (3.8:11f.)

"(만일 시민들이 다른 땅으로 도망쳤을 경우), 그들(시민)은 [은] 1000(세켈)을 물어야 한다"

② 허가

– *w mnkm l yqḥ spr mlk hnd* (2.19:12f.)

"그 누구도 임금의 이 문서들을 치워서는 안 된다"

해설: 의무의 부정적 표현(불허)

③ 능력

– *l amlk* (1.6:I:62)

"나는 임금이 될 수 없다"

– *ik tmtḫ\ṣ ʿm aliyn bʿl* (1.6:VI:24f.)

"어찌 너는 위대하신 바알루에 맞서 싸울 수 있는가?"

8. 불변화사

'불변화사' Partikel란 인칭과 시제 등에 따라 변화하지 않는 단어를 아우르는 상위 개념이다. 아래에 나열하는 불변화사는 우가릿어 불변화사의 일부다. 모음은 일종의 제안으로서, 확정적인 것은 아니다.[231]

81. 부사

81.1. 장소 부사

– "여기, 여기로": *hn /hannV/*; *hnn* (*hn* + *-n*); *hnny* (*hnn* + *-y* §89.3); *hndt*[232]; *p* (?)

– "저기, 저기로": *ṯm /ṯammV/*; *ṯmt* (*ṯm* + *-t*); *ṯmn* (*ṯm* + *-n*); *ṯmny* (*ṯmn* + *-y*); *hnk*[233]; *hnkt* (*hnk* + *-t*)[234]

– "위에, 위로": *ᶜl /ᶜalû/*(?); *ᶜln* (*ᶜl* + *-n*)

– "앞에, 앞으로": *l pnm /li panîma/*(?)

– "뒤에, 뒤로": *bᶜdn /baᶜdānu/*(?); *aṯr /ʾaṯ(a)ru/*(?)

– "안에, 안으로": *pnm /panîmâ/* 〈 **panîm-ah*(?)

81.2. 시간 부사

– "이제, 지금": *ht /hittV/*; *htm* (*ht* + *-m*); *ᶜnt /ᶜan(V)ta/*

– "다음에, 나중에": *aḫr /ʾaḫ(ḫ)aru/*; *aphn*; *apnk /ʾappūnaka/*(?); *aṯr /ʾaṯ(a)ru/*; *idk /ʾidāka/*(?); *b km*; *mk* (또는 "보라!")

– "오래, 언제나": *ᶜd /ᶜāda/*[235]; *ᶜdm* (*ᶜd* + *-m*)[236]

---

231) 매우 드문 형태이거나 이견이 있을 때는 문헌을 명기한다. 불변화사에 대해 더 알아보려면 Aartun, *Partikeln I*; *Partikeln II*를 보라.

232) 1.19:IV:62; 2.38:12; 2.45:7(또는 지시대명사 '이것' §43).

233) 2.33:11; 2.33:23; 2.71:9(또는 지시대명사).

234) 2.46:13; 2.21:10(또는 지시대명사 '저것' §43).

235) *ᶜd lḥm šty* [*ilm*] "오랫동안(?) (두 신은) 먹었다, (그리고) 마셨다" (1.4:V:48).

– "잇달아": *aḫrm* /ʾ*aḫ*(*ḫ*)*arumma*/[237]
– "다음(날)": ʿ*lm* /ʿ*alû*(*m*)*mV*/

81.3. 양태 부사
– "이렇게, 이런 방법으로": (?) *k* /*kā*/; (?) *kn*; (?) *km*; *kmt* (*km* + –*t*); *kmm* (*km* + –*m*: "똑같이")
– "매우": *mid*; *midm* (*mid* + –*m*)
– "홀로": *lbdm* /*li*–*baddi*/*u*(*m*)*ma*/(?)[238]

81.4. 지시 부사(보라!)
hn /*ha*/*innV*/; *hl*; *hlk* (*hl* + –*k*); *hln* (*hl* + –*n*); *hlny* (*hln* + –*y*)

81.5. 의문 부사, 비한정 부사
– "어디?": *iy* /ʾ*eyya*/*u*/(?); *i* /ʾ*ê*/; *an* /ʾ*ânV*/ 〈 *ʾ*ayyā̆nV* ("어디?" 또는 "어디로?")
– "어떻게?; 왜?": *ik* /ʾ*êkā*/ 〈 *ʾ*ayyV*–*kā*; *iky* (*ik* + –*y*); *ikm* (*ik* + –*m*); *ikmy* (*ikm* + –*y*: "어떻게든지", 비한정)
– "왜? 무엇 때문에?": *lm* /*li*/*amā*/; (?) *md*ʿ[239]
– "얼마나?": *mn*(의문대명사 '무엇?' : §45.2)[240]

82. 전치사

우가릿어의 전치사의 기능은 매우 폭넓다. 뒤따르는 단어와 함께 전치사구를 만들어 다양한 부사적 의미를 표현하는 것이 가장 중요한 기능이다. 그리고 특정한 동사와

ʿ*d lḥm šty ilm* "오랫동안(?) 신들은 먹었다, (그리고) 마셨다" (1.4:VI:55; 1.5:IV:12*).

236) ʿ*d*–*m* ⟨*t*⟩*lḥm tšty* "오랫동안 그들은 먹었다, (그리고) 마셨다" (1.15:VI:2).

237) 1.163:12' (5).

238) 1.2:III:20.

239) 1.107:10(문맥이 확실하지 않다).

240) 다음의 1.16:II:19.20에서만 '얼마나' 의 뜻이다.
mn yrḫ k m[*rṣ*] /\ *mn k dw kr*[*t*]
"얼마나 많은 (달들 동안) 그가 [아팠]나 / 얼마나 많은 (달들 동안) 케레[투가] 아팠나?"

결합해서 방향을 지시하고, 사건의 결과나 다양한 방법을 표현하기도 한다.[241]

82.1. 자음 하나로 이루어진 전치사

- *b* 또는 *by* = 음절문자: *bi–i* /*bi*/ (또는 /*bī*/): "… 안에, …에, …로"
- *l* 또는 *ly* = 음절문자: *le–e* /*li*/ (또는 /*lê*/): "… 향해서, …로, …위해, …의, …로부터"
- *k* /*ka*/ 또는 확장형으로 *km*[242]: "…처럼, …와 일치하게"

82.2. 자음 두 개나 세 개로 이루어진 경우

- *yd* /*yada*/ "… 옆에, … 함께"
- *ᶜm* /*ᶜimma*/ "… 함께; … 옆에; … 향해서"
- *bn* /*bêna*/ 〈 **bayna*/*u* "… 사이에"
- *ᶜd* /*ᶜadê*/(?) "…까지"
- *ᶜl* /*ᶜalê*/*â*/ "… 표면 위에, … 위에; …에 짐을 지우는; … 향해서; …로부터"
- *tḥt* /*taḥta*/ "… 아래, … 아래로"
- *qdm* /*qudāma*/(?) "… 앞에, … 앞으로"
- *pn* /*panV*/ "… 맞대고, … 앞에"[243]
- *bᶜd* /*baᶜda*/ "… 뒤에, …를 위해"
- *aṯr* /*ʾaṯ*(*a*)*ra*/ "… 따라서, … 결과로"
- *tk* /*tôkâ*/(?) "… 가운데, … 가운데로"
- *qrb* /*qirba*/ "… 내부에, … 한가운데에"[244]

82.3. 합성된 전치사(전치사 *b* 또는 *l*에 명사가 붙은 경우)

- *bd* /*bâdi*/ 〈 **bi yadi* "… 손 안에, … 손 안으로, … 손에서, …의"
- *b tk* /*bi tôki*/ "… 한가운데"

---

241) 이 주제에 대해서는 Pardee, "Preposition I"과 "Preposition II"를 보라.

242) §82.4와 비교하라.

243) 1.82:38; 1.132:25에 나온 이 전치사는 아래에 나온 *l pn*과 기능이 같다.

244) 서부 셈어에 넓게 사용되는 전치사 *mn* /*min*/ "…로부터"는 우가릿어에서 전혀 쓰이지 않거나, 매우 드물게 사용된 편이다. 유일한 예로 꼽을 수 있는 게 *mrḥqtm* "멀리"(2.11:6&)인데, **mn* + *rḥqtm*로 이해할 수 있기 때문이다. 이 *mn*이 표현하는 방향적 의미는 우가릿어에서는 *l*, *b*, *ᶜl* 등의 전치사로 표현하는데, 이 전치사들은 다른 의미도 다양하게 표현한다.

- *b qrb* /*bi qarbi*/ "… 내부에, …의 속/안에"
- *l p* /*li pî*/ "…에 따라서, …에 상응하게, …처럼"
- *l pn* /*li panî*/ "… 앞으로, … 앞에, … 앞에서 나와"
- *l pˁn* /*li paˁnê*/ "… 발치로; … 앞에 엎드려"
- *l ẓr* /*li ẓâri*/ "… 뒤에; …로; … 향해서, …로부터"
- *l bl* /*li balî*/ "… 없이"

82.4. 전치사는 불변화사 접미어인 *-m*이나 *-n*으로[245] 확장될 수 있는데, 이 경우 의미상의 차이는 거의 없다. 우가릿어 문헌에서는 *b-m*, *k-m*, *l-m*, *ˁm-m*, *l-n*, *ˁm-n*을 볼 수 있는데, 특히 운문에서 자주 나온다.

83. 접속사

83.1. 병렬 접속사

① 연결사(또는 계사繫辭 copula)의 기능을 지닌 접속사(부가적으로 부사적 기능)
- *w* /*wa*/ (확장형: *wn*) "그리고; 그러나"[246]
- *p* /*pa*/ "그래서, 그러므로" (시간적이거나 논리적 결과)[247]
- *ap* /*ˀappV*/ (확장형: *apn*) "또한, 마찬가지로; 그런데"[248]
- *kbd* "더하여; 그래서" (숫자를 표현하는 데 사용됨: §§62.2-8)

② 선택적 기능의 접속사
- *u* /*ˀô*/ 〈 **ˀaw* "또는"(겹쳐 쓰면 "… 또는 … 또는"의 의미가 된다)
- *hm* /*him(ma)*/, *im* /*ˀim(ma)*/ 〈 **him(ma)* "또는"(이것도 겹쳐 쓸 수 있다. 주로 'A냐 B냐' 식의 선택을 묻는 질문에 사용된다)

③ 결과적 기능을 지닌 접속사(그 밖의 많은 경우에 아래 둘은 종속절을 이끈다. 아래 §83.2를 보라)

---

245) §§89.1-2을 보라.

246) 우가릿어에서 *w*를 필요 이상으로 중복시켜 사용하는 경우가 있는데, 이럴 경우에 *w*는 일일이 번역하지 않아도 될 것이다. *bm bkyh w yšn* "울면서(직역: 그의 울음과 함께 그리고) 그는 잠들었다" (1.14:I:31). 이 주제에 대해서는 Tropper, " 'Pleonastisches' "를 보라.

247) 우가릿어의 *p*에 대해서는 Watson, "Particle *p*"; "*p* Again"을 보라.

248) 확언의 불변화사로도 사용된다. §85를 보라.

– *k* /*kī*/ "그래서"
– *kd* "그래서, 그러므로"

83.2. 종속절을 이끄는 접속사

① 시간절을 이끄는 접속사
– *aḫr* /*ʾaḫ(ḫ)arV*/ "…한 뒤에, … 다음에"
– *id* /*ʾidā*/*ê*/ 〈 **ʾiḍā*/*ay*(?) "…할 때, …하자마자"
– *hlm* /*hallū*(*m*)*ma*/(?) "보라; …할 때"
– *ʿd* /*ʿadê*/ "…하는 한; … 할 때; …까지"
– *k*(*y*)[249] /*kī*/, *km* /*kīma*/ (〈 **kī + ma*) "…할 때; …하자마자"
② 조건절을 이끄는 접속사
– *hm* /*him*(*ma*)/ "…한다면, … 경우에"
– *im* /*ʾim*(*ma*)/ 〈 **him*(*ma*) (음성적 변이로 *hm*) "…한다면, … 경우에"[250]
– *k* /*kī*/ "…한다면, … 경우에"
③ 종속절을 이끄는 접속사
– *k*(*y*) /*kī*/ "…처럼"(?)(양태절); "… 때문에"(원인절); "…을"(목적절); "…하기 위해"(결과절)
– *kd* "왜냐하면, … 때문에"(또는: "…할 때")

84. 외침, 부름

84.1. 부름의 불변화사(호격)
– *y* /*yā*/, *l* /*lV*/, "오!, 아!, 야!"(§54.2)

84.2. 외침의 불변화사
– *an* /*ʾannǎ*/ "아 제발!"
– *u* /*ʾô*/ (?) "아!, 오! (슬프다)!"
– *y* /*yā*/, /*yê*/ "오! (슬프다)!"

---

249) 보통은 *k*로 사용되지만, 늘여서 *ky*로 쓸 수도 있다.
250) 또한 *wm* (〈 *w + im*) "그리고 … 경우에"(3.9:6)와 비교하라. Tropper, "*wm*"를 보라.

85. 확언

- *al* “반드시, 참으로”(부정하는 *al*과 형태가 일치하는 것 같다)
- *ap* /ʾ*appV*/ “더욱이, 참으로, 정말; 역시나”
- *i* /ʾ*ī*/ “정녕; 반드시”(맹세에만 쓰임: 1.14:IV:38)
- *imt* /ʾ*imitta*/ 〈 *ʾ*aminta* 또는 *mt* /*mitta*/ “진실로”
- *uk* /ʾ*uk*(*kV*)/ “반드시, 참으로” (?)
- *dm* “참으로” (?)(또는 접속사로서 ‘그래서’ 의 뜻을 지닌다)
- *k* /*kī*/ “반드시, 참으로”[251]
- *l* /*la*/ 또는 /*lŭ*/ “반드시, 참으로, 확실히”
- *m*ᶜ /*ma*ᶜ(ᶜ*a*)/(?) “제발!, 역시!”(문장을 이끄는 명령형 뒤에서)

86. 희망

- *aḥl* /ʾ*aḥVlê*/*ū*/ “오 제발! / 꼭 바라건대!”

87. 부정

- *l* /*lā*/: 단어를 부정하거나 동사문에서 술어를 부정[252]
- *al* /ʾ*al*/: 의지를 표현하는 동사문을 부정(어두변화 단형 의지법이나 연장형 앞에서)
- *bl* /*bal*(*î*)/: 단어를 부정하거나 명사문을 부정; 질문하는 의미의 동사문을 부정
- (?) *blt* /*bal*(*V*)*ti*/ (〈 *bl* + –*t*): 1.6:I:54에서만 쓰였다. *bl*처럼 부정하는 의미일 수도 있고, ‘오직, …만’ 이라는 의미의 부사일 수도 있다.

88. 존재

- *iṯ* /ʾ*iṯê*/ 〈 *ʾ*iṯay* “…이 있다”(‘존재’ 를 표현함)[253]

---

251) 확장형(?)으로 *kn*(1.12:II:53).

252) 이에 대해서 Watson, “Negative”를 보라.

253) 우가릿어에서 *iṯ*는 어미변화형으로 변할 수도 있다.
iṯt “나는 있다” (2.13:15; 2.30:14)
iṯt “그녀는 있다” (1.14:IV:38)

– *in* /*ʾênu*/*a*/ 〈 **ʾaynu*/*a* "…이 없다" 자주 등장하는 확장형으로 *inn*, 그 밖에 *inm* (2.82:10), *inmm* (2.10:9)[254] 등의 확장형이 있다. 명사문을 부정하는 데 쓰인다.

89. 의존불변화사

우가릿어에는 명사나 동사의 뒤에 붙는 작은 불변화사들이 있다. 이들은 운문과 산문에 모두 나타나는데, 중요한 것으로는 *–n*, *–m*, *–y*, *–k*, *–t*가 있다.

89.1. 불변화사 *–n*은[255] 문장의 한 요소를 강조하는 데 널리 사용되는데, 특히 명사와 전치사를 강조한다(§82.4). 눈여겨볼 점은, 다음 예문에서처럼 *–n*이 문장 첫머리에 있는 문장구성소를 강조하는 표시로[256] 사용된다는 점이다.

krt–n dbḥ dbḥ "케레투는 희생제물을 바쳤다" (1.16:I:39f.)

여기서 이른바 '귀결절의 눈' Nun apodoseos을 생각해 볼 수 있다. 우가릿어 저주 문학에서 조건문의 귀결절을 이끄는 첫 단어에 *–n*이 붙어 일종의 표시가 된다.

w in […] *ḥwt–n tḫlq* "그리고 …이 아무도 없다면, 그 땅은 멸망하리라" (1.103+:4)

89.2. 불변화사 *–m*도[257] 문장의 한 요소를 강조하는 데 널리 사용된다. 특히 다음의 용법을 지닌다.

① 명사나 형용사에 붙어 부사적 의미를 띤다. 특히 목적격이나(§54.15) 위치격(§54.4)을 확장시킴.

② 호격으로 사용된 명사나 형용사를 확장시킴(§54.2).

y ym–m "오! 얌무여!" (1.2:I:36)

③ 명사나 형용사를 강조할 때, 특히 연계구문에서 수식받는 명사를 확장시킴.

---

254) 또한 다음의 형태도 비교하라. *innm* (2.36+:33).

255) Aartun, *Partikeln I*, 61–65와 비교하라.

256) 이렇게 문장의 첫머리에서 그 문장의 주제를 제시하는 단어를 알려주는 표시 Topikalisierungsmarker에 대해서 Tropper, "Grammatik", 466–469를 보라.

257) Aartun, *Partikeln I*, 51–61과 Watson, "Final *–m*"; "*–m* Again"; "*–m* Yet Again"을 보라.

ṯkm–m ḥmt "성벽의 '어깨'" (1.14:II:22; 1.14:IV:4)

④ 한정된 동사를 확장시킴(모두 15번 또는 16번 나온다).

⑤ 명사가 두 개 연속으로 나열될 때, 둘째 명사를 확장시킴.[258]

bnš bnš–m l yqḥnn "절대 아무도 '그것을' 빼앗지 못한다" (3.5:16f.)

mnk mnkm l yqḥ "절대 아무도 (그것을) 빼앗지 못한다" (3.2:12f.)

šnt šnt–m "한 해 또 한 해(해마다)" (2.39:16)

⑥ "역시나, 한 번 더, 또" 등의 의미로

PN … w nḥlh … w nḥlh–m "아무개PN와 … 그의 유산 … 그리고 그의 다른 유산"[259]

⑦ 대명사나 불변화사를 확장시킴(§82.4).

89.3. 의존 불변화사 *–y*는 대개 직접화법을 이끄는 문장에서 표시로 사용된다.

rgm l il ybl / aṯt–y il ylt "(그에 대한) 소식이 일루에게 전달되었다. '일루의 두 여인이 (아이를) 낳았습니다'" (1.23:59f.)[260]

특히 이 *–y*는 서간 문학에 자주 사용되고 다음의 부사에서도 볼 수 있다.

hnny, *ṯmny*(§81.1)

hlny(§81.4)

iky, *ikmy*(§81.4)

89.4. 의존 불변화사 *–k*와 *–t*는 다양한 대명사 또는 부사와 결합되어 사용된다.

지시대명사: *hnk*(§43.2)

부사: *apnk*, *idk*(§81.2)

다른 한편으로 인칭대명사의 사격과 결합하기도 한다.

hwt, *hyt*, *hmt*(§41.2)[261]

---

258) 이렇게 두 개 연속으로 사용하는 수사법은 배분의 의미, 일반화의 의미, 또는 점점 강조되는 의미를 표현한다.

259) 경제 문서에 자주 나온다(4.66:2–4 등).

260) Tropper, "Partikel –*y*"; Aartun, *Partikeln I*, 44–47.

261) Aartun, *Partikeln I*, 47–51.65–67.

9. 문장론

앞 장들에서는 낱말의 종류에 따라 단어들이 어떻게 결합되는지, 그 형태와 의미가 어떻게 변하는지 등에 대해 알아보았다. 이 장에서는 이제 문장차원의 구문론을 간략히 설명하겠다.

이 장에서 다룰 내용을 요약하면 다음과 같다. 명사와 형용사의 속성, 곧 꾸미는 방법(§91), 명사문과 동사문이 주절에 사용될 때(§92-93), 펜덴스구문(§94), 일치의 문제(§95), 병렬문(§96), 종속문(§97).[262]

91. 명사를 꾸미는 방법

문장 안에서 어떤 단어나 종속문이 명사나 형용사의 속성을 더해 줄 때, 명사나 형용사는 더욱 잘 표현될 수 있다.[263] 우가릿어에서 명사를 꾸미는 방법은 다음과 같다.

① 동격, 곧 명사를 나란히 늘어놓기

② 형용사(형용사적으로 사용되는 대명사 포함)

③ 소유격으로 쓰인 명사

④ 전치사구

⑤ 종속절, 특히 관계절

여기서는 ①-④를 주로 논하고, ⑤는 §97.1을 보라.

91.1. 동격: 명사를 나란히 늘어놓기

동격Apposition은 두 명사나 명사구를 나란히 놓아 명사(구)를 더욱 구체적으로 표현하는 방법이다. 대체로 뒤의 명사(구)가 앞의 것을 꾸며 준다.

뒤에서 명사(구)를 더욱 구체적으로 꾸며 주는 표현은 다음처럼 나눌 수 있다.

---

262) 우가릿어의 구문론을 자세하게 설명한 것으로는 다음을 보라. Brockelmann, "Syntax"; Gordon, *Textbook*, §13; Segert, *Basic Grammar*, §7; Sivan, *Grammar*, 201-225.

263) 명사에 추가적인 속성을 지정해 주는 단어는 그 명사와 '술어' 관계에 놓인다.

① 친척관계

tḥm mlk bnk "당신 아들인 임금님의 소식" (2.13:2f.; 2.30:2f.)

② 임금의 직위

ᶜmṯtmr mlk "임금이신 암미쓰탐루*ᶜAmmiṯtamru*" (1.161:11.25)

③ 기타 직위

yṣb ǵlm "종인 얏치부*Yaṣṣibu*" (1.16:VI:39)

④ 전체성

arṣ il klh "신의(또는 '넓은') 땅 전체" (1.6:I:65)

⑤ 직업

yšn ḥrš mrkbt "마차 제조공인 *Yšn*" (4.98:6)

bṣmn spr "서기관인 *Bṣmn*" (4.183:II:29)

하지만 꾸며 주는 말이 앞에 설 때도 있는데, 대체로 고유명사의 직위를 밝힌다.

ṯr il "황소이신 일루" (1.1:III:26&)

btlt ᶜnt "처녀이신 아나투" (1.3:II:32–33&)

zbl bᶜl "영도자이신 바알루" (1.2:I:38&; 1.2:I:43)

zbl ym "영도자이신 얌무" (1.2:III:8&)

91.2. 형용사

대체로 형용사는 꾸밈을 받는 명사 뒤에 놓이고 성 · 수 · 격에 따라 변한다. 이 가운데 문법적 성에 따른 일치가 신뢰할 수 있고 비교적 알아보기 쉽기 때문에, 가장 중요한 표시가 된다.

91.21. 형용사로 명사를 꾸미기

mlk rb "위대한 임금" (2.23:7*&)

mlk nᶜm "친절한 임금" (2.81:2*.31)

mlk ṣdq "정의로운 임금" (2.81:2&)

ilm rbm "위대한 신들" (4.149:1f.)

ṯt aṯtm adrtm "늙은 두 여인" (4.102:18)

ḥrb lṭšt "벼린 칼(처럼)" (1.2:I:32)

ḫmš bnšm snrym "*Snr*에서 온 다섯 사람" (4.40:13f.)[264]
šʿrt mṣrt "이집트의 양털" (4.721:14)
at̲t aḥt "한 (성인) 여성" (4.102:10.24: 숫자 '하나'의 형용사적 용법)

91.22. 형용사 두 개가 명사 하나를 꾸미는 경우(드물다)
uz mrat mlḥt "소금에 절인, 살찌운 오리(살찌운, 소금에 절인 오리)" (4.247:20)

91.23. 소유격 명사와 형용사가 함께 꾸미는 경우[265]
b ḥbr kt̲r ṭbm "코싸루의 좋은 친구와 함께" (1.108:5)
[*š*]*d bn ḫrmln t̲n* "*Bn ḫrmln*의 둘째 [들]판" (4.103:43)
sǵr PN aḥd "아무개*PN*의 도움 하나" (4.129:2)
rb qrt aḥd "이 도시의 장군 한 명" (4.141:III:3)
spr mlk hnd "임금의 이 문서" (2.19:13)

91.24. (운문에서만) 형용사가 명사 앞에 오기도 한다. 이런 특이한 경우는 형용사를 강조하거나 형용사 최상급의 의미를 돋보이게 하려고 일부러 어순을 바꾼 것이다.
aliyn bʿl "위대하신 바알루" (1.1:IV:22&)
lṭpn il "선하신 일루" (1.1:IV:13&)
išlḥ ẓhrm iq\nim "나는 가장 순수한 청금석을 보내리라" (1.24:21f.)
ḫmš t̲dt̲ ym "다섯째 (그리고) 여섯째 날" (1.4:VI:29&: 서수를 강조)
l ysmsmt bmt pḥl "수말 등에 (놓인) 아름다운 (장식) 위에" (1.4:IV:15)
해설: 연계구문의 첫째 단어가 꾸밈을 받는다(§91.31).
nʿmn ǵlm il "일루의 가장 사랑스러운 젊은이" (1.14:I:40f.)
해설: 역시 연계구문의 첫째 단어가 꾸밈을 받는다.
bht ṭhrm iqnim "순수한 청금석의 집들" (1.4:V:19.34f.)
해설: 연계구문의 둘째 단어가 꾸밈을 받는다.

---

264) 이 예의 *snrym*과 다음 예의 *mṣrt*는 이른바 '니스바Nisba 어미'가 붙었을 것이다. 니스바 어미란 아랍어의 문법 용어로서 대개 특정한 지역, 직업, 부족, 사람 이름 등에 붙는 어미를 뜻한다(남성은 *–i*, 여성은 *–iyya*).

265) 이렇게 소유격 명사와 형용사가 함께 꾸미는 경우, 어순은 '명사–소유격–형용사'이다.

91.3. 소유격구문

91.31. 직접 소유격구문(연계구문)

한 명사의 소유격이 다른 명사를 꾸밀 때, 어순은 '명사-소유격' 이 되고 이 두 낱말 사이에 다른 말이 삽입되지 않는다. 이런 연계구문에서 앞의 '명사' 를 '연계상태' 에 있고, 이 연계구문의 '지배어' Nomen regens라고 한다. 한편 뒤의 '소유격' 은 '절대상태' 에 있고, 이 연계구문의 '피지배어' Nomen rectum라 한다.

직접 소유격구문

명사	—	소유격
연계상태	—	절대상태
지배어	—	피지배어

이런 연계구문은 세 단어나 그 이상의 단어들로 구성될 수도 있다. 만일 형용사가 지배어인 명사를 꾸며 줄 때 형용사는 피지배어 뒤에 놓인다(§91.23). 그리고 소유격 어미가 지배어나 연계구문 전체를 꾸밀 때에도 지배어에 직접 붙을 수는 없고, 피지배어에 붙을 수 있다. 이 경우 소유격어미와 지배어가 논리적으로 연관되어야만 한다.

두 단어로 이루어진 연계구문은 매우 흔하다.

mt rpi "라피우의 남자" (1.17:I:17&)

ṣbu anyt "선원"(배의 무리) (4.40:1)

세 단어로 이루어진 연계구문

lim ḫp ym "바닷가의 민족" (1.3:II:7): '서쪽 민족' 을 의미한다.

adm ṣat špš "해가 뜨는 (쪽의) 사람들" (1.3:II:8): '동쪽 민족' 을 의미한다.

qr bt il "신전(일루의 집)의 소리" (1.12:II:60)

mṣlt bt ḥrš "대장장이 집의 연장 소리" (1.12:II:61)

tġr bt il "신전(일루의 집)의 문지기" (1.114:11f.)

urk ym bˁly "내 주인님의 날(생애)의 길이" (2.23:20)

tgmr bnš mlk "임금의 사람들 모두" (4.141:II:25)

네 단어로 이루어진 연계구문은 매우 드물다.

b tk pḫr bn ilm "일루 아들들의 모임 한가운데서" (1.4:III:13f.)

l riš bt mlk amr "아무루 임금의 딸 머리에 (기름을 부었다)" (2.72:31f.)[266]

지배어가 형용사이고 피지배어가 명사의 소유격이라면, 최상급 구문이 된다(예들은 모두 운문에서 골랐다).

aliy qrdm "가장 강한 영웅" (1.3:III:14&)
mḥmd ḫrṣ "가장 비싼 황금" (1.4:V:16.32–33.39!)
mḥmd arzh "그들의 가장 값진 향백 나무" (1.4:VI:19.21)
udr ilqṣm "가장 화려한 청금석" (1.4:V:17.40)
mri ilm "가장 살진 숫양" (1.22:I:13); 1.1:IV:31*과 비교하라.
prᶜm ṣdk "네 사냥물들 가운데 첫째 가는/가장 좋은 것" (1.17:V:37.38)
ᶜmq nšm "가장 현명한/힘센/똑똑한 이" (1.17:VI:45)
l nᶜmn ilm "오, 신들 가운데 가장 사랑받는 이여!" (1.24:24f.)

하지만 예외도 있다. 형용사가 지배어의 위치에 있어도 논리적으로 볼 때 피지배어를 수식하는 기능을 하는 경우가 있다.[267] 이 경우 연계상태에 있는 형용사의 격은 뒤따르는 명사에 따라 결정되지 않고, 문맥에 따라 결정된다. 곧 문맥에서 선행하는 명사와 동격의 관계로 봐야 할 것이다.

qṣr npš "지친 사람"(짧은/패배한 영혼) (1.16:VI:34.47)
dq anm "작은 힘으로" (1.6:I:50)
hyn d ḥrš ydm "손재주 많은 하야누*Hayyānu*"[268] (1.1:III:4f.*; 1.3:VI:23; 1.17:V:24f.): 같은 의미를 지닌 다음 예와 비교하라.
hyn d ḥrš yd (1.17:V:18f.): 아마 *yd*⟨*m*⟩으로 교정해야 할 것이다.
ḥl rḥb mknpt "더 확장된 성城"(더 넓은 날개를 지닌 성) (1.16:I:8f.; 1.16:II:47)

연계구문의 지배어에는 소유접미대명사를 붙일 수 없다. 오직 피지배어에만 붙을 수 있는데, 그 소유접미대명사가 지배어와 논리적으로 연관되거나 연계구문 전체와 연관되어야 한다.

---

266) 연계구문이 두 단어 이상을 지니고 있으면, *d*(*t*)를 사용한 간접 소유격구문으로 대치된다(§91.32).

267) 이를 '비고유적 소유격구문' Uneigentliche Genitivverbindung이라 한다.

268) 직역: "재주 많은 손을 지닌 하야누*Hayyānu*"

mlk ˁlm-k "영원한 너의 왕국" (1.2:IV:10)
arṣ nḥlt-h "그의 상속지" (1.3:VI:16&)
ksu ṯbt-h "그의 왕좌" (1.3:VI:15&)
l ksi mlk-h "그의 왕국의 권좌에서 (쫓겨나다)" (1.3:IV:2&)
mḥmd arz-h "그들의 가장 값진 향백나무" (1.4:VI:19.21)
b qrn ymn-h "그의 오른쪽 뿔에" (1.18:I:10)

91.32. 간접 소유격구문(분석적 소유격구문)

다음의 구문은 위에서 설명한 직접 소유격구문과 기능이 같다.

간접 소유격구문		
명사	— *d*(*t*) —	소유격
절대상태	— *d*(*t*) —	절대상태
선행사	— 지배어 —	피지배어

한정대명사인 *d*(*t*)(§43)는 대개 긴 관계절을 이끌지만 여기서는 지배어의 역할을 맡고, 대부분 바로 앞에 놓인 선행사에 따라 격이 변한다. 하지만 운문에서는 어순이 비교적 자유롭다.

운문과 산문에서 간접 소유격구문은 비교적 드물고, 다음 경우에 주로 쓰인다.
① 피지배어가 지배어와 떨어져 있을 때(운문에서는 의도적으로 자유로운 어순을 선호한다)
② 지배어가 생략되었을 때
③ 무엇보다 복잡한 구문을 피하려고 할 때
④ 의미론적 술어가 복잡할 때(재료의 소유격 포함)
⑤ 똑같은 표현을 피하고자 할 때(운문에서만)

- *št gpnm dt ksp* /\ *dt yrq nqbnm* "그는 은으로 만든 마구를 걸쳤다 / 황금으로 만든 밧줄을 (묶었다)" (1.4:IV:10f.)
  해설: 둘째 연에서 피지배어인의 *dt yrq*의 지배어는 뒤따라오는 *nqbnm*이다. 재료를 표현하는 소유격에는 흔히 *d*(*t*)가 쓰인다.
- *w ṯlṯm yn šbˁ kbd d ṯbṭ w ḫmšm yn d iḫh* "그리고 37(*kd*의) 포도주는 *Ṯbṭ* 것이고, 50(*kd*의) 포도주는 그의 형제 것이다" (4.123:22f.)
  해설: 첫째 *d*는 선행사 *yn*과 떨어져 있다. 둘째 구문은 첫째와 형태가 같다.

- *ḫmšt l ᶜšrm d iqni / arbᶜm d ktn* “25(세켈의 은)은 푸른 양털을, / 40(세켈의 은)은 아마포를” (4.779:5–7)
- *ḫpṯ d bl spr / ṯnn d bl hg* “*Ḫupṯu*–군대는 무수히 많고 궁수들은 이름이 없다”[269] (1.14:II:37f.)

  해설: 세 단어로 이루어진 직접연계구문을 피하려고 했다.
- *spr hnd d tbrrt ṣṭqšlm* “*Ṣṭqšlm*을 풀어 준다는 이 문서…” (2.19:9f.)
- *tgrm*(*tgmr*의 오류) *šmn d bn kwy* “*Bn kwy*의 기름 전체” (4.313:27)

  해설: 네 단어로 이루어진 직접연계구문을 피하려고 했다.
- *ᶜglm d[t] šnt* “한 살짜리 수소들” (1.4:VI:42f.; 1.22:I:13)

  해설: 직접 소유격 구문을 사용했다면 ‘한 해의 소들’로 오해할 수도 있다.
- *ḫpn d iqni w šmt* “푸른 양털과 붉은 양털로 지은 옷” (4.168:1)
- *w ḥ[dr a]ḥd d sgrm* “그리고 빗장(?)이 있는 [방] 하나” (4:195:4)
- *tqḥ mlk ᶜlmk / drkt dt drdrk* “영원한 왕국을 취하라 / 영원무궁한 통치를” (1.2:IV:10)

  해설: 직접 소유격구문 + 간접 소유격구문

91.33. 소유격구문의 의미

소유격구문은 사물의 소유, 부분, 자격 등을 표현하며 특정한 시간이나 공간이나 집단에 속할 때도 사용된다.

- *mlak ym* “얌무의 전령” (1.2:I:22&)

  해설: 주어를 표현하는 소유격으로서 매우 자주 나온다.
- *yd il mlk* “일루 임금을 향한 사랑” (1.4:IV:38)

  해설: 목적어를 표현하는 소유격
- *bn ugrt* “우가릿 주민”(우가릿의 아들들) (1.40:26)

  해설: 일부를 표현하는 소유격[270]
- *bt arzm* “향백나무(로 만든) 집” (1.4:V:10)

  해설: 재료의 소유격

---

269) 직역: “*Ḫupṯu*–군대는 셈이 없고 궁수들은 이름지음이 없다.”

270) 이렇게 일부를 표현할 때는 흔히 전치사를 사용한다. 대개 *b*나 *bn*이 사용된다. §91.4를 참고하라.

- *a<u>tt</u> ṣdqh* "그의 정당한/합법적인 부인" (1.14:I:12)
  해설: 자격의 소유격
- (*npš*) *lbim thw* "광야의(광야에 있는) 사자(의 목구멍)"(1.5:I:14f.; 1.133:3f.)
  해설: 영역(장소)의 소유격
- *mlk ᶜlmk* "당신의 영원한 왕국" (1.2:IV:10)
  해설: 영역(시간)의 소유격
- *yr<u>h</u> <u>h</u>yr* "*<u>H</u>iyaru* 달月" (1.105:15&)[271]
  해설: 설명 또는 동격의 소유격

91.4. 전치사와 함께 쓰인 명사 또는 형용사

- *aḥd b bnk* "네 아들들 가운데 하나(를 내게 다오)" (1.6:I:46)
- *nᶜmt bn a<u>h</u>t bᶜl* "바알루의 누이들 가운데 가장 사랑스러운 이" (1.10:II:16)

92. 주문장으로 쓰인 명사문

92.1. 들어가며

문장의 술어에 따라 명사문과 동사문으로 나눌 수 있다. 술어가 명사, 형용사, 대명사 또는 전치사구 등이면 명사문이다.[272] 반면에 술어가 한정동사라면 동사문이다. 만일 술어가 분사라면 명사문에 속하고, 상태동사의 어미변화형이나 부정사가 술어로 사용되었다면 동사문에 속한다.

대개 명사문은 상태나 상황을 표현한다. 우가릿어의 명사문은 운문보다는 산문에서 훨씬 자주 볼 수 있다.

---

271) 명사나 형용사에 붙는 접미대명사, 곧 '소유접미대명사'는 소유를 표현하는 데만 사용되지 않는다. 오히려 소유격이 지닌 다양한 기능을 표현할 수도 있다.

niṣ-h "그를 싫어하는 이 가운데 하나"(1.17:I:29): 목적어 소유격.

272) 5장의 맨 앞 각주 80에서 Nomen을 '명사와 형용사'로 옮긴다고 명시하였다. 그러나 Nominalsatz는 그냥 '명사문'으로 옮긴다. '명사문'을 '비非동사문' verbless clause이라 일컫기도 한다.

92.2. 문장구성소가 둘인 명사문

주어, 술어, 목적어 등 문장을 구성하는 요소를 '문장구성소' Satzglied라 한다. 우가릿어의 표준 명사문에는 문장구성소가 두 개 있다. 곧 '주어' S와 '술어' P다.

그런데 보통 셈어 명사문에서는 과연 어떤 문장구성소가 주어가 되고 어떤 것이 술어가 되는지 규명하는 일이 매우 어렵다. 현대 학자들은 이 둘을 파악하는 데 대개 의미론적이고 논리적인 범주를 사용한다. 주어는 이미 주어진 것, 이미 알려진 것, 말하는 주제나 실마리, 정보의 대상 등으로 정의된다. 술어는 새로운 정보, 곧 정보의 대상에 대한 새로운 언급을 말한다.

우가릿어 어순에서 '술어 – 주어' P–S는 비교적 드물고, '주어 – 술어' S–P가 흔하다.

- *ṣbuk ul mad* "너의 군대는 매우 강하다(매우 강한 힘이다)" (1.14:II:35)
- *špthm mtqtm* "그들의 (두) 입술은 달콤했다" (1.23:50)
  해설: 술어는 형용사이다.
- *abynn*! [*d*]*nil mt rpi* / *anḫ ǧzr mt hrnmy* "가난하여라, [다]닐루, 라피우의 사람이여 / 패하였구나, 영웅, 하르나미의 사람이여!" (1.17:I:16–18)
  해설: 형용사가 문장 첫머리에 나와서 '술어 – 주어' 순서가 되었다.
- *a*[*ṯ*]*tm aṯt il* "두 [여]인은 일루의 여인이 되리라" (1.23:42)
  해설: 술어는 연계구문이다.
- *amrr k kbkb l pnm* "암루루는 별처럼 앞으로 (나아갔다)" (1.4:IV:17)
  해설: 술어는 부사 역할을 하는 전치사구다.
- *aṯr btlt ᶜnt* "그 뒤로 처녀 아나투(가 따랐다)" (1.4:IV:18)
  해설: '술어 – 주어' 순서다. 술어는 부사다.
- *iy aliyn bᶜl* /\ *iy zbl bᶜl arṣ* "위대하신 바알루는 어디 계신가? / 영도자이신 땅의 주인님은 어디 계신가?" (1.6:IV:4f.)
  해설: '술어 – 주어' 순서다. 술어는 의문부사다.
- *ḥkmk ᶜm ᶜlm* "너의 지혜는 영원무궁히" (1.3:V:30)
  해설: 술어는 전치사구다.
- *bn ktpm rgm bᶜlh* "두 어깨 사이(머리)에 그의 주인의 말씀이 (있다)" (1.2:I:42)
  해설: '술어 – 주어' 순서다. 술어는 전치사구다.

이렇게 문장구성소를 두 개 지닌 표준적인 명사문에 문장구성소가 첨가되어 확장되기도 한다. 대개 간접목적어가 추가되거나 전치사구를 추가해서 부사적 표현을 첨가하기도 한다.

- *k ksp l ʿbrm zt* … "올리브는 '올라가버린 이'(죽은 영혼)를 위한 은 같은 것이다 …" (1.22:I:14f.)
  해설: 기본 구조는 '술어 – 주어'(*k ksp … zt*)다.
- *tḥth k kdrt riš /\ ʿlh k irbym kp* … "그녀 아래에 머리가 공처럼 (쌓였고), 그녀 주위에 손이 메뚜기처럼 (있다) …" (1.3:II:9f.)
  해설: '술어 – 주어'(*tḥth … riš*) 구조다.
- *šmk at ygrš/aymr* "네 이름은 야그리슈/아유무루" (1.2:IV:11f.19)
  해설: '주어 – 술어' 구조다(*šmk … ygrš/aymr*). 대명사 *at*는 연결사가 아니라 주어에 붙은 소유접미대명사를 강조하는 역할을 한다.

92.3. 문장구성소가 셋인 명사문

문장구성소가 두 개인 명사문에 문장구성소가 하나 더 첨가되어 문장구성소가 세 개인 명사문이 될 수 있다. 이때 이 셋째 문장구성소는[273] 의미상 독립된 것으로서, 주어나 술어를 확장하거나 설명하는 것이 아니다.

우가릿어에서 문장구성소가 세 개인 명사문을 만드는 방법은 논란의 여지가 있지만 – 불변화사 *iṯ*나 *in*(또는 그 변형)을 첨가하는 것뿐이다. 여기서 주의할 점은 *iṯ*나 *in*은 단순히 주어와 술어를 이어 주는 역할을 하는 게 아니라, 존재 또는 비존재의 의미를 표현한다는 점이다.

- *rgm iṯ ly* "나에게 (전할) 소식이 있다" (1.3:III:21)
- *in bt l bʿl* "바알루에게는 궁전(집)이 없네" (1.3:V:38과 병행구)

92.4. 문장구성소가 하나인 명사문

명사문 가운데 주어와 술어를 모두 갖추지 못하고 문장구성소 하나만 있는 경우다. §92.2의 정의를 참고하자면 이런 문장도 새로운 정보를 제공하기 때문에, 단 하나 있

273) 이 셋째 문장구성소를 '연결사' copula라고 한다(§83.1.①).

는 문장구성소는 술어가 된다.

- *bdlm* "협상 대리인"(또는 "예비인력") (4.232:42)
  해설: 문서의 제목
- *krt yṯṭ w ḥlm* /\ *ʿbd il w hdrt* "케레투가 깨어보니 꿈이었다 / 일루의 종이 (깨어보니) 환영이었다" (1.14:III:50f.)
  직역: "케레투가 깨었다. 꿈(이었다) / 일루의 종이 (깨었다), 환영(이었다)"
  해설: *ḥlm*과 *hdrt*는 문장구성소가 하나만 있는 명사구를 이룬다.
- *tšʿ ṣmdm ṯlṯm bd ibrtlm* "*Ibrtlm*의 손에 있는 아홉 쌍의 구리 (덮개?)" (4.136:1–3)
  해설: 문장구성소가 하나만 있는 명사구의 확장된 형태
- *šlm mlk / šlm mlkt* … "임금에게 안녕이, 왕비에게 안녕이 … !" (1.23:7)
  해설: 문장구성소가 하나만 있는 명사구의 확장된 형태

92.5. 기타

주어와 술어는 의미론적으로 논리적 관계를 맺는다. 곧 술어는 주어의 정체를 밝히거나(정체성) 주어의 특징을 묘사한다(묘사성). 어떤 명사문이 '그는 누구인가?' 또는 '그것은 무엇인가?' 에 대한 답이라면 그것은 정체성을 표현하는 것이다. 한편 '그것/그는 어떤 것/분인가?' 에 대한 답이라면 그것은 묘사적인 명사문이다. 예를 들면 아래 첫째 문장은 정체성을 표현하는 것이고, 둘째 문장은 묘사적인 명사문이다.

- *mlkn aliyn bʿl* "(다른 존재가 아닌 바로) 위대하신 바알루께서 우리 임금이시다" (1.3:V:32; 1.4:IV:43)
- *špthm mtqtm* "그들의 (두) 입술은 달콤했다" (1.23:50)

명사문의 법法을 알기는 어렵다. 명사문은 명사적 언술과 주장, 곧 직설법의 의미를 띨 수도 있지만, 어떤 희망이나 요구를 담아낼 수도 있어 의지법의 의미를 띠기도 한다. 그러나 다음의 예처럼 이 둘을 구별할 수 있는 어떤 형식적 지표를 알 수는 없기 때문에 문맥에서 끌어내야 한다.

- *at aḫ w an a[ḫtk]* "너는 내 형제가 되어야 한다, 그리고 나는 [너의 누]이가 될 것이다" (1.18:I:24)

한편 명사문은 의문문으로 사용되기도 한다. 의문문의 일반적 분류, 곧 '예/아니오-의문문' Entscheidungsfrage, 선택의문문, 부가의문문 등은 명사문의 의문문에도 적용될 수 있다.

- *p ᶜbd an* … /\ *p ᶜbd ank* … "그렇다면 내가 종이란 말인가 …? / 그렇다면 내가 종이란 말인가 …?" (1.4:IV:59f.)
- *p npš npš lbim thw* / *hm brlt anḫr b ym* … "그렇다면 내 죄가 사막 사자의 죄가 (아니란) 말인가 / 또는 바다 돌고래(?)의 복수가 (아니란) 말인가? …" (1.5:I:14–16)
- *iy aliyn bᶜl* /\ *iy zbl bᶜl arṣ* "위대하신 바알루는 어디 계신가? / 영도자이신 땅의 주인님은 어디 계신가?" (1.6:IV:4f.; 유사한 구절로 1.5:IV:6–7)

명사문을 부정하는 방법으로는 부정하는 불변화사 *bl*을 첨가하는 방법이 있다(§87). 하지만 훨씬 자주 사용되는 방법으로는 불변화사 *in*과 그 변형들을 첨가하는 것이다(§88). 부정의 불변화사 *l*는 명사문을 부정하는 데는 쓰이지 않는 것 같다.[274)]

93. 주문장으로 쓰인 동사문

93.1. 들어가며

문장은 문장구성소의 나열로 이루어진다. 한정동사가 하나의 문장구성소로 사용된 문장을 동사문이라고 한다. 우가릿어에서는 부정사가 마치 한정동사처럼 술어로 사용될 수 있기에, '설화적 부정사' 가 술어로 쓰인 문장을 여기에 포함시킨다.

동사문은 행위동사를 술어로 사용하여 행위적-역동적 사건(행위, 결과, 과정 등)을 표현한다. 또한 상태동사를 술어로 사용하여 명사문처럼 상태를 표현할 수도 있다.

93.2. 문장구성소

동사문을 이루는 문장구성소는 다양하다. 이들은 다음처럼 분류할 수 있다.

---

274) 다른 의견으로는 다음을 보라. Olmo Lete/Sanmartín, *Diccionario*, 237b.

① 동사적 술어
② 동사의 결합가가 요구하는 문장구성소Ergänzung
③ 자유로운 부사적 첨가어Angabe 또는 부가어Circumstant
④ 기타 문장구성소(접속사 등)

동사문의 가장 중요한 문장구성소는 동사적 술어다. 필수 문장구성소는 동사적 술어의 구문론적 결합가에 따라 결정된다(§93.3). 필수 문장구성소 가운데 중요한 것들로는 다음이 있다.

① 주어: 동사는 주어의 성 · 수 · 격에 따라 변한다.
② 직접목적어
③ 간접목적어
④ 전치사목적어(전치사와 결합된 목적어)

93.3. 동사의 결합가

동사의 결합가란 동사의 요구에 따라 문장구성소의 숫자와 종류를 의무 또는 임의로 배치하는 것을 뜻한다. 동사의 결합가에 따라 동사를 다음과 같이 나눌 수 있다.

단일결합가 동사: 오직 주어만 필요한 동사(주어는 생략되기도 한다)
이중결합가 동사: 주어와 목적어 하나만 필요한 동사
삼중결합가: 주어와 목적어 두 개가 필요한 동사

① 단일결합가 동사
- *rbt ilm l ḥkmt* "당신은 크시다, 오 일루여, 정녕 지혜로우시다" (1.4:V:3)
- *ytbᶜ yṣb ǧlm* "종인 얏치부*Yaṣṣibu*는 일어섰다" (1.16:VI:39)
- *w yᶜn kṯr w ẖss* "그리고 코싸루와하시수는 대답했다" (1.1:III:17)
- … *w yšn* "… 그러자 그는 잠들었다" (1.14:I:31)

② 이중결합가 동사(단순 타동사)
- *tšu ilm rašthm* "신들은 그들의 머리를 들었다" (1.2:I:29)
- *tṭbẖ imr* "그들은 양을 잡았다" (1.16:VI:20)

③ 기본형이 사용된 삼중결합가 동사(복합 타동사)
- *hlm ktp zbl ym / bn ydm [tp]ṭ nhr* "영도자 얌무의 어깨를 쳐라! / 판관 나하루의 두 팔 사이(허리, 등)를!" (1.2:IV:14f.)[275]

- *lpš yks mizrtm* "허리 앞치마를 옷 삼아 입었다" (1.5:VI:16; 유사한 구문으로 1.5:VI:31*)276)

④ 파생형, 특히 D형과 Š형이 사용된 삼중결합가 동사

- *aqrbk abh bˁl* "나는 너를 그들의 아버지 바알루에게 인도하리라" (1.24:27)
- *ašhlk šbtk [dmm] šbt dqnk mmˁm* "나는 너의 흰머리에 피가 흐르게 하겠다, 네 수염에 창자가 (흐르게 하겠다)" (1.3:V:24f.)
- *ašsprk ˁm bˁl šnt* "나는 너를 바알루와 함께 해年를 세도록 하겠다" (1.17:VI:28f.)

이 밖에 동사결합가를 고려할 때, 의무적으로 전치사구를 취하는 동사가 있다. 대개 이런 전치사구는 간접목적어 구실을 한다.

- *w rgm l btlt ˁnt /\ ṯny l ymmt limm* "그리고 처녀 아나투에게 말하라 / 씨족의 미망인에게 되풀이하여라" (1.3:III:11f.)
- *qrym ab dbḥ l ilm* "내 아버지는 신들에게 제물을 봉헌했다" (1.19:IV:29) 직접목적어를 취하고 간접목적어는 전치사구의 형태로 취하는 동사277)

어근도 같고 동사줄기도 같은 동사지만 동사결합가가 다른 경우가 있다. 이런 경우 대개 형태는 같지만, 의미가 달라지면서 문장구성소의 결합이 달라진다. 특히 운문에서는 생략 등으로 인해 구문론직으로 불완전한 구조를 자주 볼 수 있고, 따라서 동사결합가가 무시되는 사례도 자주 나타난다는 점을 염두에 둬야 한다.

또한 셈어에서는 동사결합가를 변화(대개는 증가)시킬 수 있는 형태론적 방법이 있다. 우가릿어에서는 특히 두 가지 방법이 사용된다.

① 기본형에서 어간모음을 변화시킴으로써 동사의 의미가 변하며 이에 따라 동사

---

275) *ydm*의 형태로 미루어 보아 이 단어는 쌍수 사격 절대상태로서, */yadêmi/*로 읽어야 한다. 만일 쌍수 사격 연계상태라면 어미 *–m*은 빠져야 한다. 그래서 *ydm ṯpṭ nahar*는 엄밀히 말해서 "판관 나하루의 (두) 팔들"이라는 뜻이 아니다. 이 구문으로 미루어 볼 때 "치다"를 의미하는 √*hlm* 동사는 목적어를 두 개 지니는 것 같다. 하나는 치는 대상(얌무, 나하루), 다른 하나는 치는 장소(어깨, 정수리)다. *ktp zbl ym*도 마찬가지다. 비슷한 구문으로 다음을 보라: 1.2:IV:16f. 또한 다음을 보라: 1.2:IV:21–22.24–25.

276) 우리말로 정확히 옮기기 힘든 문장이지만 이렇게도 시도해 볼 수 있다. "옷으로, 허리 앞치마로 (몸을) 덮었다."

277) 하지만 √*qry* 동사는 1.19:IV:22f.에서 삼중결합가를 지닌다.

결합가도 변한다.

② 훨씬 더 자주 쓰이는 방법으로 동사줄기를 바꿔서 동사결합가를 변화시키는 방법이다. 곧 동사를 D형, Š형, N형, Gt형으로 변화시켜 의미를 변화시키고, 그에 따라 동사결합가도 변화되는 것이다. 행위동사의 사역형으로서 D형과 Š형은 문장구성소 하나가 더 필요하기 때문에 대개 동사결합가를 하나 높인다. D형과 Š형은 드물게 문장구성소가 두 개 더 필요해서 동사결합가를 두 개 높일 수도 있다.[278] N형과 Gt형은 대개 문장구성소 하나가 덜 필요해서 동사결합가를 하나 낮춘다. 이를테면 이중결합가 동사(타동사)가 수동적이거나 재귀적인 의미가 되어 단일결합가 동사(자동사)가 된다. 물론 그렇지 않은 경우도 있다.

93.4. 동사문의 어순

동사문에서 술어인 동사는 문장의 중심이요 가장 중요한 문장구성소이므로 동사문의 어순을 연구할 때, 동사의 위치는 가장 중요한 근거가 된다. 동사문을 동사의 위치에 따라 두 영역으로 나눌 수 있다. 문장의 맨 앞에 서는 접속사(문장지시사)와 동사까지의 영역을 '전영역'(前領域, Vorfeld)이라 부르고, 동사 다음부터 문장 끝까지의 영역을 '중심영역' Hauptfeld이라 한다.

우가릿어 동사문의 어순은 매우 다양하다. 우가릿어 문헌에서 흔한 어순은 '평범한' unauffällig 어순으로, 드문 어순은 '특이한' auffällig 어순으로 볼 수 있다. '특이한' 어순은 문장구성소(들)을 특별히 강조하거나 초점을 주는 데 사용된다.

다음의 연구에서는 중요한 문장구성소의 위치만을 볼 것이다. 곧 술어인 동사V, 주어S, 목적어O 그리고 부사적 문장구성소A이다.

우가릿어 동사문에서 술어인 동사는 대개 첫 자리나 둘째 자리에 온다. 주어나 목적어를 명명할 때는 대개 어순이 VSO나 SVO가 된다. 동사가 셋째나 넷째 자리에 오는 경우는 드물다. 운문에서는 어순이 매우 다양하다. 운문의 저자가 어순을 자유로이 바꾸는 수사법을 구사하기도 하고, 교차대구법Chiasmus이 우가릿 시에서 매우 자주 쓰이기 때문이기도 하다. 구체적인 예는 다음과 같다.

① 동사가 첫째 자리에 오는 경우

동사 홀로 있는 경우(주어가 명확히 명명되지 않는 경우)

---

278) 이를테면 √*hlk*의 기본형은 "가다, 흐르다"의 뜻으로 단일결합가 동사이지만, Š형은 "…을 …으로 넘치게 하다"란 뜻으로, 삼중결합가 동사가 된다.

- *w yšn* "그리고 그는 잠들었다" (1.14:I:31)
- *w yṣḥ* "그리고 그는 불렀다" (1.4:VII:22&)

V–S

- *w yᶜn aliyn bᶜl* "그리고 위대하신 바알루님이 대답하셨다" (1.4:VII:37f.&)
- *w yḥ mlk* "그리고 임금님은 만수무강하소서!" (2.7:9)

V–S–O(–A)

- *tblk ǧrm mid ksp* "산山들은 당신께 은을 많이 보내야 하리" (1.4:V:15)[279]
- *w ptḥ hw prṣ bᶜdhm* "그리고 그는 그들을 위해(그들 뒤에) 틈을 벌렸다" (1.23:70)

V–S–A

- *sb ksp l rqm* "은은 얇은 판이 되었다" (1.4:VI:34)
  해설: SVA와 병행
- *tbᶜ kṯr l ahlh* "코싸루는 자신의 천막으로 나아갔다" (1.17:V:31f.)
  해설: SVA와 병행
- *w šmᶜ bᶜl l ṣltkm* "그러면 바알루님은 너희의 기도를 잘 들어주실 것이다"(1.119:34)

이 어순은 다음처럼 수동태 구문에 자주 쓰인다.

- *ybn bt l bᶜl* "바알루를 위해 궁전(집)이 지어져야 한다" (1.4:IV:62)

V–O–S

- *trḥṣ ydh bt\lt ᶜnt* "처녀 아나투는 그녀의 손을 씻었다" (1.3:II:32f.)
- *nšu riš ḥrṯm* "밭 가는 이는 머리를 들었다" (1.16:III:12)

V–O–A

- *štt ḫptr l išt* "그녀는 불에 솥을 걸었다" (1.4:II:8)
- *ṣḥ aḫh b bhth* "그는 그(자기)의 형제들을 그(자기)의 집으로 불렀다" (1.4:VI:44)

V–A

- *w rgm l bn ilm mt* "그리고 일루의 아들에게 말하라, 모투여!" (1.4:VIII:29f.)

---

279) 직역: "… 은의 많음을 가져다 주리라."

V–A–O

- *šqlt b ğlt ydk* "너는 불의함으로/무력하기에 네 손을 축 늘어뜨렸다" (1.16:VI:32.44–45)

② 동사가 둘째 자리에 오는 경우(동사 앞에 주어)[280)]

S–V

- *bᶜlm yml[k]* "바알루는 임금으로 다스려야 한다" (1.2:IV:32)
- *krt yh̲ṯ* "케레투는 일어났다" (1.14:III:50)

S–V–O

- *ilm ypᶜr šmthm* "일루는 그들의 이름을 선포하였다" (1.12:I:28f.)
- *mlkn ybqṯ anyt* "임금은 배들을 찾는다" (2.42:26)

S–V–A

- *hyn tbᶜ l mš\knth* "하야누는 그의 거주지로 가버렸다" (1.17:V:32f.)
  해설: VSA와 병행
- *h̲rṣ nsb l lbnt* "금은 벽돌이 되었다" (1.4:VI:34f.)
  해설: VSA와 병행
- *w bn mlk w bn[t] mlk tᶜln pamt šbᶜ* "임금의 아들들과 임금의 딸들이 일곱 번 올라갔다" (1.112:6f.)
- *w pn špš nr by mid* " '태양' 의 얼굴이 나를 강렬히 비추었다" (2.16:9f)

③ 동사가 둘째 자리에 오는 경우(동사 다음에 주어)

O–V–S

- *mh̲mšt yitsp ršp* "라샤푸(전염병의 신)가 다섯 번째 (여자)를 빼앗아 갔다" (1.14:I:18f.)
- *w h̲mšm ksp lqḥ mlk gbl* "비블로스의 임금이 50(세켈의) 은을 가져갔다" (4.338:14f.)

A–V–S

- *šbᶜ šnt yṣrk bᶜl* "일곱 해 동안 바알루는 쇠약해질 것인가?" (1.19:I:42f.)

---

280) 일반적으로 어떤 문장구성소가 문장 맨 앞에 오면, 그 문장구성소는 '주제화된다' Topikalisieren고 한다. 우가릿어 운문의 문장 첫머리에서 주제화된 주어는 흔히 강조된다. 그러나 산문에서는(특히 서간) 이렇게 주어가 주제화되어도 특별히 강조된다고 하기는 힘들 때가 많다.

– *b* [*ṯlṯt*] *ᶜšrt yrtḥṣ mlk* "열[셋째 (날)]에 임금은 (몸을) 씻는다" (1.87:2; 1.41:3)

④ 동사가 셋째 자리에 오는 경우(대개 맨 끝자리에 동사)

S–O–V

운문

– *klnyn q*[*š*]*h nb*[*ln*] "우리 모두는 그의 [그]릇을 가져가[리라]" (1.4:IV:45)
해설: SVO와 병행

– *aḥd bth ysgr* "홀로 있는 이는 그의 집을 닫아버렸다" (1.14:IV:21)

산문

– *w* [*špš*] *mlk rb bᶜlh* [*ṣdq*] *nqmd mlk ugr*[*t*] *phy* "그리고 대왕이시요 그의 주인이신 ['태양' 께서] 우가[릿의] 임금인 니크맛두의 [올바름을] 보셨다" (3.1:12–15)
해설: 아카드어에서 우가릿어로 번역된 말이다.

S–A–V

– *mṯlṯt kṯrm tmt* "셋째 (여자)는 건강하게 죽었다" (1.14:I:16)

– *w at ᶜmy l mǧt* "그리고 너는 내게 오지 않았다" (2.36+:10)

– *ilm l šlm tǧrkm* "신들은 너희들을 매우 평화롭게 지켜주실 것이다"(RS 92.2005:7f.)
해설: 다음의 정식화된 아카드어를 번역한 말이다.
ilānū ana šulmāni liṣṣurū-ka

O–S–V

– *qlh qdš bᶜl ytn* "바알루는 그의 거룩한 목소리를 울려퍼지게 했다"281) (1.4:VII:29)
해설: VSO와 병행구

– *qr my*[*m*] *mlk yṣm* "임금은 '물의 원천' 을282) 저주했다" (1.19:III:45f.)

O–A–V

– *pᶜnh l hdm yṯpd* "그는 자기 발을 발걸이에 올려 놓았다" (1.4:IV:29)

– [*w*] *mla*[*k*]*tk ᶜmy l likt* "[그리고] 너는 너의 전[령]을 내게 보내지 않았다" (2.36+:11)

---

281) 직역: "… 목소리를 주었다."

282) '물의 원천' *Qr-Mym*은 지명일 것이다.

A–S–V

- *k bh bṯt l tbṯ* "그렇다면 그것 때문에 부끄러움이 진정 드러날 것이다" (1.4:III:21)
- *w b ḥlmh il yrd* "그리고 그의 꿈 안에서 일루가 내려왔다" (1.14:I:35f.)

A–O–V

- *ᶜlh ṯrh tšᶜrb* "그들은 그에게 그의 '황소들'을 가져왔다" (1.15:IV:17)
  해설: AVO와 병행
- *b yṣih[m] ḥwt [ṯth] alp k[sp] tšᶜn* "그들이 [다른] 땅으로 도망쳤을 경우[은] 1000(세켈)을 셈해야 한다" (3.8:9–12.)

⑤ 동사가 넷째 자리에 오는 경우(대개 맨 끝자리에 동사)

A–O–S–V

- *b ym arš w tnn /\ kṯr w ḫss yd* "코싸루와하시수는 / ᵓ*Arš*와 *Tnn*를 바다로 쫓아버렸다!" (1.6:VI:51f.)
  해설: [AO]VS와 병행

A–S–O–V

- *b ḥlm lṭpn il ⋯ /\ ⋯ /\ šmm šmn tmṭrn* "⋯ 선하신 일루가 꿈에 나와 / ⋯ / 하늘은 기름을 (비처럼) 내렸다" (1.6:III:4–6)
  해설: [AS]VO와 병행[283)]

A–A–S–V

- *gm l ǵ\[l]mh bᶜl k yṣḥ* "바알루는 그의 종을 아주 크게 불렀다" (1.4:VII:52f.)

A–A–A–V(아카드어의 정식화된 말을 번역한 것이다)

- *l pᶜn adty šbᶜd w šbᶜid mrḥqtm qlt* "내 여주인님의 발치에 멀리 떨어져서 일곱 번 그리고 (다시) 일곱 번 꿇었다" (2.12:6–11)

S–O–A–V

- *w ank kl ḍrᶜhm ⋯ bd rb tmtt lqḥt* "그리고 나는 그들의 곡식 전부를 ⋯ 선원들의 우두머리의 손에서 빼앗을 것이다" (2.38:18–22)
- *w aḫy mhk b lbh al yšt* "그리고 내 형제는 그의 심장에 아무것도 두지(또는 놓지) 않을 것이다(곧 그는 아무런 근심을 하지 않아도 된다)" (2.38:26f.)

---

283) 직역: "⋯ 선하신 일루의 꿈속에서 ⋯."

- *w ṯpllm* … *mṣmt l nqmd* … *šẗ* "그리고 수필루리우마는 니크맛두를 위해서 계약을 맺었다" (3.1:16f.)
  해설: 본디 아카드어 본문을 번역한 말이다.

종합하면, 우가릿어 동사문의 어순은 통일적이지 않고 (특히 운문에서) 상대적으로 자유롭고 다양하며 본문의 장르에 따라 차이가 크다. 하지만 다음의 어순이 '평범한' 어순이라고 할 수 있다.

- (직접)목적어는 대개 동사 다음에 온다. 동사 앞에, 곧 전영역에 오면 분명히 강조된 것이다.
- 부사는 전영역에도 오지만 동사 뒤, 곧 중심영역에 서는 경우가 더 흔하다.
- 주어가 명시된다면, 운문에서는 대개 동사 바로 뒤에 오지만, 산문에서는 반대로 동사 앞에 오는 경우가 더 많다.
- 동사는 원칙적으로 셋째나 넷째 자리에 오지 않는다. 전영역에 (강조가 됐든 안 됐든) 목적어나 부사가 오는 경우, 산문에서도 대개 OVS나 AVS의 어순이 된다.

이런 사실에서 우가릿어의 어순은 (부사의 위치를 제외하면) VSO나 SVO라고 할 수 있다.[284] 운문에서는 대개 VSO 어순이 일반적인 반면 산문에서는 SVO 어순이 훨씬 많다는 사실에서 역사적 추측을 이끌어 낼 수 있다. 곧 우가릿어의 원래 어순은 VSO였지만, 언어사적 과정을 통해서 점차 SVO 어순으로 변해갔다는 것이다.[285]

93.5. 기타

동사문의 법法은 술어로 작용하는 동사의 법에 따라 결정된다. 동사가 직설법 형태이면 그 문장은 사건을 직설적으로 전달하고, 동사가 의지법 형태이면 사건을 의지적으로 표현한다. 동사의 법은 §77에서 다루었다.

동사문은 의문문이 될 수도 있다. '예/아니오-의문문', 선택의문문, 부가의문문이

---

284) Faber, *Subgroupings*, 44-50는 KTU 1.14-16(케레투 서사시)와 1.24(닉칼루)에 기반하여 우가릿어 동사문의 어순을 연구했다. 그는 주어가 명시된 문장을 연구하며 전혀 다른 결론을 내렸다. 전체 동사문의 69%에서 주어가 동사 앞에 서 있다고 한다.

285) 이렇게 우가릿어에서 VSO가 기본구조였지만, 역사적 변천에 따라 SVO로 변한 특정한 경향이 있다는 관찰은 다른 고대 북서셈어에서도 유효하다. 이런 경향은 히브리어나 초기 아람어에서도 볼 수 있다.

있다. '예/아니오-의문문' 은 별다른 형식적 지표가 없다. 선택의문문은 접속사 *hm*를 사용한다.

– *rğb rğbt* … /\ *hm ğmu ğmit* … "너는 매우 배가 고픈가? 또는 매우 목이 마른가 …?" (1.4:IV:33f.)

부가의문문은 의문대명사나 의문부사로 시작한다.

– *mh taršn l btlt ʿnt* "무엇을 원하는가, 오 처녀 아나투여?" (1.3:V:28f.)

동사문의 부정은 부정하는 불변화사 *l*, *al*, *bl*이 사용되고 *blt*도 가능하다(§87).

94. 펜덴스구문

'펜덴스구문' 이란 어떤 명사 · 형용사 · 대명사적 요소가 (명사문이든 동사문이든) 구문론적으로 완전히 문장 밖에(대부분 문장 바로 앞에) 나와 있는 구조를 말한다. 이렇게 앞에 나와 있는 요소를 '펜덴스' 또는 '매달려 있는 요소' 라고 하고, 이런 요소는 뒤따르는 문장 안에 있는 어떤 문장구성소와 동격이다.[286]

이 펜덴스가 뒤따르는 문장과 고립되어 있다는 사실은 두 가지로 표현하는데, 하나는 뒤따르는 문장의 대명사나 부사 등이 그 펜덴스를 직접 표현하는 것이고, 다른 하나는 펜덴스와 뒤따르는 문장 사이에 접속사, 의문사, 지시사 등이 있어 문장의 경계가 뚜렷하다는 점이다.

펜덴스구문은 원칙적으로 강조의 뜻을 지닌다. 우리말로는 '…에 대하여 말한다' 로 해석할 수 있다.

우가릿어 본문에서 펜덴스구조를 지닌 문장은 매우 적다. 펜덴스와 뒤따르는 문장

---

286) 셈어 펜덴스구문의 예로, 다음 신명 13,1을 들 수 있다.

신명 13,1aP	את כל־הדבר אשר אנכי מצוה אתכם
13,1a	אתו תשמרו לעשות
13,1b	לא־תסף עליו
13,1c	ולא תגרע ממנו

위 문장에서 1a의 אתו는 직접목적어이며, 내용은 1aP와 동일하다. 곧 1a는 1aP가 없어도 그 자체로 온전한 문장이 된다. 이때 1aP는 온전한 문장 밖에 나와서 '매달려 있다' (또는 '걸려 있다' : 라틴어 pendere)고 일컫는다. 히브리어 문장에서도 펜덴스구문은 기본적으로 강조하기 위한 것이다. 우리말로는 '현수구문' 또는 '불완전구문' 이라 하기도 한다. 구약성경 문장에서 펜덴스구문을 치밀하게 연구한 것으로는 Gross, *Pendenskonstruktion*이 있다.

사이에 접속사 *w*가 쓰인 적은 없다. 펜덴스는 많은 경우에 뒤따르는 문장의 주어에 대응한다.

- *w bˤly* : *šlmh w šlm nkly w šlm bth w šlm šmˤ rgmk nˤm at ṯṯb ˤm ˤbdk* "그리고 제 주인님에 대해서입니다: 그분의 평화와 *Nkly*의 평화와 그분 집의 평화와 '당신의 사랑스러운 말씀을 듣는 이' 의 평화를 당신 종에게도 되돌려주소서" (RS 92.2010:12–20; §10.7).
  해설: *at*는 문장 밖에 있는 펜덴스인 *bˤly*를 문장 안에서 받는 대명사다. 3인칭이 2인칭으로 변한 것에 주의하라.
- *w mlk bˤly* : *lm škn hnk l ˤbdh* "그리고 임금이신 내 주님에 대해서다: 왜 그분은 그분의 종에게 이것을 시키셨는가?" (2.33:22–24)[287]
  해설: 뒤따르는 문장이 의문대명사 *lm*로 시작되어 펜덴스와 경계를 이룬다.
- *w ap ank* : *mnm ḫsrt w uḫy yˤmsn ṯmn* "그리고 또한 나에 대해서다: 부족한 것은 내 형제가 거기서 채워 넣을 것이다" (2.41:19–21)
- *bt arzm* : *ykllnh* /\ *hm bt lbnt* : *yˤmsnh* "향백나무 집에 대해서: 그는 그것을 완성하려 한다! / 또는 벽돌 집에 대해서: 그는 그것을 세우려 한다!" (1.4:V:10f.)
  해설: 두 번 모두 펜덴스가 뒤따르는 문장에서 목적어 역할을 하는 접미대명사 *-h*로 표현되었다.

95. 문장론 차원에서 일치의 문제

형용사나 명사나 대명사가 술어로 사용된 명사문에서 주어와 술어의 격은 언제나 일치하고, 성과 수도 거의 대부분 일치한다.

- *špthm mtqtm* "그들의 (두) 입술은 달콤했다" (1.23:50)
  주어와 술어는 쌍수로 일치하고, 모두 주격으로 사용되었다.

동사문에서 동사인 술어는 주어와 원칙적으로 성과 수와 인칭에서 일치한다. 동사가 주어 앞에 서는 경우, 동사인 술어와 주어는 성과 수가 일치한다. 성이 분명히 어긋

287) "직역: … 이것을 놓으셨는가?"

나는 경우는 문헌에서 찾을 수 없다. 하지만 수가 일치하지 않는 예는 더러 있다. 그래서 운문에서 주어가 쌍수이나 예외적으로 동사가 단수일 때가 있다. 주어가 '그리고'로 연결된 여럿일 때도 단수 동사가 쓰이기도 한다. 특히 이 경우 주어는 집합적이거나 단수적 개념이다. 아래의 예에서 동사는 단수지만, 비슷한 유형의 문장에서 복수형으로 사용된 예도 많다.

- *št mkšr gr[n] w št aškrr w pr ḥḏrt ydk* "… 한 *št*-단위의 *mkšr gr[n]* 그리고 한 *št*-단위의 *aškrr* 그리고 *ḥḏrt*-나무의 열매가 으깨졌다" (1.85:12-14)

접미대명사는 그것이 가리키는 단어와 성과 수와 인칭에서 모두 일치한다.

지시대명사나 관계대명사는 그것이 가리키는 단어와 성과 수에서 대부분 일치한다. 하지만 전혀 변하지 않는 *d*의 경우, 그것이 가리키는 단어의 성과 수가 무엇이든 언제나 기본 형태, 곧 남성 단수의 형태로 사용된다.

이따금씩 단수형 관계대명사가 복수형 단어를 받는 경우가 있다. 곧 관계문의 단어와 선행사의 수가 불일치하는 것이다.

- *ttpp anhbm / d alp šd ẓuh b ym* "그녀는 천 길이나[288] 먼 바다에서 나는 고둥(의 붉은 색)으로 치장했다" (1.3:III:1f.*; 1.3:IV:45f.*)

  해설: *ẓuh*에서 3인칭 남성 단수형의 접미대명사 *-h*를 보라.

서간에서는 정중하게 형식을 갖춰 말하는 3인칭이 직접화법의 2인칭과 뒤섞여 사용된다.

- *w bᶜly šlmh w šlm nkly w šlm bth w šlm šmᶜ rgmk nᶜm at ṯṯb ᶜm ᶜbdk* "그리고 제 주인님에 대해서입니다: 그분의 평화와 *Nkly*의 평화와 그분 집의 평화와 '당신의 사랑스러운 말씀을 듣는 이'의 평화를 제발 당신 종에게도 되돌려주소서" (RS 92.2010:12-20; §10.7)

288) 여기서 '길'로 옮긴 *šd* /*šadû*/는 "들, 땅"이란 뜻이지만, 아카드어 *šiddu*(성벽, 밭두렁 따위의 길이를 재는 단위)와 유사하게, 길이의 단위로 쓰였다.

96. 병렬문

동사문과 명사문은 서로 병렬 또는 종속관계로 묶일 수 있다. 병렬문은 구문론적으로 동등한 두 문장, 곧 주문장끼리 또는 종속문끼리 연결된 것이다. 반면 종속문은 어떤 주문장 뒤에 연결되거나 주문장 내부에 자리 잡아 종속관계를 맺는다.

구문론적으로 동등하게 묶인 문장은 대부분 병렬접속사로(§83.1) 연결되는데, 가장 널리 쓰이는 것은 *w* '그리고'이다. 두 문장이 접속사 없이 그냥 나란히 놓일 수도 있다. 우가릿어에서 이렇게 접속사가 생략되는 문장은 특히 무엇인가 열거할 때 사용되고, 두 문장의 의미가 매우 긴밀할 때도 쓰인다. 접속사가 생략되는 문장은 산문보다 운문에서 훨씬 많다.

97. 종속문

엄밀한 의미에서 종속문이란 주문장에 종속되어 구조적으로 의존하는 문장을 말한다. 종속관계를 말해 주는 지표는 종속접속사(§83.2) 또는 관계대명사(§44) 또는 이와 유사한 기능을 하는 대명사(부정대명사 등)를 들 수 있다.

한편 넓은 의미에서 종속문이란 어떤 문장에 논리적으로 종속된 모든 문장을 가리킬 수도 있다. 이때 종속관계를 말해 주는 지표가 명확하지 않을 수 있다. 이런 문장으로는 접속사가 생략된 문장이 있고, 대개 병렬문을 연결할 때 사용하는 접속사 *w*로 연결된 종속문도 있다. 다음은 주로 구문론적이고 기능적인 기준에 따라 분류한 우가릿어의 종속문이다.

97.1. 수식하는 종속문(수식문)

수식하는 기능을 지닌 종속문을 의미한다. 우가릿어에서 이런 문장의 형식적 특징은 대부분 관계문으로 표현된다는 점이다.

97.11. 관계문의 시작을 알리는 표시가 있는 경우, 관계문은 관계대명사의 구실을 하는 한정대명사가 이끌던지(§44), 보편적인 관계대명사의 기능을 하는 부정대명사가 이끈다(§46). 우가릿어에서 이런 종류의 문장들은 매우 많다. 관계대명사 앞에 서 있는

선행사는 절대상태에 있거나 드물게 대명사결합상태에 있다.

- *il mṣrm dt tǵrn npš špš mlk rb bˤly* "대왕이시자 내 주인님이신 '태양'의 생명을 지켜 주시는, 이집트의 신들" (2.23:22–24)
  해설: 어두변화 장형
- *il mlk d yknnh* "그녀를 세우신 임금, 일루" (1.3:V:35f.)
  해설: 어두변화 단형
- *ksp d nkly b šd* "땅을 (사는 데) 필요한 은銀" (4.280:6)
  해설: N형 어미변화형
- *d in bn lh* "아들이 없는 (다닐루)" (1.17:I:18)
  해설: 관계절에 선행사를 가리키는 접미대명사 *-h*가 있다.
- *adrm d b grn* "타작마당에 있는, 높은 분" (1.17:V:7)
  해설: 명사를 받는 관계절
- *irštk d ḫsrt* "너에게 없는 너의 소망" (2.41:16f.)
  해설: 선행사가 대명사 결합상태에 있다.

97.12. 수식하는 종속문이 접속사 없이 연결되면, 종속문의 선행사는 연계상태에 놓인다.

- *y aṯt itrḫ /\ y bn ašld* "아, 내가 혼인했던 여자들이여! / 아, 내가 낳았던 아들들이여!" (1.23:64f.)
  해설: 문맥상 *aṯt*와 *bn*는 연계상태의 쌍수형이 분명하다. 어두변화 단형
- *rgm l tdˤ nšm* "사람들이 알지 못하는 말" (1.1:III:15*; 1.3:III:27*; 1.3:IV:15*)
  해설: 어두변화 단형
- *tk aḫ šmk mlat rumm* "들짐승으로 가득 찬 갈대(늪)인 *Šmk* 사이로" (1.10:II:9.12)
  해설: 상태동사의 어미변화형
- *ššrt ḫrṣ ṯqlm kbd ˤšrt mznh* "무게가 열 세켈 나가는 금 사슬" (4.341:1)
  해설: 관계절에 선행사를 가리키는 접미대명사가 있다.

97.2. 목적어가 되는 종속문(목적어문)

목적어 기능을 하는 종속문을 목적어문이라 한다. 형태를 기준으로 아래처럼 분류

할 수 있다.

97.21. 접속사 *k*(*y*)가 이끄는 목적어문
- *w td*ᶜ *ilm k mtt* "네가 죽었다는 것을 신들이 알도록 … " (1.5:V:16f.)
- *umy td*ᶜ *ky* ᶜ*rbt l pn špš* "내가 '태양' 으로 올라갔음을 내 어머니는 아소서" (2.16:6–8)

97.22. 관계대명사가 이끄는 목적어문
- *tn ilm d tqh / d tqyn hmlt* "신들아, 너희들이 보호하는 그를 내놓아라! / 너희들이 보호하는 이를 (내어 놓아라), (신의) 무리여!" (1.2:I:18.34f.)
- *grš d* ᶜ*šy lnh* "그를 압박하는 이를 쫓아냈다" (1.17:I:29)

97.23. 비한정대명사 *mnm*가 이끄는 목적어문
- *w mnm rgm d tšm*ᶜ *ṯmt w št b spr* ᶜ*my* "그리고 네가 거기서 들은 말들을 너는 내게 보낸 편지에 써놓았다" (2.10:16–19)
- *mnm ḫsrt w uḫy y*ᶜ*msn ṯmn* "부족한 것은 내 형제가 거기서 채워넣을 것이다" (2.41:19–21)[289]

97.24. 접속사가 생략된 목적어문
- *l rgmt lk l ali\yn b*ᶜ*l / ṯṯbn b*ᶜ*l l hwty* "제가 당신께 말씀드리지 않았습니까, 오, 위대한 바알루여? / 당신께서 오 바알루여 내 말로 돌아오셨다고." (1.4:VII:23–25)
- *l trǧds w l klby šm*ᶜ*t ḫti nḫtu* "*Trǧds*와 *Klby*에 대해서 내가 들었다: 그들은 완전히 패퇴되었다" (2.10:5–8)

97.3. 주어가 되는 종속문(주어문)

문장에서 주어의 역할을 하는 종속문을 주어문이라 한다. 형태에 따라 다음과 같이 분류할 수 있다.

289) 두 문장 모두 *w*가 귀결절을 이끈다.

97.31. 접속사 *k*(*y*)가 이끄는 주어문

- *mn yrḫ k m*[*rṣ*] /\ *mn k dw kr*[*t*] "몇 달이나 그는 아[픈가], / 케레[투]가 아픈 것은 몇 (달)이냐?" (1.16:II:19f.) 다음 문장과 유사하다. *ṯlṯ yrḫm k m*[*rṣ*] *arbᶜ k dw k*[*rt*] (1.16:II:22f.)

97.32. 관계대명사가 이끄는 주어문

- *w d l ydᶜnn ylmn ḫṭm* "그러나 그를 모르는 이가 막대기를 들어 그를 쳤다" (1.114:7f.)
- *dy l ydᶜ yṣḥk* "너를 모르는 이가 너를 불렀다" (RS 92.2014:1)

97.33. 부정대명사 *mnm*이 이끄는 주어문

- *w mnm šalm dt tknn ᶜl ᶜrbnm hnhmt tknn* "(그 밖의) 어떤 요구라도 존재한다면, 다음의 보증인에게 (책임이) 있다" (3.3:5–9)[290]

97.4. 양태의 종속문(양태문)

양태문은 일종의 부사적 역할을 떠맡은 종속문을 가리킨다. 양태문은 주문장에서 표현하는 어떤 사건의 수단, 방법, 종류를 명시하거나, 그에 따른 정황을 설명한다.

97.41. 부정대명사 *mnm*이 이끄는 양태문(§46.1)

- *ᶜm adty mnm šlm rgm ṯṯṯb l ᶜbdh* "내 여주인님께 복이 되는 것은 무엇이든, 그녀가 그녀의 종에게 대답해 주실 것이다" (2.12:12–15)
- *w mnm šlm ᶜm umy ᶜmy ṯṯṯb rgm* "그리고 내 어머니께 복이 되는 것은 무엇이든, 그녀는 내게 대답해 주실 것이다" (2.16:16–20)[291]

---

290) 직역: "어떤 요청이 제기되었든, 다음과 같은 담보가 세워져야 할 것이다." §10.5를 보라.

291) 이 두 문장의 각각 직역: "… 그녀가 …에게 말로 되돌려 주실 것이다." 다음의 아카드어 용법과 비교하라. *ašrānu itti NN mīnummê šulmānu ṭēma tēr*/*terrī*/*literrūni*/*šupra*. 여기서 두 문장의 관계는 앞에 있는 것이 종속문이고 뒤에 오는 것이 결과문이지, 주문장 두 개가 병렬되어 있는 것이 아니다. 앞의 종속문은 일종의 부사적 기능을 하고 있음이 분명하다. 그러므로 기본 구조는 다음과 같다. "복이 되는 것에 대해서(곧 그 방법과 양태 또는 그 기준 등에 대해서), 그녀가 …에게 말로 대답해 주실 것이다."

97.42. *ikm*이 이끄는 양태문(§81.5)

- (?) *w yḥ mlk w ikm kn w ʿbd ilm*[ ]\ *tšknnnn* "그리고 임금은 만수무강하소서! 그리고 늘 그런 것처럼 신들의 종은 […] / 준비할 것입니다(?)" (2.7:9–11)

97.5. 원인의 종속문(원인문)

원인문은 주문장에서 표현한 사건의 이유를 밝히는 종속문이다. 원인문의 구문론적 기능은 일종의 부사적 용법이라 할 수 있다.

우가릿어에서 원인문을 표현하는 방법은 주문장 두 개를 나란히 놓는 것이다. 두 개의 주문장 가운데 *k*(*y*)나 *kd*가 이끄는 것이 원인문이다(§83.2③).

- *ky akl b ḥwtk inn* "('너'가 '태양'에게 식량과 관련해서 편지를 보낸 일에 대해서), 왜냐하면 당신의 땅에는 먹을 것이 없기 때문입니다" (2.39:19f.)
  해설: 또는 시간문으로 새겨 "… 없을 때였습니다"로 옮길 수 있다.
- … *kd l ytn bt l bʿl k ilm* / [*w ḥẓ*]*r k bn aṯrt* "(나는 그의 흰머리에 피가 흐르게 하리라 …), 왜냐하면 바알루에게는 (다른) 신들처럼 집이 주어지지 않았고, / 아씨라투의 아들들처럼 살 곳이 (주어지지 않았기) 때문이다" (1.3:V:3f.)
  해설: 원인문 또는 조건문으로 볼 수도 있다.

또한 수식하는 관계대명사도 원인을 표현하는 종속문이 될 수 있다.

- *abynn*! [*d*]*nil mt rpi* / *anḫ ğzr mt hrnmy* / *d in bn lh* … "가난하여라, [다]닐루, 라피우의 사람이여 / 패하였구나, 영웅 하르나미의 사람이여, / 왜냐하면 그에게는 아들이 없기 때문에 …" (1.17:I:16–18)

97.6. 장소의 종속문(장소문)

장소문은 주문장에서 다루는 사건의 장소, 방향, 영역 등을 말해 준다. 장소문의 구문론적 기능은 일종의 부사적 용법이라 할 수 있다. 우가릿어에서 장소문을 이끄는 단어는 *aṯr* "(언제나) 그 장소에"(§81.1) 또는 *an l an* "언제나 그쪽으로"이다(§81.5).

- *adm aṯr iṯ bqṯ w štn ly* "(늘 거기에) 있는 이 사람을 찾아서 내게 데려와라!" (2.39:33–35)
- *an l an y špš* /\ *an l an il yğr*[*k*] /\ *tğrk šlm*[*ilm*] "언제나 그쪽으로, 오! 샵

슈여, / 언제나 그쪽으로 (너는 가리라), 일루가 [너를] 지켜주길, / [신들이] 너를 평안히 지켜주길!" (1.6:IV:22–24)

97.7. 정황의 종속문(정황문)

우가릿어에도 다른 셈어들처럼, 아랍어의 *wa–huwa yafˁalu* "(한편 그때/그 당시/동시에) …하는 동안/…하면서"에[292] 해당하는 문장이 있다. 이런 문장은 특히 운문에서 자주 쓰인다. 정황문을 가리키는 형식적 지표는 없다. *w* '그리고'와 함께 사용되기도 하고 접속사 없이 주문장과 나란히 쓰이기도 한다. 원칙적으로 주문장 다음에 온다. 내용적으로 정황문은 주문장에서 표현하는 사건과 (논리적으로는 독립되지만) 함께 일어난 사건을 표현한다. 이렇게 함께 발생한 사건은 양태적 본질을 지녀 '한편/반면 그 당시/동시에 …하는 동안' 등으로 옮길 수 있다. 또는 시간적 본질을 지녀서 동시성을 지닌 시간절로 '한편 …하는 동안/…할 때' 등으로 옮길 수 있다. 주문장과 정황문은 동시성을 표현하므로 동사문이라면 주문장이 과거의 의미를 표현할 때, 그 술어는 어두변화 장형이 된다(§76.34). 또는 명사문이 쓰이기도 한다.

– *ˁl abh yˁrb*! / *ybky w yšnn* "그는 울고 이를 갈며 / 그의 아버지에게 갔다" (1.16:I:11–13)[293]

  해설: 더 많은 예는 §76.34를 보라.

– *ap yṣb yṯb b hkl w ywsrnn ggnh* "또한 얏치부*Yaṣṣibu*도 신전에서 등극할 때, 그의 내면이 그를 (다음과 같이) 이끌었다" (1.16:VI:25f.)[294]

– (?) … *ˁrbt špš ṯǵrh ršp* "… 라샤푸가 그 (문의) 문지기였을 때, 해가 떨어졌다" (1.78:2–4)

  해설: 명사문이 정황문으로 사용되었다.[295]

---

292) 아랍어 문법에서는 이런 문장을 가리켜 '*ḥāl*–문장' 또는 '상태문'이라 한다.

293) 직역: "그는 그의 아버지에게 갔다, (한편 동시에) 그는 울었고 이를 갈고 있었다."

294) 직역: "또한 얏치부도 신전에서 등극했다, (한편 그 당시) 그의 내면은 그를 (다음과 같이) 이끌었다."

295) 직역: "… 해는 떨어졌다, 그때 라샤푸는 그 (문의) 문지기였다" 또는 *ˁṯǵrh*의 *–h*를 방향을 가리키는 어미로 보아 이렇게 옮길 수도 있다. "… 라샤푸의 성문 쪽으로 해가 떨어졌다."

97.8. 시간의 종속문(시간문)

시간문은 부사적 역할을 하는 종속문으로서 주문장과 전시적 또는 후시적 또는 동시적 관계를 표현한다.

우가릿어에서는 아래처럼 시간문을 이끄는 접속사가 시간문의 형식적 표지가 되지만, *w*가 이끌 수도 있고 접속사 등이 전혀 없을 수도 있다. 시간문은 주문장의 앞이나 뒤에 자리 잡는다.

97.81. 우가릿어에서 다음과 같은 접속사가 시간문을 이끈다.

aḫr	"…한 다음에, …한 뒤에"
id	"…할 때, …하자마자"
hlm	"…하는 즉시, …하자마자"
ᶜd	"…하는 한, …하는 동안/ …까지"
k(*y*) 또는 *km*	"…할 때"

aḫr tmǧyn mlak ym / tᶜdt ṯpṭ nhr / l pᶜn il l tpl … "얌무의 (누) 선령, 곧 판관 나하루의 사자가 도착하고 나서, / 그들은 일루의 발치에 엎드리지 않았다" (1.2:I:30f.)

– *hlm ᶜnt tph ilm / bh pᶜnm tṭṭ* … "아나투가 두 신들을 보자마자 / 그녀의 두 다리가 덜덜 떨었다 …" (1.3:III:32f.)[296]

– *mᶜmsk k šbᶜt yn* "네가 포도주에 취했을 때, 너를 지탱해 주는 이" (1.17:II:6)

97.82. 종속절을 이끄는 접속사가 쓰이지 않은 문장도 시간문 역할을 할 수 있다. 위 §97.7에서 다룬 동시성의 정황문도 동시성을 표현하는 시간문에 포함된다. 그 밖에 접속사가 쓰이지 않은 시간문은 다양한 시상을 표현할 수 있다.

– *ᶜṯtrt w ᶜnt ymǧy /\ ᶜṯtrt tᶜdb nšb lh /\ w ᶜnt ktp* "그(야리후)가 아쓰타르트투와 아나투에게 왔을 때, / 아쓰타르트투는 그에게 *nšb*-고기를 주었고, / 아나투는 어깨고기를 (주었다)" (1.114:9–11)

해설: 동사의 순서는 어두변화 장형 – 어두변화 단형

– [*b*] *ph rgm l yṣa / b špth hwth w ttn gh / yǧr tḥt ksi zbl ym* "그녀의 입에

296) 직역: "… 두 다리는 그녀 곁에서 덜덜 떨었다."

서 말이 간신히 흘러 나왔다. 그녀의 입시울에서 그녀의 말씀이 (나왔다). 그녀는 소리를 내었다. "그는 가라 앉으리라, 영도자 얌무의 권좌 아래로!" (1.2:IV:6f.)[297]
해설: 동사형의 순서는 어미변화형 – 어두변화 단형

97.9. 조건의 종속문(조건문)

조건문은 일종의 부사적 기능을 하는 종속문으로서 주문장이 표현하는 사건의 전제나 조건을 밝힌다. 우가릿어의 조건문은 원칙적으로 특정한 접속사가 이끄는데 *hm*, *im*, *k*("…한다면, …할 때")이다. 그 밖에 드물게 *w*가 이끌 수도 있다. 또는 접속사 없이 연결되는 문장이 다른 문장과 논리적으로 연결되어 조건의 내용을 의미할 수도 있다. 또한 부정대명사나 비한정분사로 시작하는 문장이 조건문이 될 수도 있다. 아래의 예는 접속사로 연결된 문장들이며 동사는 어두변화 장형이 사용되었다.[298]

- *hm at̲tm tṣḥn* "만일 두 여인이 부른다면 … (그렇다면 이 두 여인은 일루의 아내가 될 것이다, 영원한 일루의 아내가)" (1.23:39)
- *hm tʿpn ʿl qbr bny /\ tšḫṭn.nn b šnth* "(독수리들이) 내 아들의 무덤 위로 날아다녀서 / 그를 잠에서 깨운다면 (바알루는 독수리의 날개를 꺾어버리소서)" (1.19:III:44f.)
- *im mlkytn yrgm* "만일 *Mlkytn*이 말한다면 …" (2.15:8)
- *w k l yḫru w l yt̲tn ṡśw* "그리고 말馬이 지치지 않고 오줌을 누지 않는다면 …" (1.85:9)[299]

97.10. 목적의 종속문(목적문)

목적문은 주문장이 다루는 사건의 목적이나 목표를 표현한다. 후대의 셈어와는 달리, 우가릿어에는 목적문을 이끄는 특정한 접속사가 없다. 접속사 없이 시작하든지, *w*

297) 또는 "그녀의 입 안에서 그 말은 나오지 않았다, 그녀 말과 그녀 목소리를 내는 일은 그녀의 입술에서 (나오지 않았다), (그때) 그는 (이미) 영도자 얌무의 권좌 앞에 추락했다."

298) 우가릿어에서 어두변화 단형이 사용된 조건문은 없다.

299) 구문론적으로 보면, *b*로 시작되는 전치사절이 조건을 의미할 수 있다.
b yṣih[m] ḥwt [t̲th] "만일 그들이 [다른] 나라로 나아간다면 …" (3.8:9f.)
비슷한 예: *b ḫbt̲h ḥwt t̲th* (3.3:4)

로 연결한다. 언제나 주문장이 앞에 오고 목적문이 뒤에 온다. 문헌에서 확인할 수 있는 목적문은 모두 어두변화형을 쓰는 동사문뿐이다. 목적문의 의미는 문맥에서 이끌어 낼 수밖에 없다. 그래서 어떤 문장이 목적문의 의미를 띠지 않는 주문장인지 또는 목적의 의미를 지니는 목적문인지 구별하는 것은 때로 매우 어려울 수 있다.

목적문에서 사용되는 동사의 법은 Tropper, *"yqtla"*에서 자세하게 연구되었다.[300] 원칙적으로 주문장과 목적문에 사용되는 동사는 다음의 법을 따른다. 주문장이 직설법이면 목적문의 동사는 후시성을 지닌 어두변화 장형이다. 주문장의 동사가 의지법이면 목적문의 동사는 어두변화 단형 의지법이거나, (오직 1인칭의) 어두변화 단형의 연장형이다. 이들 동사들은 강조형 어미로 연장될 수 있다. 특히 의지법은 강조형 어미로 곧잘 확장된다. 목적문에서는 직설법보다 의지법이 많이 사용된다. 부정할 때는 대개 *al*이 사용된다.

접속사가 없는 목적문의 예

- *qm yṯˁr w yšlḥmnh* "그는 식탁을 펼쳐 그에게 음식을 준비하기 위해서 일어섰다" (1.3:I:4f.)
  해설: 어미변화형이 사용된 주문장 다음에 결과절
- *tn aḥd b bnk amlkn* "네 아들들 가운데 하나를 내게 다오, 내가 그를 임금으로 만들리니!" (1.6:I:45f.)
- *tn aḥd b aḫk ispa* "네 형제들 가운데 하나를 다오, 내가 (그를) 먹어버리리니!" (1.6:V:19f.)[301]
- *tn l kṯr w ḫss / ybˁl qšt l ˁnt* "(모든 것을) 코싸루와하시수에게 주어라, / 그가 (그것으로) 아나투에게 활을 만들어 줄 것이니!" (1.17:VI:24)
- *al tšt u[rb]t b bhtm /\ ḥln b q[rb h]klm /\ al td[d pdr]y bt ar* "집에 [구멍]을 내지 마라, / 신[전 가운]데 창을 (내지 말아라), / 빛의 딸 [*Pidra*]*y*가 [도망]가지 못하도록!" (1.4:VI:8–10)
  해설: 부정되었다.

300) 같은 주제를 다룬 Verreet, *Modi*, 152–180과 비교하라. 그는 우가릿어 목적문의 동사를 일일이 접속법(곧 어두변화 단형의 연장형) 또는 강조형으로 보았다. 그러나 한 번도 직설법으로 보지는 않았다.

301) 목적문의 동사 *ispa*가 어두변화 단형의 연장형(1인칭 권유형)인 점을 살려서 가능한 직역을 시도하자면 다음과 같다. "네 형제들 가운데 하나를 다오, 내가 (그를) 먹어 버리자꾸나!"

*w*로 시작하는 목적문의 예

- *w ptḥ hw prṣ bᶜdhm w ᶜrb hm* "그는 그들이 들어올 수 있도록 그들을 위해 틈을 크게 벌렸다" (1.23:70f.)[302]
- *ptḥ bt w uba / hkl w ištql* "집을 열어라, 내가 들어갈 수 있게! / 신전을 (열어라), 내가 입장할 수 있게!" (1.100:72)

  해설: *uba*는 어두변화 단형의 연장형이다.
- *l tbrknn l ṯr il aby /\ tmrnn l bny bnwt /\ w ykn bnh b bt / šrš b qrb hklh* "제발 그를 축복하소서, 오 황소 일루 나의 아버지여 / 그에게 힘을 주소서, 오 피조물의 창조자여, / 그 집에 그의 아들을 둘 수 있도록, / 신전 한가운데 새싹이 돋아나도록!" (1.17:I:23–26)[303]

97.11. 결과의 종속문(결과문)

결과문은 주문장이 다루는 사건이 일으킨 결과를 밝혀 준다. 우가릿어의 결과문은 다양한 형식으로 표현된다. *k*로 이끄는 결과문이 있는가 하면, 접속사 없이 연결되는 것도 있고, 때로는 *w*가 이끌기도 한다. 우가릿어에서 결과문은 언제나 주문장 또는 원인문의 뒤에 온다. 결과문과 목적문의 선명한 경계를 짓기는 힘들다.

- *mat krt k ybky / ydmᶜ nᶜmn ǵlm il* "케레투에게 무슨 일이길래, 그가 우는가 (또는 '울게 되었는가')? / 일루의 사랑받는 아이가 눈물을 흘리는가?" (1.14:I:38–41)
- *bᶜl ṯbr diy hmt / tqˈln tḥt pᶜnh* "바알루는 그들의 날개를 꺾어버렸다, / (그래서) 그들이 그의 발치에 떨어졌다" (1.19:III:9f.)

  해설: 접속사 없이 연결
- *bᶜl ṯbr diy hwt / w yql tḥt pᶜnh* "바알루는 그들의 날개를 꺾어버렸다, / 그래서 그들이 그의 발치에 떨어졌다" (1.19:III:23f.)

---

302) 또는 결과문으로 보아 이렇게 옮길 수도 있다. "그는 그들을 위해 틈을 크게 벌려 그들이 들어올 수 있었다."

303) 구문론적으로 볼 때, 전치사 *l*가 이끄는 전치사구는 목적의 의미를 표현할 수 있다.
l lḥm l šty ṣḥtkm "먹기 위해서 (그리고) 마시기 위해서 나는 너희를 불렀다" (1.15:IV:27; 1.15:VI:4–5).

10. 텍스트 예제와 연습

101. KTU 4.169[304]; RS 15.083; 필사본은 초판본인 PRU 2, Nr. 123에 실려 있다.
장르: 경제 문서(무기 목록)

라틴문자로 옮겨 적으시오.

arb^{c}m . qšt .
alp . ḥẓm . w alp
nṯq . ṯn . ql^{c}m
ḫmš . ṣmdm . w ḥrṣ
ṯryn . ššwm
ṯryn . aḥd . d bnš
arb^{c} . ṣmdm . apnt
w ḥrṣ
tš^{c}m . mrḥ . aḥd
kbd

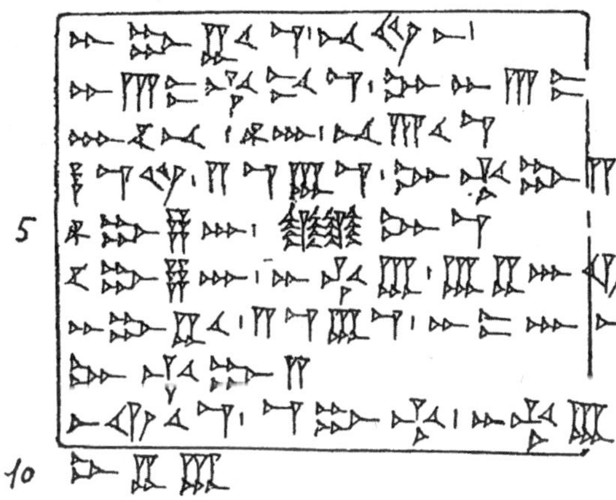

우리말 번역

마흔 개의 활
천 개의 화살 그리고 천 개의
던지는 무기, 두 개의 방패
다섯 쌍(의 바퀴?) 그리고 예비품
말들을 위한 갑옷
인간을 위한 갑옷 한 개
네 쌍의 바퀴
그리고 예비품

304) KTU 제2판(KTU^{2})의 번호를 의미한다. 우가릿어를 알파벳으로 옮겨 적는 체계는 KTU^{2}와 같다. '초판본'으로 옮긴 editio princeps는 일반적으로 고서 따위의 초판본을 일컫는 말이지만, 여기서는 최초의 연구서를 의미한다.

아흔 개의 창에 하나
10 더하기(아흔 한 개의 창).

주석과 분석

1행

arbᶜm "마흔, 사십", 40(§62.4)

qšt /qaštu/ "활", 단수형 절대상태(§62.4)

2–3a행

alp "천千, 1000"(§62.8)

ḥẓ /ḥiẓẓu/ "화살, 살", 복수형 절대상태

w "그리고"(§83.1①)

nṯq 던지는 무기의 일종, 정확한 뜻은 불분명

3b행

ṯn "둘, 2"(§62.12)

qlᶜ "방패", 쌍수 절대상태, *ṯn*/*ṯt* 뒤에는 쌍수형태가 따름(§62.12)

4–5행

ḫmš "다섯"(§62.1)

ṣmd /ṣimdu/ "쌍", 복수형 절대상태(§67)

ḥrṣ "예비품"(?)(어원이 분명하지 않다)

ṯryn "투구 또는 갑옷", 연계상태

ššw "말"馬, 복수형 절대상태

6행

aḥd "하나"(기수), 남성 단수(§62.1; §91.21)

d 한정대명사(§44; §91.32)

bnš /bunušu/ "인간, 사람"(§33.25; §51.9)

7–8행

arbᶜ "넷, 4"(§62.1)

apn /ʾapannu/(?) "바퀴", *apnt*는 복수 절대형에 여성형 어미가 결합(§53.3)

그림에서 보듯 Virolleaud가 손으로 작성한 최초의 토판 그림에는 8째 줄의 단어 구분선 2개가 없다. 그런데 KTU²는 *w. ḥrṣ.*로 옮겼다. *w ḥrṣ.*가 옳을 것이다.

9–10행

tš^{c}*m* "아흔, 90"(§62.4)
mrḥ /*murḥu*/ 〈 **rmḥ* "창"槍(§33.18)
kbd "더하여, 더하기"(§62.3)
tš^{c}*m* ··· *aḥd kbd* "아흔 개의 ···와 하나 더하기", 곧 "아흔한 개의 ···"(§62.5)

102. KTU 4.284; RS 17.285; 필사본은 초판본인 PRU 2, Nr. 126에 실려 있다.
장르: 경제 문서(직물, 곡식, 술과 기름의 목록)

라틴문자로 옮겨 적기를 직접 해 보라.

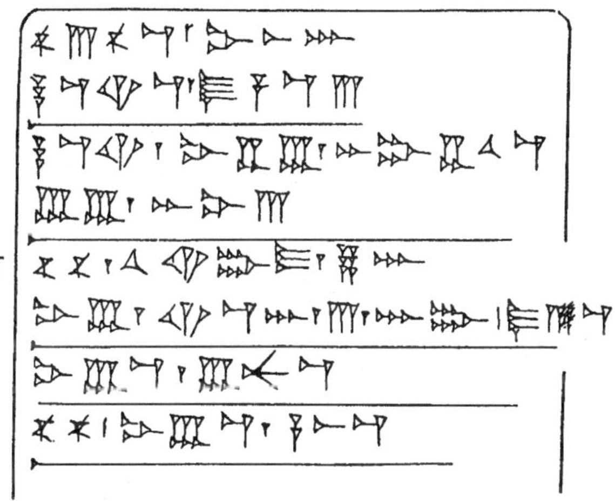

ṯlṯm . ktn
ḫmšm . izml

____

ḫmš . kbd . arb^{c}*m*
dd . akl

____

ṯṯ . ^{c}*šrh . yn*
kd . šmn . l . nr . ilm

____

kdm . dǧm

____

ṯṯ . kdm . ztm

____

우리말 번역

삼십 개의 아마포
쉰 개의 자루

____

다섯에 더하기 마흔의(마흔다섯의)
dd-단위 먹을 것

____

5 열여섯(여섯, 열) (솥의) 포도주
신의 등잔을 위한 한 솥 기름

두 *kd*–단위의 과일주

여섯 *kd*–단위의 올리브 기름

주석과 분석

1행

ṯlṯm "서른, 30"(§62.4)

ktn /*kut*(*t*)*ānu*/ "아마亞麻, 아마포로 만든 옷감이나 옷"

2행

ḫmšm "쉰, 50"(§62.4)

izml(또는 *azml*) "자루", 또는 "자루 모양으로 생긴 것"(DLU 66b–67은 아카드어 *azamil*(*l*)*u* 에서 온 외래어라고 보았다)

3–4행

ḫmš "다섯, 5"(§62.1)

arbᶜm "마흔, 40"(§62.4)

ḫmš kbd arbᶜm "다섯에 더하기 마흔", 곧 "마흔 다섯, 45"(§62.5)

dd 곡물을 재는 단위

akl /*ʾaklu*/ "먹을 것, 음식", "곡식"

5행

ṯṯ ᶜšrh "열여섯, 16"(§62.2)

yn /*yênu*/ 〈 **yaynu* "포도주"

6행

kd /*kaddu*/ 〈 **kandu* 액체를 재는 단위(솥, 잔)

šmn /*šamnu*/ "기름"

l 전치사 "…을 위해"(§82.1)

nr /*nûru*/ "빛, 등잔", 단수형 연계상태

il /*ʾilu*/ "신", *ilm*는 복수형 절대상태 2격

7행

kdm 쌍수 절대상태 = "두 *kd*-단위"(§68)

dǧ "과일주"(?) 또는 과일주의 찌꺼기, 복수형 절대상태(아카드어 *tuḫḫu(m)*에서 온 외래어일 것이다. DLU 131a을 보라).

8행

ṯṯ "여섯, 6"(§62.1)

zt /zêtu/ 〈 **zaytu ztm*은 "올리브", *ztm*은 복수형 절대상태

103. KTU 4.136; RS 15.013; 필사본은 초판본인 PRU 2, Nr. 141에 실려 있다.
장르: 경제 문서(구리의 전달문서?)

라틴문자로 옮겨 적고, 모음부호를 다시오.

우리말 번역

1 아홉 쌍의
구리 (덩어리)는
*IRBTLM*의 손에
(준다).
4-5 하지만 가장자리 하나는
그들에게 없다.[305)]

5

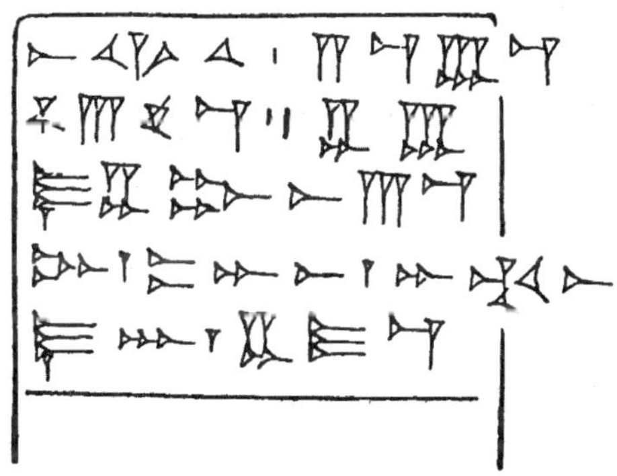

주석과 분석

1-3행

문장구성소가 하나인, 명사구가 확장된 형태의 문장(§92.4)

tš^{c} "아홉, 9"(§62.1)

ṣmd /ṣimdu/ "쌍", 여기서는 복수형 절대상태(§67)

ṯlṯ /ṯalṯu/ "구리, 동銅", 여기서는 "구리 덩어리" 또는 "구리 대야"를 의미할 것이다. *ṯlṯm*은 복수형 절대상태

305) 뜻을 정확히 알기가 어렵다. 위의 내용은 직역이며, 다음과 같은 뜻이 될 수 있다. "가장자리에 있는 자는 하나도 차지하지 못할 것이다." 또는 "아홉 쌍 가운데 가장자리의 하나가 그들에게 모자란다."

bd 합성된 전치사 "… 손 안에, … 손 안으로, … 손에서, …의"(§82.3)

ibrtlm 후리어 남성 이름, *ibr*(/*ibri*/또는 *iwr*로 쓴다)와 *tlm*의 합성

4–5행

*in*이 사용된, 문장구성소가 세 개인 명사문(§92.3)

w "그리고 (하지만)"(§83.1①), 여기서는 설명해 주는 의미다.

pat /*pi*ʾ*atu*/ "주변, 구석, 가장자리"(?)

aḥt "하나, 1"(기수), 여성 단수형(§62.1; §91.21)

in "…이 없다"(§88)

bhm 전치사 *b* + 접미대명사 3인칭 남성 복수 –*hm*(§42)

104. KTU 4.168; RS 15.082; 필사본은 초판본인 PRU 2, Nr. 107에 실려 있다.
장르: 경제 문서(인간과 신을 위한 옷감과 재료)

라틴문자로 옮겨 적으시오.

1 *ḫpn . d . iqni . w . šmt*
l . iyb^c*l*

ṯlṯm . l . mit . š^c*rt*
l . šr . ^{c}*ṯtrt*

---

5 *mlbš . ṯrmnm*
k . yṯn . w . b . bt
mlk . mlbš
ytn . lhm

šb^c *. lbšm . allm*
10 *l . ušḫry*

ṯlṯ . mat . pṯtm
l . mgmr . b . ṯlṯ
13 *šnt*

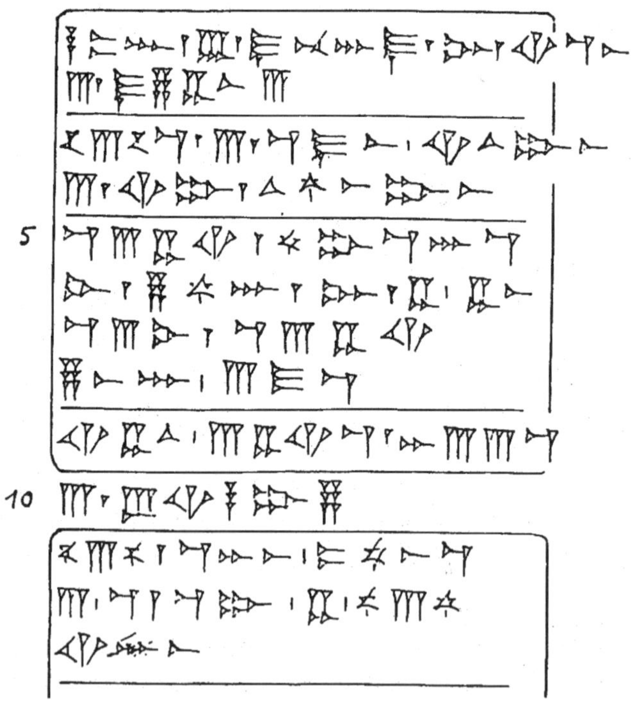

우리말 번역

1 푸른 양털과 붉은 양털로 지은 겉옷은
아유바알루에게(아유바알루의 소유다).

삼십을 백에 (더한) 양털은(양털 백삼십 세켈은)
아쓰타르투의 소리꾼에게.

---

5 *ṮRMNM*신들의 옷이다.
6 그것(옷)이 낡으면, 7 임금의 6 궁전에서
그 옷은
그들(*ṮRMNM*神들)에게 주어져야 한다.

겉옷 일곱 (벌)은 모두
10 이쉬하라신(*Išḫarā*神)에게 (바친다).

셋의 백의 아마포는(아마포 삼백 세켈은)
막마루*MGMR* 달月, 세 해
13 째에(세 해마다 막마루 달에 바친다)

주석과 분석

1–2행

ḫpn "겉옷, 걸치는 옷"

d 소유격의 관계를 만들어 주는 한정대명사(§91.32)

iqnu /*ʾiqnaʾu*/ "라피스라줄리, 청금석, 청금석 색의(곧 푸른빛이 도는 고급) 양털" 단수형 절대상태 소유격(재료를 표현하는 소유격: §91.33. 어근이 네 글자로 된 외래어. IV–ʾ)

šmt "붉은 양털", 단수형 절대상태 소유격

iybʿl 남성의 이름("바알루는 어디 계신가?" 의 뜻)

3–4행

ṯlṯm l mit "30을 100에", 곧 "백삼십, 130"(§62.7). 단위를 나타내는 "세켈"*ṯql*이 생략

šʿrt "털, 생양털"

šr "소리꾼, 가수", 단수형 또는 복수형 연계상태

ᶜṯtrt "아쓰타르투" 여신의 이름(아슈타르테*Aštarte*, 아카드의 이쉬타르 *Ishtar*에 해당)

5행

mlbš /malbašu/(?) "옷, 의류"

ṯrmn 신의 이름(낮은 등급의 신으로, 기원은 후리인들의 신), 복수형 절대상태

6–8행: 시간문

k "…할 때, …하자마자"(§83.2①)

yṯn /yâṯinu/ 기본형 어두변화 장형(또는 어미변화형), √*yṯn* 〈 **wṯn* "늙다, 나이들다", 3인칭 남성 단수, 주어는 앞의 *mlbš*

w "그렇다면", 결과절의 *w*(§97.11)

bt mlk "임금의 집, 임금의 궁전"(연계구문)

ytn /yûtanu/ √*ytn* "주다"의 Gp형 어두변화형 3인칭 남성 단수

lhm 전치사 *l* + 접미대명사 3인칭 남성 복수(앞의 *ṯrmnm*을 가리킴)

9–10행

šbᶜ "일곱, 7"(§62.1)

lbš "옷, 의류", 복수형 절대상태

all 모든 종류의 겉옷을 통칭한다. 어근은 후리어, 앞의 *lbšm*과 동격

ušḫry(또는 *išḫry*로도 쓴다) 여신의 이름으로 "이쉬하라" 또는 "우쉬하라"

11–13행

ṯlṯ mat "셋의 백", 곧 "삼백 300"(§62.6), 단위를 나타내는 "세켈"*ṯql*이 생략되었다(§68).

pṯt "아마"亞麻, 복수형.

mgmr "막마루 달", 한 해의 어떤 달의 이름

šnt /šanatu/ "해, 년年", 복수형 절대상태

105. KTU 3.3; RS 15.128; 필사본은 초판본인 PRU 2, Nr. 161에 실려 있다. 사진은 PRU 2, pl. XXV에 있다.

장르: 보증서

라틴문자로 옮겨 적으시오.

1 *spr* . ^{c}*rbnm*
2 *dt* . ^{c}*rb*
3 *b* . *mtn* . *bn* . *ayaḫ*
4 *b* . *ḫbṯh* . *ḥwt* . *ṯth*
5 *w* . *mnm* . *šalm*
6 *dt* . *tknn*
7 ^{c}*l* . ^{c}*rbnm*
8 *hnhmt*
9 *tknn*

---

10 *mtn* . *bn* . ^{c}*bdym*
ilrb . *bn* . *ilyn*
^{c}*bdadt* . *bn* . ^{c}*bdkb*
13 *gn*^{c}*ym*

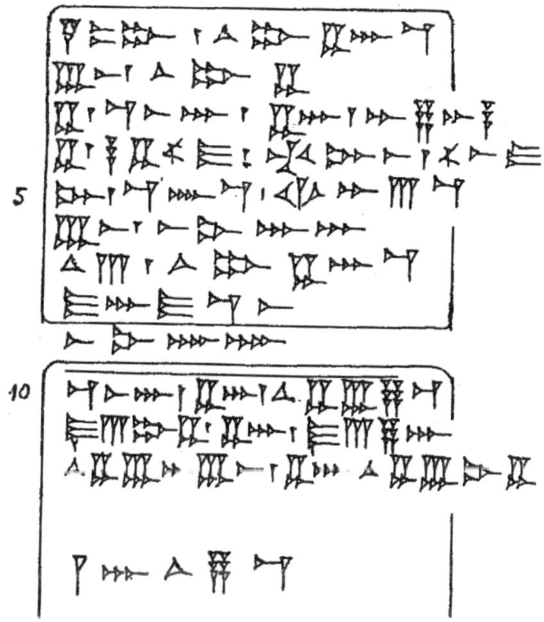

우리말 번역(매끄러운 우리말 번역을 위해 줄바꿈하였다)

1 보증서.[306]
3 아유아흐의 아들 무타누를
2 이 (문서)는 보증한다.
4 그가 다른 땅으로 도망친다면,
6 존재할 수 있는(또는 존재하는)
5 (그 밖의) 어떤 요구든(그 밖의 어떤 것이든 위 사람과 관련된 요구는)
7–8 다음의 보증인들에게
9 (책임이) 있다([책임을] 세운다).

---

306) 직역: "보증들의 문서."

10 압두야미의 아들 무타누
일루예니의 아들 일루랍부
압둑카비의 아들 압두아닷티
13 간아 사람들.

주석과 분석

1행

문장구성소가 하나인 명사문(§92.4), 이 문서의 제목

spr /sipru/ "글, 문헌, 서류", 단수형 연계상태

ˁrbn /ˁurub(b)ānu/(?) √*ˁrb* "보증"

2-4행

수식하는 관계문(§97.1)

dt 관계대명사 남성 복수(§44)

ˁrb /ˁarabū/ √*ˁrb* "들어서다, 보증하다", 어미변화형 3인칭 남성 복수

b 전치사 "…을 위해"

mtn /mutānu/(?) 남성의 이름

bn /binu/ "아들", 단수형 연계상태

ayaẖ 남성의 이름(*ay* "어떤?" 또는 "어디?" + *aẖ* "형제")

*ẖbṯ*동사 √*ẖbṯ* "풀려나다, 뛰어가버리다, 도망치다"의 명사형태

(이 어근의 파생형 가운데에는 *b*가 *p*로 대치되어 *ẖpṯ*의 형태가 되는 것도 있다. §33.12)

b ẖbṯh 조건의 의미를 지니는 전치사구, "그가 도망칠 경우"(§97.9)

ḥwt [ḥowwatu] 〈 **ḥawwatu*[307] "땅" 단수형, 종착격 또는 목적격

ṯt /ṯa/ittu/ 〈 **ṯa/intu/* "둘째, 다른" 종착격 어미 *-h*가 붙은 형용사 여성 단수형[308]

5-6행

수식하는 관계문이 포함된 주어문(§97.3)

mnm 부정대명사(§46.2)

šil /šiˀlu/ "요구", 복수형 절대상태 */šiˀalūma/*(§53.3)

---

307) 음절문자: *ẖu-wa-tu*$_4$ (RS 20.123+:II:4').

308) 종착격어미 *-h*는 여기서 한정하는 형용사에만 붙고, 명사(*ḥwt*)에는 붙지 않았다. 이것은 정서법의 오류일 수 있다(§54.3).

dt 관계대명사 남성 복수

tknn /*takûnūna*/ √*kwn* "있다, 존재하다"의 기본형G 어두변화 장형 3인칭 남성 복수

7–9행

주문장(결과절)

ᶜl 전치사 "…위에, …에 지워"(§82.2)

hnhmt "저, 저것, 이하의 것", 떨어진 것을 가리키는 지시대명사 남성 복수형 (§43.2)

tknn √*kwn*의 기본형G 어두변화 장형 3인칭 남성 복수(위 6행)

10–13행

증인들의 목록(모두 남성의 이름으로, '*A*의 아들 *B*' 식으로 쓴다. 각 이름의 의미는 다음과 같다)

ᶜbdym /*ᶜabdu–yamm–*/ "얌무의 종"

ilrb /*ʾilu–rabb–*/ "신은 위대하시다"

ᶜbdadt /*ᶜabdu–ʾadatt–*/ "여주인님의 종"

gnᶜym 민족의 이름, 남성 복수형 절대상태, "*Ganᶜā*의 사람들"

106. KTU 3.2:1–18; RS 15.111; 필사본은 초판본인 PRU 2, Nr. 9에 실려 있다. 사진은 PRU 2, pl. VI에 있다.

장르: 임금의 증여 증서(봉인되어 눌린 흔적이 문서에 있다)

라틴 문자로 옮겨 적으시오.

1 *l ym . hnd*[309]
2 ^{c}*mṯtmr*
3 *bn . nqmp*^{c}
4 *mlk . ugrt*
5 *ytn . bt . annḍr*
6 *bn* [. ag]*ytn . bnš*
7 [ml]*k . d b riš*

[w . yt]n(.)*nn*[310]
[l ^{c}b]d*mlk*
10 [bn .] a*mtrn*

[w l .] *bnh .* ^{c}*d*
[^{c}l]*m . mnk*
*m*n*km . l . yqḥ*
bt . hnd . bd
15 ^{c}*bdmlk*
bn . amtrn
w [b]*d . bnh .* ^{c}*d .* ^{c}*lm*
18 [w u]*nṯ . in*[n] *. bh*[311]

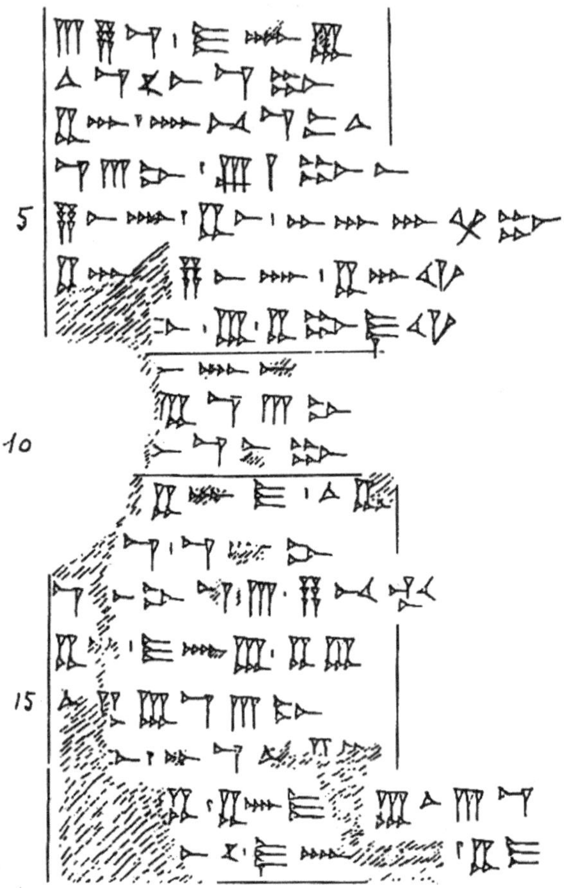

309) 이 문서에서는 {n}을 적는 데 쐐기 네 개를 쓴다.

310) KTU²는 [*w y*]*tnn*이라고 읽었다. 초판본도 분명하지 않다.

311) KTU²는 *in mn*[*m*] *bh*라고 읽는다. 이 문서와 매우 비슷한 KTU 3.4:16f.; 3.5:20f.의 영향을 받았음직하다.

우리말 번역(매끄러운 우리말 번역을 위해 줄바꿈하였다)[312)]

3 니크메파으 (임금)의 아들이자
4 우가릿의 임금인
2 암미쓰탐루 2세가
7 라슈 안에 (사는/있는) 임금의
6 공무원인 *AGYTN*의 아들
5 *ANNḌR*에게 (이) 집을 준[313)]
1 이 날에(오늘)

---

8 그런데 그는 그것을 주었다,
9–10 *AMTRN*의 아들 압두말키에게.

---

11 그리고 그의 아들들에게 영원
12 토록. 그 누구도
13 절대로 빼앗지 못한다,
16 *AMTRN*의 아들
14–15 압두말키의 손에서 이 집을.
17 그리고 그 아들들의 손에서 영원토록.
18 그리고 *unṯ*-의무는 그에게 없다.

---

312) 전문을 우리말로 쉽게 옮겨 보면 다음과 같다.
"니크메파으 임금의 아들이자 우가릿의 임금인 암미쓰탐루 2세가
임금의 공무원이자 *Agytn*의 아들 *Annḍr*에게
라슈에 있는 집을 주었던 이 날을 맞이하여,
임금은 그 집을 *Amtrn*의 아들 압두말리쿠와 그의 아들들에게 영원토록 주었다.
그 누구도 이 집을
*Amtrn*의 아들 압두말리쿠와 그의 아들들의 손에서 영원토록 절대로 뺏지 못한다.
그리고 *unṯ*세금은 감면한다."

313) 여기서 뜻이 분명하지 않다. 구문론적으로 볼 때, 이 집이 라슈에 있다는 뜻도 되고, 집을 받는 *Annḍr*가 라슈에 산다는 뜻도 된다.

주석과 분석

1–7a행

*l*가 이끄는 종속문으로서 시간문이다. 주문장은 8행에서 시작하는 동사문이다.

*l ym hnd*는 아카드어의 *ištu ūmim annim*에 해당하는, 시간을 제시하는 정식화된 문장으로 "이 날에"(오늘)의 뜻이다.

ym /*yômu*/ "하루, 날日"

hnd "이, 이것", 지시대명사(§43.1)

ᶜmṯtmr 임금의 이름 "암미쓰탐루*ᶜAmmiṯtamru* 2세"(대략 1260–1235)

nqmpᶜ 임금의 이름 "니크메파으"*Niqmepaᶜ*(대략 1313–1260)

mlk /*malku*/ "임금", 단수형 연계상태

ugrt /*ʾugarit*/ 지명 "우가릿"

ytn /*yatana*/ √*ytn*의 기본형G 어미변화형 3인칭 남성 단수

bt /*bêtu*/ "집", 단수형 연계상태 목적격

annḍr 사람 이름

agytn 사람 이름

bnš "사람, 공무원", 단수형 연계상태

7b행

수식하는 관계문인 명사문

d 관계대명사, 앞의 *bt* "집" 또는 사람 이름 *annḍr*를 의미

riš 지명 "라슈"*Raʾšu*

8–12a행: 동사문

w "그리고, 그런데", 여기서는 부연 설명하는 의미

ytnnn /*yatana-nVnnŭ*/〈 *yatana-nVn-hŭ* 5행의 동사 *ytn*이 다시 사용되었다. 기본형G 어미변화형 3인칭 남성 단수 + 강조어미 II + 목적을 의미하는 접미대명사 3인칭 남성 단수(*bt* "집"을 의미). 소유격어미 –*hu*가 강조어미 –*nVn*–에 동화되어 –*nŭ*가 되었음에 주의하라(/–*nVnnŭ*/〈 –*nVn*–*hŭ*).

ᶜbdmlk /*ᶜabdu-mal(i)k*–/ 사람 이름("말리쿠 신의 종")

amtrn 사람 이름

bn "아들" 복수형, 대명사와 결합된 상태

ᶜd 전치사 "…까지"(§82.2)

ᶜlm /*ᶜālamu*/ "영원"

12b–17행: 동사문

mnk 부정대명사 "누군가" 부정하는 불변화사와 함께 사용될 때는 "아무도"(§46.1)

mnk mnkm "절대로 아무도"(§89.2⑤)

yqḥ /*yiqqaḥu*/ √*lqḥ* "취하다, 가져가 버리다, 빼앗다"의 기본형G 어두변화 장형 3인칭 남성 단수(§75.4)

l yqḥ 동사가 부정되는 형태(§77.5②)

bd "… 손 안에, … 손 안으로, … 손에서, …의"(§82.3)

18행

문장구성소가 세 개인 명사문(§92.3)

unṯ /*ʾunuṯṯu*/ "*unṯ*–의무", 후리어에서 온 외래어로 아카드어의 *ilku*/*pilku*에 해당한다. 신화의 의무 또는 토지점유에 따르는 세금의 일종으로 추측할 뿐이다(DLU 41 이하).

in[*n*] "…이 없다"(§88), 하지만 글자가 분명하지 않다. *innm*이나 *inm*으로 읽을 수도 있다.

bh 전치사 *b* + 접미대명사 3인칭 남성 단수

19행 이하에 몇 줄이 더 있는 것은 분명하지만 심하게 훼손되어 읽을 수 없다. KTU[2], 200b의 각주 1을 보라.

107. RS 92.2010: 초판본은 in RSOu 14에 실려 있는데, KTU^{2}에는 포함되지 않았다(아래 그림은 Bordreuil/Pardee, *Manual*, 130).

문학 장르: 서간

라틴문자로 옮겨 적으시오.

원문	모음부호를 붙인 시도[314)]
l ḫḏmrt	*lĭ Ḫiḏmirata/i*
b^{c}ly . rgm	*ba^{c}li–ya r^{u}gum*
tḥm . anntn	*taḥmu ʾAnantēna*[315)]
^{c}bdk . ilm	*^{c}abdi–ka ʾilūma*
tǧrk . tšlmk	*taǧǧurū–ka tušallimū–kă*
l p^{c}n . b^{c}ly	*lĭ pa^{c}nê ba^{c}li–ya*
šb^{c}d . w šb^{c}d	*šab^{c}ida wa šab^{c}ida*
mrḥqtm	*marḥaqtŭmma*
qlt . w hnn	*qâ/îltu wa ha/innānu*
^{c}m ^{c}bdk	*^{c}imma ^{c}abdi–kă*
mid . šlm	*maʾda šulmu*
w b^{c}ly	*wa ba^{c}la/i–ya*[316)]
šlmh	*šulma–hŭ*
w šlm	*wa šulma*
nkly	*Nikkaliya*
w šlm	*wa šulma*
bth . w šlm	*bêti–hŭ wa šulma*
šm^{c} rgmk	*šāmi^{c}i/ī rigmi–kă*
n^{c}m at ṯṯb	*na^{c}īmi ʾatta ṯaṯîb*
^{c}m ^{c}bdk	*^{c}imma ^{c}abdi–kă*
w b^{c}ly bt	*wa ba^{c}la/i–ya bêta*
^{c}bdh . al	*^{c}abdi–hŭ ʾal*
yb^{c}r	*yuba^{cc}ir*
b ydh	*bi yadi–hŭ*

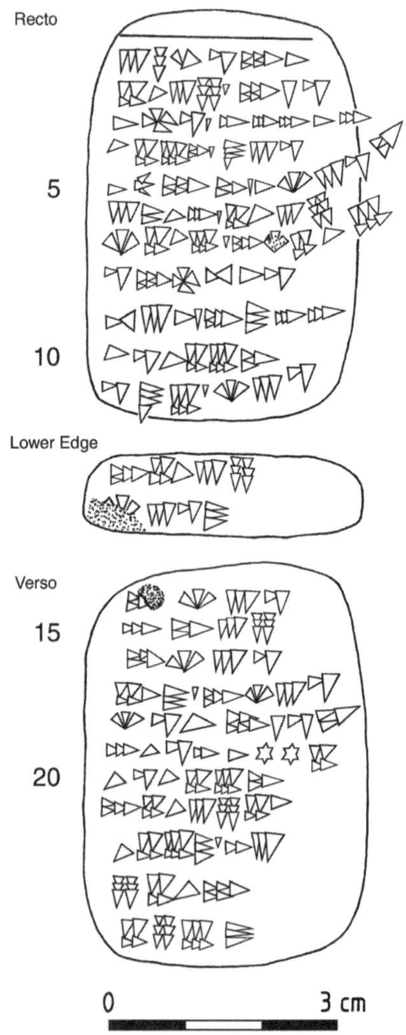

우리말 번역(매끄러운 우리말 번역을 위해 줄바꿈하였다)[317]

1–2a	내 주님이신 히드미라투님 귀하.
2b	말씀하소서!
3–4a	당신의 종 아나테누의 소식입니다.
4b	신들은
5	당신을 보호하소서, 당신을 평안케 하소서!
6	내 주님의 발치에
7	일곱 번 그리고 (또) 일곱 번
8	먼거리에서
9a	저는 엎드립니다.[318]
9b	그리고 여기서
10	당신의 종과 함께
11	큰 평화가 있습니다.
12	그리고 내 주님께 대해서 (입니다).
13	그분의 평화를
14–15	그리고 닉칼리야의 평화를
16–17a	그리고 그분의 집의 평화를

---

314) Bordreuil/Pardee, *Manual*, 244와 비교하라.

315) 이중격 변화일 것이다(§54.12)

316) 절대상태의 펜덴스일 수 있다(§54.94).

317) 이 편지 전문을 우리말로 쉽게 풀어 옮기면 다음과 같다.

"내 주님이신 히드미라투님 귀하
말씀하소서!
당신의 종 아나테누의 소식입니다.
신들은 당신을 보호하소서, 당신을 평안케 하소서!
먼거리에서 내 주님의 발치에 일곱 번 그리고 또 일곱 번 엎드려 인사합니다.
이제 여기 당신의 종에게는 큰 평화가 찾아왔습니다.
그래서 내 주님에 대해 말합니다.
그분의 평화와, 닉칼리야의 평화와, 그분의 집의 평화와, 당신의 사랑스러운 말씀을 듣는 자의 평화를, 제발 당신의 종에게도 되돌려 주소서.
또 내 주님께 대해 말합니다.
제발 그분 종의 집을 손수 파괴하지 마소서."

318) 직역: "저는 떨어집니다."

17b–19a 당신의 사랑스러운 말씀을 듣는 자의 평화를
20 당신의 종에게
19b 되돌려 주소서.
21a 그리고 내 주님께 대해 (말합니다).
21b–22a 그의 종의 집을
24 그의 손으로
22b–23 파괴하지 않게 하소서.

주석과 분석

1–2행

ḫḏmrt "히드미라투"*Ḫidmiratu*, 사람 이름(후리어)

bˁl "주主, 주인(님)", 단수 대명사 소유격

bˁl–y(§42)

rgm √*rgm* "말하다"의 기본형G 명령형 남성 단수

2b–4a행

문장구성소가 하나인 명사구(§92.4)

tḥm "소식, 알림"(어근은 불분명하다; 아카드어 *ṭēmu*(*m*) "소식")

anntn "아나테누"*ˀAnatēnu*, 사람 이름

ˁbd "종, 시종"

4b–5행

tǵr √*nǵr* "보호하다, 보존하다"의 기본형G 어두변화 단형 의지법 3인칭 남성 복수(§75.4)

tšlm √*šlm*의 중첩형D "평안을 지키다, 온전히 지키다"의 어두변화 단형 3인칭 남성 복수, 내용적으로 긴밀히 연관된 한정동사 두 개가 접속사 없이 나란히 놓였다. 둘 다 2인칭 남성 단수 목적접미대명사가 붙었다.

6–9a행

pˁn 〈 **pˁm*(히브리어 *paˁam*과 비교) "발", 쌍수형 연계상태.

šbˁd 곱절을 표현하는 숫자 '일곱 번' (§65.1③)

다음의 축약이다. **šabˁa–ˀida* 〈 **šabˁa–ˀi+da*

mrḥqtm, 이 단어는 다음 두 가지 방법으로 이해할 수 있다.

① 전치사 **mn* /*min*/ "…로부터"(§82.2 각주 244 참고) + *rḥqtm*, "먼 거리"

② 명사 *mrḥqt* "먼 거리"의 위치격 + *–m*(§54.4)

이 가운데 둘째 것이 더 설득력 있다. 우가릿어 *mrḥqtm*는 아카드어 서간 양식의 일부인 *ištu rūqiš* "먼 곳에서"에 대응한다.

qlt √*qyl* "떨어지다"의 기본형G 어미변화형 1인칭 통성 단수; 동사가 문장을 맺는다(§93.4⑤).

9b–11행: 명사문

hnn "여기서"(§81.1)

ᶜ*m* 전치사 "… 옆에, … 함께"(§82.2)

mid "매우, 매우 많이"(§81.3)

šlm "평화, 안녕, 평안"(또는 √*šlm* '평안하다' 의 기본형G 어미변화형 3인칭 남성 단수)

12–20행: 펜덴스구문, 인칭이 바뀜(§94; §95)

nkly "닉칼리야"*Nikkaliya* 여성형 인명

*šm*ᶜ √*šm*ᶜ "듣다"의 기본형G 분사 능동 남성 단수형 또는 복수형 연계상태

rgm "목소리"

*n*ᶜ*m* 형용사 "기분 좋은, 사랑스러운", 꾸며 주는 위치에 있다(§91.23).

at 인칭대명사 "너, 당신"(§41) 앞의 *b*ᶜ*ly*를 가리킨다(12행).

ṯṯb √*ṯwb*의 사역형Š "되돌려 주다, 되갚다"의 명령형 남성 단수(§33.17)

ᶜ*m* 전치사, 여기서는 방향을 지시한다(*l* '…으로' 와 비슷한 뜻으로 쓰였다)

21–24행: 펜덴스구문

bt "집", 단수형 연계상태

al 부정하는 불변화사(§87)

*yb*ᶜ*r* √*b*ᶜ*r*의 중첩형D "파괴하다, 없애다, 근절하다"의[319] 어두변화 단형 의지법 3인칭 남성 단수

b ydh "그의 손으로"(손수, 직접)

---

319) 또는 "불붙이다, 태워버리다" 또는 "치우다, 멀리 두다(?)"

108. KTU 1.2:IV:6–26; RS 3.367+; 초판본은 CTA 2로서, 필사본이(Fig. 6) 사진과 (pl. III) 함께 실려 있다(아래 그림은 Bordreuil/Pardee, *Manual*, 98).

장르: 신화적 서사시(바알 신화집)

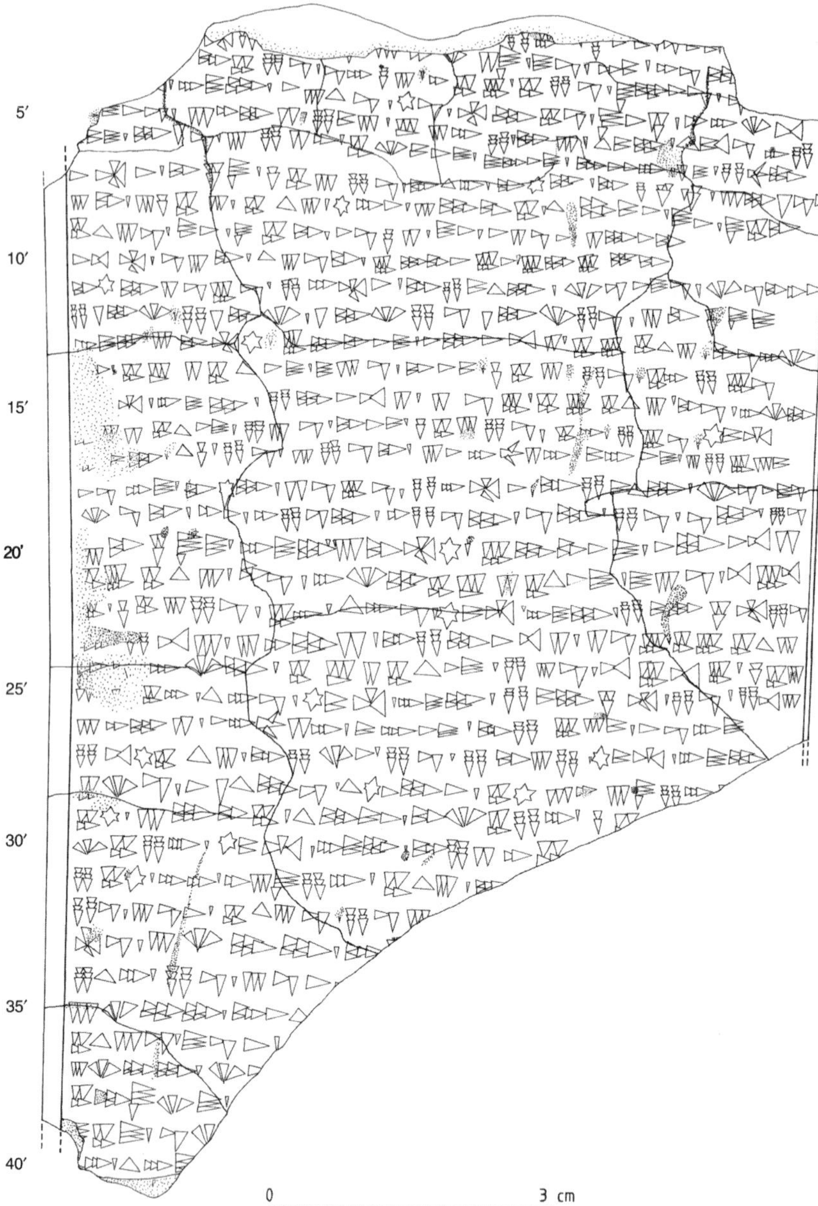

라틴문자로 옮겨 적으시오(연이 시작할 때는 왼쪽에 붙여 썼다).[320]

(6) [b] ph . rgm . l yṣa .
b špth . hwth . w ttn . gh .
yǧr (7) tḥt . ksi . zbl . ym .
w ^{c}n . kṯr . w ḫss .
l rgmt (8) lk . l zbl . b^{c}l .
ṯnt . l rkb . ^{c}rpt .
ht . ibk (9) b^{c}lm .
ht . ibk . tmḫṣ .
ht . tṣmt ṣrtk
(10) tqḥ . mlk . ^{c}lmk .
drkt . dt . drdrk .
(11) kṯr ṣmdm . ynḥt .
w yp^{c}r . šmthm .
šmk at (12) ygrš .
ygrš . grš ym
grš ym . l ksih
(13) nhr l kḥṯ . drkth .
trtqs . bd b^{c}l .
km nš(14)r . b uṣb^{c}th .
hlm . ktp . zbl . ym .
bn ydm (15) [ṯp]ṭ nhr .
yrtqṣ . ṣmd . bd b^{c}l .
km . nšr (16) b uṣb^{c}th .
ylm . ktp . zbl ym .
bn . ydm . ṯpṭ (17) nhr .
^{c}z . ym . l ymk .
l tngṣ̆n [.] pnth .

---

320) 운문에서 한 행을 콜론Kolon이라 한다. 한 연은 행이 하나Monokolon 또는 둘Bikolon 또는 셋Trikolon으로 이루어진다. 같은 연에 속하는 두세 줄의 행Kolon들 사이에서 동의어나 대립어 또는 동일 주제나 대립 주제 등이 대구 등을 이루는 문학적 구조를 발견할 수 있다. 이런 형식 또는 내용적 요소들의 병행을 '요소병행' Parallelismus membrorum이라 한다.

l ydlp (18) *tmnh .*
kt̲r . ṣmdm . ynḥt .
w ypʿr . šmthm
(19) *šmk . at . aymr .*
aymr . mr . ym .
mr . ym (20) *l ksih .*
nhr . l kḥt̲ . drkth .
trtqṣ (21) *bd bʿl .*
km . nšr b uṣbʿth .
hlm . qdq(22)*d . zbl ym .*
bn . ʿnm . t̲pṭ . nhr .
yprsḥ ym
(23) *w yql . l arṣ .*
w yrtqṣ . ṣmd . bd bʿl
(24) *km* [.] *nšr . b uṣbʿth .*
ylm . qdqd . zbl (25) *ym .*
bn ʿnm . t̲pṭ . nhr .
yprsḥ . ym .
yql (26) *l arṣ .*
tnǧṣn . pnth .
w ydlp . tmnh

우리말 번역

"바알루가 쓰러지는구나"

6 그녀의 입에서 말이 간신히 흘러 나왔다,
그녀의 입술에서 그녀의 말씀이.[321] 그녀는 소리를 내었다.[322]
"그는 가라앉으리라, 7 영도자 얌무의 권좌 아래로!"

---

321) 앞의 문장을 시간문으로 하면 "그/그녀의 입에서 말이 나오지 않고, 그/그녀의 입술에서 그/그녀의 말씀이 나오지 않자/않았을 때"이다.

322) 직역: "그/그녀의 소리를 주다."

코싸루와하시수: "바알루여, 일어나 적을 무찌르소서!"

그러자 코싸루와하시수가 대답하였다.
"진정으로 제가 8 당신께, 영도자이신 바알루께 7 아뢥니다.
　　구름을 타고 달리시는 분께 되풀이합니다.
이제, 당신의 적을 9 오 바알루여,
　　이제 당신의 적을 치소서.
　　이제 당신의 적수를 무찌르소서!
10 영원히 당신의 왕국을 취하소서![323]
　　세세대대로 영원무궁히!"

야그리슈: 첫째 무기

11 코싸루는 무기 두 개를 깎아 만들었다.
　　그리고 그들의 이름을 선포하였다.
"너의 이름은 바로 12 야그리슈,[324]
야그리슈, 얌무를 내쫓아라!
　　얌무를 그의 자리에서 내쫓아라!
　　13 나하루를 통치하는 권좌에서!
바알루님의 손에서 날렵히 빠져 나가라!
　　독수리14처럼 그의 손가락에서.
영도자 얌무를, (그의) 어깨를 쳐라!
　　15 판관 나하루를! 14 (그의) 두 팔 사이를!"[325]

야그리슈가 얌무를 쳤지만 얌무는 끄떡없다.

그 무기는 바알루의 손에서 날렵히 빠져 나갔다,
　　독수리처럼 16 그의 손가락에서.
그것은 영도자 얌무를, (그의) 어깨를 쳤다.
　　판관 17 나하루를, 16 (그의) 두 팔 사이를.
얌무는 강했다, 그는 가라앉지 않았다.

323) 또는 "당신의 영원한 왕국을 취하소서"(§91.31.32 참조).
324) 직역: "너의 이름, 너는 야그리슈!"
325) "두 팔(들) 사이"는 등이나 허리를 말한다.

그의 척추는 흔들리지 않았다.
18 그의 형체는 17 비틀거리지 않았다.

아유무루: 둘째 무기

18 코싸루는 무기 두 개를 깎아 만들었다.
그리고 그들의 이름을 선포하였다.
19 "너의 이름은 바로 아유무루![326]
아유무루! 얌무를 몰아내라!
얌무를 20 그의 자리에서 19 몰아내라!
20 나하루를 통치하는 권좌에서!
21 바알루님의 손에서 20 날렵히 빠져 나가라!
독수리처럼 그의 손가락에서.
영도자 얌무의 정수리22를 쳐라!
판관 나하루의 두 눈 사이를!
얌무는 추락할 것이요
23 그는 땅으로 떨어질 것이다!"

아유무루가 얌무를 쳐 드디어 얌무가 쓰러졌다.

그 무기는 바알루의 손에서 날렵히 빠져 나갔다.
24 독수리처럼 그의 손가락에서
그것은 영도자 얌무의 정수리를 쳤다.
25 판관 나하루의 두 눈 사이를.
얌무는 추락하였다.
그는 26 땅으로 25 떨어졌다.
26 그의 척추는 흔들렸다.
그의 형체는 비틀거렸다.

주석과 분석

6–7a행: 시간문이 사용된 복합문(§97.82)

b 전치사, 여기서는 "…에서"의 뜻

326) 직역: "너의 이름, 너는 아유무루!"

rgm /*rigmu*/ "말씀"

yṣa /*yaṣaʾa*/ √*yṣʾ* 기본형G "…에서 나오다"의 어미변화형 3인칭 남성 단수

špt /*šap(a)tu*/ "입술"

hwt [howātu] 〈 **hawâtu* "말씀"(*rgm*과 병행)

ttn √*ytn* "주다"의 기본형G 부정사(§73.62) 단수형 연계상태, 1열왕 6,19; 17,14의 히브리어 *t-t-n*(√*ntn*)과 비교하라.

g /*gû*/ "목소리"(§51.2)

yǵr /*yaǵûr*/ √*ǵwr* 기본형G "가라앉다"의 어두변화 단형 직설법 3인칭 남성 단수(아랍어 √*ǵwr*와 비교하라)

tḥt 전치사 "… 아래"(§82.2)

ksu /*kussiʾu*/ "왕좌", 단수형 연계상태 소유격(수메르어에서 기원한 외래어)

zbl /*zub(b)ulu*/(?) "영도자"

ym 신명神名 "얌무"(바다의 신)

7b행

ʿn /*ʿanâ*/ √*ʿny*의 기본형G "대답하다, 말하다"의 부정사 절대형(§73.64: 설화체에서) 또는 기본형G 어미변화형 3인칭 남성 단수(§75.53)

kṯr w ḫss 신명神名 "코싸루와하시수"*Kôṯaru-wa-Ḫasīsu*, '솜씨 좋고 슬기로운'의 뜻으로 '코싸루' 신과 '하시수' 신이 합쳐진 이름

7c-8a행

l 확언의 불변화사(§85)

rgmt /*ragamtu*/ √*rgm*의 기본형G "말하다"의 어미변화형 1인칭 통성 단수, 여기서는 수행적 기능(§76.55).

l(*zbl*과 *rkb* 앞에서) 호격 불변화사 "오! 아!"(§84.1)

bʿl 신명神名 "바알루"

ṯnt /*ṯanêtu*/ √*ṯny*의 기본형G "반복하다, 대답하다, 말하다"의 어미변화형 1인칭 통성 단수(*l rgmt*와 병행 §75.53)

rkb /*rākibu*/ √*rkb* 기본형G "올라타다, 타다, (마차 등을) 몰다/타다"의 분사 능동 남성 단수형 연계상태

ʿrpt /*ʿarpatu*/ "구름", 복수형 절대상태

rkb ʿrpt = 히브리어 *rokeb bāʿarābôt* "구름을 타는 분"(시편 68,5)

8b-9행: 이 연은 세 행으로 이루어져 있다. 첫째 행에서 종합된 주제가 제시되고, 주로 동의어가 병행한다. 특히 둘째, 셋째 행에서 어순이 바뀐 것에 주의하라.

ht 부사 "지금"(§81.2)

ib /ʾêbu/ "적, 원수", 여기서는 복수형 대명사결합상태

bˁl-m 호격의 신명에 불변화사 *-m*이 붙은 형태(§89.2②)

tmḫṣ /timḫaṣ/ √*mḫṣ*의 기본형G "치다, 때리다"의 어두변화 단형 의지법 2인칭 남성 단수

tṣmt /tu/ᵉṣammit/ √*ṣmt*의 중첩형D "파괴하다, 근절하다"의 어두변화 단형 의지법 2인칭 남성 단수

ṣrt "적, 적수, 적대자"(√*ṣrr*), 복수형 대명사결합상태

10행

tqḥ /tiqqaḥ/ √*lqḥ*의 기본형G 어두변화형(어두변화 단형 의지법 또는 어두변화 장형) 2인칭 남성 단수(§75.4)

mlk /mulku/ "왕국", 단수형 연계상태

drkt "지배, 주권, 통치, 권세"

dt 한정대명사 여성 단수(§44; §91.32)

drdr /dâr-dâru/ "영원토록, 무궁히"(§51.7)

11a행

ṣmd /ṣimdu/ "몽둥이, 홍두깨, 곤봉" 쌍수형 절대상태

ynḥt /yunaḥḥit/ √*nḥt*의 중첩형D "돌이나 나무를 자르다, 깎다, 형태를 만들다"의 어두변화 단형 직설법 3인칭 남성 단수(§75.4; I-*n*형 동사이기에 기본형G이 될 수 없다)

ypˁr /yipˁar/ √*pˁr*의 기본형G, "(크게) 외치다, 선포하다", 또는 중첩형D

šm /šu/imu/ "이름", 여성 복수형 어미(§53.3), 복수형 대명사결합상태

-hm 소유접미대명사 3인칭 통성 쌍수

11b-12a행

at 인칭대명사 "너"(§41) 여기서는 바로 앞에 선 접미대명사를 강조하는 역할을 한다(§92.2).

ygrš 신명神名 "야그리슈", √*grš*의 어두변화형이다(뒤에 나오는 동사들과 비교).

12b-13a행

grš √*grš*의 기본형G/중첩형D "쫓아내다"의 명령형 남성 단수

l 전치사, 여기서는 방향의 뜻 "…로부터"(§82.1)

nhr 신명神名 "나하루", "강"江의 뜻. 얌무와 병행

kḥṯ /kaḥṯu/ "왕위, 권좌"(후리어에서 온 외래어), 단수형 연계상태

13b–14a행

trtqṣ /tirtaqVṣ/ √*rqṣ*의 Gt형 "날렵하게 움직이다, 춤추다"의 어두변화 단형 의지법 2인칭 남성 단수

bd "…의 손으로/에서부터", 합성 전치사(§82.3). 이 낱말은 전치사로 볼 수도 있고 낱말 그대로 해석할 수도 있다. 아직 합성전치사로 확정되지 않았을 수도 있다.

nšr /našru/ "맹금, 독수리, 매(?)"

uṣbᶜ /ʾuṣbaᶜu/ "손가락"(§33.41), 여성 복수형(§53.3) 대명사결합상태

14b–15a행

hlm /hᵘlum/ √*hlm*의 기본형G 명령형 남성 단수(I-*h*: §75.3)

ktp /katipu/ "어깨"

bn 전치사 "… 사이에"(장소: §82.2)

yd /yadu/ "팔" 쌍수형 절대상태

ṯpṭ /ṯāpiṭu/ "판관, 지배자"

√*hlm*은 여기서 목적어를 두 개 지니는, 곧 삼중결합가 동사로 쓰였음이 분명하다(§93.3③).

15b–17a행

yrtqṣ /yirtaqVṣ/ Gt형 어두변화 단형 직설법 3인칭 남성 단수

ylm /yalum/ 〈 **yahlum* √*hlm*의 기본형G 어두변화 단형 직설법(§75.3)

17b–18a행

ᶜz /ᶜazza/ √*ᶜzz*의 기본형G "힘세다, 강하다", 상태동사의 어미변화형 3인칭 남성 단수

l 부정하는 불변화사(§87)

ymk /yamuk(kV)/ √*mkk* 또는 √*mwk*의 기본형G "가라앉다"; 어두변화단형 직설법(중복어근: §75.6)

tnǵṣn √*nǵṣ*(〈 **nǵḏ*) "흔들리다, 비틀거리다"의 어두변화 단형 직설법 또는 장형(§76.33) 3인칭 여성 복수/쌍수 또는 3인칭 여성 단수/쌍수 + 강조어미. 동사줄기는 불분명하다. 기본형G 또는 중첩형D 또는 수동형(N: 후음인 /*ǵ*/ 앞에서 *n*은 동화되지 않는다: §33.14)

pnt /pinnatu/ "구석, 허리", 복수/단수/쌍수형 대명사결합상태

ydlp √*dlp*의 기본형/중첩형(G/D) "녹다, 없어지다"(?) 또는 "흔들리다" 어두변화 단형 직설법 또는 장형 3인칭 남성 단수

tmn /*tamûnu*/ "형태"

19행

aymr 신명神名 "아유무루", 아마도 **ay*("무엇(이라도)" §46.3)에 *mr*(아래를 보라)가 결합된 형태일 것이다.

mr /*mur*(*rV*)/ √*mrr*의 기본형G "몰아내다, 쫓아내다"의 명령형 남성 단수

21–22행

qdqd /*qudqudu*/ 또는 /*qadqadu*/ "정수리, 해골"

ᶜ*n* /ᶜ*ênu*/ 〈 **ᶜaynu* "눈目; 샘, 원천"

14b–15a처럼 삼중결합가 동사가 쓰인 문장이다(§93.3③).

22b–23a행

yprsḥ /*yipparsiḥ*/ √*prsḥ*의 수동형N "떨어지다, 추락하다"의 어두변화 단형 의지법 3인칭 남성 단수(어근이 넷인 동사: §75.7)

yql /*yaqîl*/ √*qyl*의 기본형G "추락하다"의 어두변화 단형 의지법 3인칭 남성 단수

25b행

yprsḥ 수동형N 어두변화 단형 직설법 3인칭 남성 단수

yql 기본형G 어두변화 단형 직설법 3인칭 남성 단수

코싸루와하시수의 명령은 어두변화 단형 의지법으로 표현되고, 그 명령이 실행되는 것은 어두변화 단형 직설법으로 표현됨을 눈여겨보라.

109. KTU 1.14:III:50—IV:48; RS 2.[003]+; 초판본은 CTA 14로서, 필사본이(Fig. 36-37) 사진과(pl. XX-XXI) 함께 실려 있다.

장르: 서사시(케레투 서사시)

(III:50) *krt . yḫṭ . w ḥlm*

(51) ^{c}*bd . il . w hdrt*

(52) *yrtḥṣ . w yadm*

(53) *yrḥṣ . ydh . amth*

(54) *uṣb^{c}th . ^{c}d . ṯkm*

(55) ^{c}*rb . b ẓl . ḫmt .*

lqḥ (56) *imr . dbḥ . b ydh*

(57) *lla . klatnm .*

(58) *klt . lḥmh . d nzl* (59) *lqḥ .*

msrr . ^{c}ṣr . db[ḥ]

(IV:1) *yṣq . b gl . ḥtṯ . yn*

(2) b *gl . ḫrṣ . nbt .*

w ^{c}ly (3) l *ẓr . mgdl .*

*rk*b (4) *ṯkmm . ḥmt .*

nša (5) *ydh . šmmh .*

dbḥ (6) l *ṯr . abh . il .*

šrd (7) b^{c}l *. b dbḥh .*

bn dgn (8) b [m]*ṣdh .*

yrd . krt (9) [l g]*gt .*

^{c}*db . akl . l qryt*

(10) ḥṭ*t . l bt . ḫbr*

(11) yip *. lḥm . d ḫmš*

(12) [mǧ]*d . ṯdṯ . yr*[ḫm]

(13) ^{c}dn *. ngb . w*[yṣi .]

[ṣbu] (14) *ṣbi . ng*b

[. w yṣi . ^{c}dn] (15) *m^{c} .*

[ṣ]b*uh .* u[l . mad]

(16) *ṯlṯ . mat . rbt*

(17) *hlk . l alpm . ḫḏḍ*

(18) *w l . rbt . km yr*

(19) *a<u>t</u>r . <u>t</u>n . <u>t</u>n . hlk*

(20) *a<u>t</u>r . <u>t</u>l<u>t</u> . klhm*

(21) *aḥd . bth . ysgr*

(22) a*lmnt . škr* (23) *tškr .*

zbl . ᶜršm (24) *yšu .*

ᶜwr (25) *mzl . ymzl*

(26) *w ybˡl . trḫ . ḥd<u>t</u>*

(27) *ybᶜr .* l *<u>t</u>n . a<u>t</u>th*

(28) *w l nkr . mddt*

(29) *km irby tškn* (30) *šd .*

k ḥ*sn . pat* (31) *mdbr .*

tlkn (32) *ym . w <u>t</u>n .*

a*ḫr* (33) *špšm . b* <u>t</u>*l<u>t</u>*

(34) ym[*ğy .*] l *qdš* (35) *a*<u>t</u>[r]*t* [.] *ṣrm .*

w l ilt (36) *ṣd*[y]*nm .*

<u>t</u>m (37) *ydr* [.] k*rt . <u>t</u>ᶜ*

(38) *i i<u>t</u>t . a<u>t</u>rt . ṣrm*

(39) *w ilt . ṣdynm*

(40) *hm . ḥ*ry *. bty* (41) *iqḥ .*

ašᶜrb . ğlmt (42) *ḥẓry .*

<u>t</u>nh . wspm[327] (43) *atn .*

w . <u>t</u>l<u>t</u>h . ḫrṣm

(44) *ylk ym . w <u>t</u>n*

(45) *<u>t</u>l<u>t</u> . rbᶜ . ym .*

(46) *aḫr . špšm . b rbᶜ*

(47) *ymğy l udm . rbt*

(48) *w udm .* [<u>t</u>r]*rt*

---

327) 잘못 적은 것으로 보여, *kspm*으로 읽는다.

우리말 번역(매끄러운 우리말 번역을 위해 줄바꿈하였다)

III 50 케레투가 깨어 보니 꿈이었다.[328]

51 일루의 종(이 깨어 보니) 환영이었다.

52 그는 씻고 붉게 치장했다.[329]

53 그는 그의 손(에서) 그의 팔꿈치까지 씻었다,

54 그의 손가락(에서) 목덜미까지.

55 그는 천막 안으로 들어갔다.[330]

56 그는 그의 두 손으로 새끼양을 희생제물로 55 잡았다,

57 새끼염소를 그의 두 (손)으로.

58 그의 봉헌하는 빵 전부를 59 잡았다,

새의 날개를 희생제물로.

IV 1 그는 은잔에 포도주를 부었다,

2 금잔에 꿀을.

그리고 3 그는 성탑 꼭대기에 2 올랐다.

4 그는 성벽의 어깨를 3 탔다.

5 그는 그의 손을 하늘로 4 올려

6 황소이신 그의 아버지 일루에게 5 제물을 바쳤다.

7 그의 제물로 바알루에게 6 제의를 거행했다,

8 그의 식사를 통해 7 다가누의 아들에게.

9 지붕에서 8 케레투는 내려왔다.

9 그는 그 도시에 곡식을 제공했다,

10 '*ḪBR*의 딸들' 에 밀을.

11 그는 다섯 가운데 하나를 위해 빵을 구웠다,

12 여섯 달을 위해 식량을.

---

328) 창세 41,7; 1열왕 3,15과 비교하라. 꿈은 일루(엘)가 나타났음을 의미한다.

329) 씻고 붉게 치장함으로써 임금은 그 위엄을 한껏 드러낸다. 이는 전례나 전쟁을 준비하는 행위였다.

330) 직역: "천막의 그늘로 들어섰다."

13 군사가 집합하여 나아갔다,
군대 중의 14 군대가 집합하여
15 엄청난 14 군사가 나아갔다.
15 그의 군대는 거대한 힘이었다.
16 삼백만이나 되었다.[331]
17 그들은 천 명씩 폭풍우처럼 온다,
18 만 명씩 아침 비처럼.
19 둘 뒤에 (또) 둘이 갔다,
20 셋 뒤에 그들 모두가.[332]

21 홀로 있는 자는 그의 집을 닫아버렸다.
22 과부는 삯꾼을 23 고용해버렸다.
병자는 침대를 24 들고
장님은 25 (길을) 찾아 헤매는구나.
26 그리고 새로 혼인한 이도 거든다.
27 그는 다른 이에게 그의 부인을 데려간다,
28 낯선 이에게 애인을.
29 큰 메뚜기 떼처럼 그들은 30 들판을 29 뒤덮었다,
30 벌레 떼처럼 31 광야의 30 가장자리까지.

32 하루 그리고 이틀 31 그들은 걸었다.
33 사흘째 날에 태양이 진 32 다음
35 티로에 있는 아씨라투의 34 신전에 그들은 이르렀다,[333]
36 시돈의 35 여신에게.
거기에서 37 높은 신분의 케레투는 맹세하였다.
38 "여신 아씨라투는 부디 만수무강하소서!
39 또한 시돈의 여신도!

331) 일종의 과장법이다.

332) '행진'을 묘사하는 것 같다. 구체적인 모습을 추측하자면 선두는 2열 종대로 가다가 3열로 행진하는 모습일 수도 있고, '둘-둘-셋-무수'의 형태로 점차 불어나는 대열을 묘사한 것일 수도 있다.

333) 여기서 아씨라투를 "여신"으로 옮길 수도 있다.

40 제가 제 집에서 후리야를 41 취한다면,[334]
42 제가 묵는 곳으로 41 그 소녀를 들어오게 한다면,
42 은으로는 두 배를 만들어 43 저는 바칠 것이요,
또한 금으로는 세 배를!"

44 하루 그리고 이틀 그들은 걸었다,
45 사흘, 나흘째 날.
46 나흘째 날에 태양이 진 다음,
47 그들은 큰 *UDM*에 이르렀다,
48 강한 *UDM*에.

주석과 분석

이 문헌에 대한 일반적인 정보: KTU 1.14:III:52—IV:48의 본문은 KTU 1.14:II:9—III:5과 병행한다. 주된 내용은 일루가 꿈에서 말한 명령을 케레투가 실행하는 것이다.

명령을 표현하는 한정동사의 형태는 명령형, 어두변화 단형 의지법(2인칭/3인칭 남성 단수), 의지적 의미의 어미변화형(§77.24) 등 거의 대부분 의지적 기능을 지닌다. 반면 실행을 표현하는 곳에서는 대부분 어두변화 단형 직설법과 어미변화형(직설법)이 사용되었다. 그 밖에 어두변화 장형이 두 부분에서 공통으로 발견된다.

그 밖에 흥미 있는 점은, 두 부분이 세부적인 곳에서 제법 차이를 보인다는 것인데, 아래에 일부 지적해 두었다. 케레투가 티로와 시돈의 아씨라투 신전을 방문하고 거기서 맹세를 한다는 내용은 KTU 1.14:II:9—III:5에 빠져 있다. 곧 케레투는 아무런 명령 없이, 스스로 결단하여 이런 행위들을 하는 것이다.

낱말의 뜻은 따로 적지 않는다. 『우가릿어 사전』을 참고하라.

III:50행

krt "케레투" 임금. 이 서사시의 주인공이다. 모음은 확실하지 않다. 셈어 이름이 아니라면 /***kirta***/일 가능성도 있다. 전통적으로 이 이름은 "케레트"*Keret*라고 알려졌다. 우리말로는 우가릿어 주격어미 –*u*를 넣어서 "케레투"라고 옮긴다.

---

334) 혼인한다는 뜻이다.

yẖṭ /*yaẖîṭ*"/ √*ẖyṭ*의 G형 어두변화 단형 직설법

w ḥlm 명사문 "그리고 꿈이었다"

52–53행

yrtḥṣ /*yirtaḥiṣ*/ √*rḥṣ* Gt형

yadm /*yiʾʾadim*/ 〈 **yinʾadim* √*ʾdm*의 N형

yrḥṣ √*rḥṣ* G형

ydh amth "그의 손, 그의 팔꿈치"(긴밀히 연관된 의미의 두 목적어 사이에 접속사 *w* "그리고"가 빠져 있다. 한편 *amth*는 *amt*에 종착격 어미 *ẖa*가 붙은 것으로 볼 수도 있다. 곧 "팔꿈치까지" §54.3)

55행

ʿrb /*ʿaraba*/ √*ʿrb* G형 어미변화형 3인칭 남성 단수

lqḥ √*lqḥ* G형 어미변화형 3인칭 남성 단수

57행: *lla* /*laliʾa*/ 목적격이 분명하게 드러난다

klat(–)*n*–*m* 이 단어는 두 가지로 풀어볼 수 있다. 첫째는 /*kilʾatānêma*/, 곧 **klat*에(§67) 명사를 만들어 주는 접미어 /–*ān*/(§51.6)이 붙었고, 그 뒤에 쌍수를 표현하는 *m*이 있다고 보는 것이다. 둘째는 /*kilʾatānŭ̄m*(*ma*)/, 곧 쌍수를 표현하는 **ām*이 이화(異化, dissimilieren)되어 /–*ān*/이 되고, 바로 뒤에 위치격어미 /–*ŭ̄*/가(§54.4) 붙은 뒤 불변화사 접미어 –*m*이 뒤따르는 것으로 이해하는 것이다. 하지만 그 뜻은 별 차이 없다. "두 (손)으로"

58행

klt lḥmh "그의 빵 전체/모두"

IV:1–4a행

yṣq √*yṣq* G형 어미변화형 3인칭 남성 단수

ʿly /*ʿalaya*/ √*ʿly*/*w* G형 어미변화형 3인칭 남성 단수

ṯkm–*m ḥmt* "성벽의 '어깨' 또는 '등'"(§89.2③)

4b–8a행

nša /*našaʾa*/ √*nšʾ* G형 어미변화형 3인칭 남성 단수

šmm–*h* "하늘로, 하늘 쪽으로"(§54.3)

šrd √*šrd* G형 어미변화형 3인칭 남성 단수. 이 단어를 과거에는 √*yrd*의 Š형으로 보았다.

bʿl /*baʿlu*/ "바알루" 신명神名

dgn /*dagānu*/ "다가누" 신명神名

mṣd "음식, 식사"(KTU²는 *b mṣdh*를 *b*[*m*] *ṣdh*로 이해했다. 하지만 뜻은 거의 같다).

8b–10행

yrd /*yâid*/ √*yrd* G형 어두변화 단형 직설법 또는 /*yarada*/ G형 어미변화형

l 전치사 여기서는 방향의 의미 "…로부터"(§82.1)

ᶜdb /*ᶜadaba*/ G형 어미변화형 또는 /*ᶜadāb*–/ √*ᶜdb* G형 부정사 "준비시키기 위해서"

bt ḫbr 케레투가 다스리는 도시의 이름일 것이다. "*ḪBR*의 딸들"

11–12행

yip /*yaᵓpî*/ 〈 **yaᵓpiy* √*ᵓpy* G형 어두변화 단형 직설법 3인칭 남성 단수. 어두변화 단형임이 분명하다.

ḫmš 기수

ṯdṯ "여섯"(§67), 집합을 표현한다. 바로 뒤에 셈할 대상으로 복수형이 온다.

13–15a행

ᶜdn "군대, 군사"

ngb √*gbb*의 N형 어미변화형 또는 √*ngb*의 Gp/G형 어미변화형 3인칭 남성 단수

yṣi /*yaṣiᵓ*/ √*yṣᵓ* G형 어두변화 단형 직설법 3인칭 남성 단수

ṣbu ṣbi "군대의 군대" = "거대한 군대", KTU²는 14행의 셋째 글자를 {a}로 읽어 *ṣba*로 이해했다. 글자가 훼손되었긴 하지만 {i}로 읽는 데 무리가 없다.

mᶜ 형용사, 1.14:III:32–34와 비교

17–18행

hlk /*halakū*/ √*hlk* G형 어미변화형 3인칭 남성 복수

l alpm, *l rbt* 천 명씩, 만 명씩

ḫdḏ "폭풍우(처럼)"(18행의 *km yr*와 비교하라)

19–20행

aṯr ṯn ṯn hlk "둘 뒤에 (또) 둘이 갔다"

hlk /*halakā*/ √*hlk* G형 어미변화형 3인칭 남성쌍수(?)

21–23a행

aḥd "홀로 있는 이"(병행하는 1.14:II:43에서는 같은 뜻의 *yḥd*로 되어 있다)

škr 유음중첩법에 사용된 부정사(§73.64) 또는 명사로 "하인, 하루품팔이꾼"

23b–25행

ᶜrš–*m* 명사에 의존불변화사 –*m*이 붙었다.

yšu √*nšᵓ*의 어두변화 장형, 일반적이고 반복적인 사건을 표현한다(§76.33). 구체

적으로는 /*yiššaʾu*/, 곧 G형일 가능성이 크다. 하지만 /*yuššaʾu*/, 곧 Gp형일 수도 있다. *yšu*가 여기서 어두변화 장형임이 확실하기 때문에, 다음에 나오는 어두변화형들도(*ysgr, ymzl, ybˀl, ybʿr*) 장형으로 볼 수 있다.

mzl 유음중첩법에 사용된 부정사(§73.64).

26a행

ybˀl: 이 동사는 조금 까다롭다. 이 동사를 이해하는 데 대략 세 가지 길을 찾아볼 수 있다. 첫째는 병행본문(1.14:II:57)에 동사가 *yṣi* = /*yâṣiʾ*/ ([새로 결혼한 사람도] 나가야 한다)로 되어 있는 것을 근거로, 이 단어를 필사의 오류로 보는 것이다. 그러면 *yṣu* /*yâṣiʾu*/로 수정해서 읽을 수 있다. 곧 *ybl* 대신에 *yṣ!u!*로 고쳐 읽는 것이다. 둘째는 본문에 이런 수정을 하지 않고 읽는 것으로, *ybl*을 √*ybl* "데려오다, 나르다"의 어두변화형으로 보고 "새로 혼인한 사람이 데려왔다"로 이해하는 것이다. 그렇다면 목적어는 27행에 나오는 *aṯth*가 되어야 할 것이다. 셋째는 훼손된 이 단어의 가운데 문자를 {b}가 아니라 {d}로 읽는 것이다. 가로로 자리 잡은 쐐기 세 개를 볼 수 있기에 충분히 이렇게 읽을 수 있다. 그렇다면 이 낱말은 *yd!l*가 된다. 이 말의 어근은 √*dlw*로 볼 수 있고, G형 어두변화 장형으로 /*yadlû*/ 〈 **yadluwu*로 이해할 수 있다. 아랍어의 √*dlw* IV. "제공하다, 보존하다; 도와주다, 공헌하다" 또는 에티오피아어의 √*dlw* "알맞은, 긴요한, 쓸모 있는"에서 그 의미를 유추할 수 있다.

26b행

trḫ ḥdṯ "새로 혼인한 이" 이 말은 병역의무에서 풀려났다는 뜻이다. 그러므로 이 문장, 곧 *w yd!l trḫ ḥdṯ*의 뜻은 이렇게 볼 수 있다. "새로 혼인한 이들도 도움을 준다/거든다."

27–28행

ydʿr √*bʿr* G형 어두변화 장형 3인칭 남성 단수

l ṯn "다른 이에게"

29–31a행

irby 여기서는 집합적 의미다. "큰 메뚜기 떼"

tškn /*taškunū*/ √*škn* G형 어두변화 단형 직설법 3인칭 남성 복수

32–33행(아래 46행과 비교)

aḫr špš-m: *aḫr*를 전치사로 보아 "태양 뒤에"라고 이해하거나 접속사로 보아 "태양이 진 다음에"로 볼 수 있다. *špš*에 불변화사어미 *-m*이 있기 때문에 후자의 이해가 더 좋아 보인다(§89.2①).

34–36a행

qdš "신전"

*ṣrm*과 *ṣdynm*은 (쌍수형의?) 고대 이름으로서, 페니키아의 도시 티로와 시돈을 가리킬 것이다. 또는 그 주민을 가리킬 수도 있다.

36b–39행

ydr √*ndr* G형 어두변화 단형 직설법

i "정녕, 반드시"(§85)

iṯt √ʾ*ṯy* 어미변화형 3인칭 여성 단수

i iṯt aṯrt "정녕 여신 아씨라투는 사소서!(만수무강하소서!)"

40–43행

hm "만일 …한다면"

iqḥ √*lqḥ* G형 어두변화 장형 1인칭 통성 단수(§75.4)

ašʿrb √ʿ*rb* Š형 어두변화 장형

atn √*ytn*(§75.51)

ṯnh, *ṯlṯth*(§65.3)

k!sp-m, *ḫrṣ-m* "은/금으로"

47–48행

ymǧy /*yamǧiyu*/ √*mǧy* 어두변화 장형 3인칭 남성 단수, 과거사건을 의미한다(§76.33).

udm 도시 이름

rbt "크다", 여성형 형용사

11. 참고 문헌

Aartun, K., *Die Partikeln des Ugaritischen, I* (AOAT 21/1; Kevelaer 1974).

________, *Die Partikeln des Ugaritischen, II* (AOAT 21/2; Kevelaer 1978).

Barth, J., "Zur vergleichenden semitischen Grammatik, II. Zu den Vokalen der Imperfect–Präfixe", *ZDMG* 48 (1894), 4–6.

Bauer, H., "Entzifferung der Keilschrifttafeln von Ras–Schamra", *Forschungen und Fortschritte* 6 (1930), 306–307.

________, *Entzifferung der Keilschrifttafeln von Ras Schamra* (Halle 1930).

Bernal, M., "On the Transmission of the Alphabet to the Aegean Before 1400 B.C.", *BASOR* 267 (1987), 1–19.

Blau, J., Loewenstamm, S.E., "Zur Frage der Scriptio Plena im Ugaritischen und Verwandtes", *UF* 2 (1970), 19–33.

Bordreuil, P., Pardee, D., "Un abécédaire du type sud–sémitique découvert en 1988 dans les fouilles archéologiques françaises de Ras Shamra–Ougarit", Académie des Inscriptions & Belles–Lettres, Comptes rendues des séances de l' année 1995, Juillet–Octobre (Paris), 855–860.

________, *a Manual of Ugaritic* (Winona Lake 2009).

Boyd, J.L., *A Collection and Examination of the Ugaritic Vocabulary Contain-ed in the Akkadian Texts from Ras Shamra* (Diss., University of Chicago 1975).

Brockelmann, C., "Zur Syntax der Sprache von Ugarit", *Or* 10 (1941), 223–240.

Bußmann, H., *Lexikon der Sprachwissenschaft* (Stuttgart 2002).

Dhorme, É., "Un nouvel alphabet sémitique", *RB* 39 (1930), 571–577.

________, "Le déchiffrement des tablettes de Ras Shamra", *JPOS* 11 (1931), 1–6.

Diem, W., "Das Problem von שׂ im Althebräischen und die kanaanäische Laut-verschiebung", *ZDMG* 124 (1974), 221–252.

Dietrich, M., Loretz, O., "Untersuchungen zur Schrift– und Lautlehre des Ugaritischen (I)", *Welt des Orients* 4 (1967), 300–315.

________, "Untersuchungen zur Schrift– und Lautlehre des Ugaritischen (II). Lesehilfen in der ugaritischen Orthographie", *UF* 5 (1973), 71–77.

________, *Die Keilalphabete. Die phönizisch–kanaanäischen und altarabi-schen Alphabete in Ugarit* (*Abhandlungen zur Literatur Alt–Syrien–Palästinas* 1) (Münster 1988).

________, "The Cuneiform Alphabets of Ugarit", *UF* 21 (1989), 101–131.

Dietrich, M., Loretz, O., Sanmartín, J., "Untersuchungen zur Schrift- und Lautlehre des Ugaritischen (III). Formen und ugaritisch-hurrische Lautwert(e) des keilalphabetischen Zeichens 'ẓ' ", *UF* 7 (1975), 103-108.

Dobrusin, D.L., "The Third Masculine Plural of the Prefixed Form of the Verb in Ugaritic", *JANES* 13 (1981), 5-14.

Faber, A., *Genetic Subgroupings of the Semitic Languages* (Ph.D. Diss., Univ. of Texas, Austin; Ann Arbor 1980).

Fenton, T.L., "The Absence of a Verbal Formation **yaqattal* from Ugaritic and North-West Semitic", *JSS* 15 (1970), 31-41.

Freilich, D., Pardee, D., "{ẓ} and {ṭ} in Ugaritic. A Re-Examination of the Sign-Forms", *Syria* 61 (1984), 25-36.

Fronzaroli, P., *La fonetica ugaritica* (Sussidi eruditi 7; Rom 1955).

Garr, W.R., "On Voicing and Devoicing in Ugaritic", *JNES* 45 (1986), 45-52.

Ginsberg, H.L., "To the Epic of ᵓAlᵓêyân Baᶜl", *Tarbiz* 4 (1932-33), 106-109 und 380-390(히브리어).

________, "Two Religious Borrowings in Ugaritic Literature", *Or.* (*N.S.*) 8 (1939), 317-327.

Goetze, A., "The Tenses of Ugaritic", *JAOS* 58 (1938), 266-309.

Gordon, C.H., *Ugaritic Textbook* (AnOr 38; Rom 1965, 1998).

Gross, W., *Die Pendenskonstruktion im Biblischen Hebrärisch* (ATS 27; 1987).

Hammershaimb, E., *Das Verbum im Dialekt von Ras Schamra* (Kopenhagen 1941).

Harris, Z.S., "A Conditioned Sound Change in Ras Shamra", *JAOS* 57 (1937), 152-157.

Huehnergard, J., *Ugaritic Vocabulary in Syllabic Transcription* (Harvard Semitic Studies 32; Atlanta 1987).

________, *The Akkadian of Ugarit* (Harvard Semitic Studies 34; Atlanta 1989).

Hoch, J.E., *Semitic Words in Egyptian Texts of the New Kingdom and Third Intermediate Period* (Princeton 1994).

Isaksson, B., "The Position of Ugaritic Among the Semitic Languages", *OrSuec* 38 (1989), 54-70.

Israel, F., "Èudes de grammaire ougaritique. La dernière phase de la langue", M. Yon, M. Sznycer, P. Bordreuil (eds.), *Le pays d'Ougarit autour de* 1200 *av. J.-C. : Histoire et archéologie* (RSOu 11; Paris 1995), 255-262.

Krebernik, M., "Gt- und tD-Stämme im Ugaritischen", Walter Gross et al. (eds.), *Text, Methode und Grammatik. Festschrift Wolfgang Richter zum* 65 (Geburtstag, St. Ottilien 1991), 227-270.

_______, "Verbalformen mit suffigierten n-Morphemen im Ugaritischen. Überlegungen zur Morphologie des Energikus im Ugaritischen und in anderen semitischen Sprachen", Hubert Irsigler (ed.), *Syntax und Text. Beiträge zur* 22 (Internationalen Ökumenischen Hebräisch-Dozenten-Konferenz 1993 in Bamberg: ATS 40; St. Ottilien), 123-150.

Liverani, M., "Elementi innovativi nell' ugaritico non letterario", Accademia Nazionale dei Lincei. Rendiconti. Classe di scienze morali, storiche e filologiche 19 (1964), 173-191.

Lundin, A.G. (= Loundine, A.G.), "Ugaritic Writing and the Origin of the Semitic Consonantal Alphabet", *Aula Orientalis* 5 (1987), 91-98.

Marcus, D., *Aspects of the Ugaritic Verb in the Light of Comparative Semitic Grammar* (Ph.D. Diss., 1970: University Microfilms International; Ann Arbor 1975).

_______, "The *qal* Passive in Ugaritic", *JANES* 3 (1971), 103-111.

Moran, W.L., *A Syntactical Study of the Dialect of Byblos as Reflected in the Amarna Tablets* (Ph.D. Diss., Johns Hopkins Univ.; University Microfilms International; Ann Arbor 1950).

Olmo Lete, G. del, Sanmartín, J., *Diccionario de la lengua ugaritica, I* (Aula Orientalis - Supplementa 7; Barcelona [= DLU] 1996).

Pardee, D.G., "The Preposition in Ugaritic", *UF* 7 (1975), 329-378.

_______, "The Preposition in Ugaritic", *UF* 8 (1976), 215-322.

_______, *Les textes para-mythologiques de la* 24[e] *Campagne* (1961) (RSOu 4; Paris 1988).

Pardee, D.G., Whiting, M., "Aspects of Epistolary Verbal Usage in Ugaritic and Akkadian", *BSOAS* 50 (1987), 1-31.

Pentiuc, E.J., *West Semitic Vocabulary in the Akkadian Terts from Emar* (Havard Semitic Studies 49; Winona Lake 2001).

Pitard, W.T., "The Shape of the ʿ*Ayin* in the Ugaritic Script", *JNES* 51 (1992), 261-279.

Rainey, A.F., *Canaanite in the Amarna Tablets. A Linguistic Analysis of the Mixed Dialect Used by Scribes from Canaan II : Morphosyntactic Analy-sis of the Verbal System* (Handbuch der Orientalistik 1/25/2; Leiden 1996).

Renfroe, F., *Arabic-Ugaritic Lexical Studies* (Abhandlungen zur Literatur Alt-Syrien-Palästinas 5; Münster 1992).

Rössler, O., "Ghain im Ugaritischen", *ZA* 54 (1961), 158-172.

Sasse, H.-J., "Case in Cushitic, Semitic and Berber", J. Bynon (ed.), *Current*

Progress in Afro-Asiatic Linguistics (Papers of the Third International Hamito-Semitic Congress; Amsterdam 1984), 111-126.

Segert, S., "The Last Sign of the Ugaritic Alphabet", *UF* 15 (1983), 201-218.

______, "Polarity of Vowels in the Ugaritic Verbs II /ʾ/", *UF* 15 (1983), 219-222.

______, *A Basic Grammar of the Ugaritic Language. With Selected Texts and Glossary* (Berkeley 1984).

Sivan, D., "Dual Nouns in Ugaritic", *JSS* 28 (1983), 233-240.

______, "Diphthongs and Triphthongs in Verbal Forms of Verba Tertiae-Infirmae in Ugaritic", *UF* 16 (1984), 279-293.

______, *Diqdūq lešōn ʾUgarit (Ugaritische Grammatik)* (Encylopaedia Miqraʾit 9; Jerusalem 1993)(히브리어).

______, "Notes on the Use of the Form *qatal* as the Plural Base for the Form *qatl* in Ugaritic", *IOS* 12 (1992), 235-238.

______, *A Grammar of the Ugaritic Language* (Handbuch der Orientalistik 1/28; Leiden 1997).

______, "The Use of *qtl* and *yqtl* Forms in the Ugaritic Verbal System", *IOS* 18 (1998), 89-103.

Smith, M.S., *The Ugaritic Baal Cycle I: Introduction with Text, Translation and Commentary of KTU 1.1-1.2* (VTS 55; Leiden 1994).

______, "The **qatala* Form in Ugaritic Narrative Poetry", in: D.P. Wright, D.N. Freedman, A. Hurvitz (eds.), *Pomegranates and Golden Bells. Studies in Biblical, Jewish, and Near Eastern Ritual, Law, and Literature in Honor of Jacob Milgrom* (Winona Lake 1995), 789-803.

Soldt, W.H. van, Rezension zu: Huehnergard (1987), *BiOr* 47 (1990), 728-737.

______, *Studies in the Akkadian of Ugarit. Dating and Grammar* (AOAT 40; Kevelaer 1991).

Swaim, G., *A Grammar of the Akkadian Texts found at Ugarit* (Ph.D. Diss., Brandeis University, Brookline, MA, University Microfilms International; Ann Arbor 1962).

Tropper, J., "Ugaritisch *wm* (KTU 3.9:6) und der Schwund von anlautendem *h* im Semitischen", *UF* 21 (1989), 421-423.

______, *Der ugaritische Kausativstamm und die Kausativbildungen des Semitischen. Eine morphologisch-semantische Untersuchung zum Š-Stamm und zu den umstrittenen nichtsibilantischen Kausativstämmen des Ugaritischen* (Abhandlungen zur Literatur Alt-Syrien-Palästinas 2; Münster 1990).

________, "Silbenschließendes Aleph im Ugaritischen. Ein neuer Versuch", *UF* 22 (1990), 359–369.

________, "Die ugaritischen Verben *tertiae* ʾ und ihre Modi", *UF* 22 (1990), 383–396.

________, "Zur Morphologie der Verben *primae h* im Ugaritischen und in den anderen nordwestsemitischen Sprachen", *UF* 22 (1990), 375–382.

________, "Finale Sätze und *yqtla*–Modus im Ugaritischen", *UF* 23 (1991), 341–352.

________, "Subjunktiv in ugaritischen Relativsätzen?", *UF* 23 (1991), 353–355.

________, "Das ugaritische Verbalsystem. Bestandsaufnahme der Formen und statistische Auswertung", *UF* 24 (1992), 313–337.

________, "Morphologische Besonderheiten des Spätugaritischen", *UF* 25 (1993), 389–394.

________, "Die enklitsche Partikel –*y* im Ugaritischen", *UF* 26 (1994), 473–482.

________, "Is Ugaritic a Canaanite Language?", G.J. Brooke, A.H.W. Curtis, J.F. Healey (eds.), *Ugarit and the Bible* (Proceedings of the International Symposium on Ugarit and the Bible [Manchester, September 1992]) (Ugaritisch–Biblische Literatur 11; Münster 1994), 343–353.

________, "Zur Grammatik der ugaritischen Omina", *UF* 26 (1994), 457–472.

________, "Das letzte Zeichen des ugaritischen Alphabets", *UF* 27 (1995), 505–528.

________, "Die sieben Frauen des Königs Keret", *UF* 27 (1995), 529–532.

________, "Beiträge zur ugaritischen Lexikographie", *UF* 29 (1997), 661–668.

________, "Zur Sprache der Kurzalphabettexte aus Ugarit", M. Dietrich, I. Kottsieper (eds.), *'Und Mose schrieb dieses Lied auf . Studien zum Alten Testament und zum Alten Orient. Festschrift Oswald Loretz* (AOAT 250; 1998), 733–738.

________, "Sprachliche Archaismen im Parallelismus membrorum in der akkadischen und ugaritischen Epik", *Aula Orientalis* 16 (1998), 103–110.

________, " 'Pleonastisches' *und* in posttopikaler Stellung im Ugaritischen und in anderen semitischen Sprachen", *OLP* 29 (1999).

________, "Die Endungen der semitischen Suffixkonjugation und der Absolutivkasus", *JSS* 44 (1999), 175–193.

________, "Ugaritic Grammar", W.G.E. Watson, N. Wyatt (eds.), *Handbook of Ugaritic Studies* (Handbuch der Orientalistik I/39; Leiden 1999), 91–121.

________, "Els Schöpfungsakt nach KTU 1.16:V:28–32", *Altorientalische Forschungen* 26 (1999), 26–32.

________, "Imperfektive Darstellung vergangener Sachverhalte im Ugariti-schen",

N. Nebes (ed.), *Tempus und Aspekt in den semitischen Sprachen. Jenaer Kolloquium zur semitischen Sprachwissenschaft* (Jenaer Beiträge zum Vorderen Orient 1; Wiesbaden 1999).

________, *Ugaritische Grammatik* (AOAT 273; Münster 2000).

Verreet, E., "Das silbenschließende Aleph im Ugaritischen", *UF* 15 (1983), 223–258.

________, "Die Gültigkeit des Gesetzes Barth–Ginsbergs im Ugaritischen, mit einigen sprachvergleichenden, morphologischen und lexikalischen Betrachtungen", *OLP* 14 (1983), 81–102.

________, "Beobachtungen zum ugaritischen Verbalsystem I", *UF* 16 (1984), 307–321.

________, "Beobachtungen zum ugaritischen Verbalsystem II", *UF* 17 (1985), 319–344.

________, "Abriß des ugaritischen Verbalsystems", *UF* 18 (1986), 75–82.

________, *Modi Ugaritici. Eine morpho–syntaktische Abhandlung über das Modalsystem im Ugaritischen* (Orientalia Lovaniensia Analecta 27; Leuven 1988).

Virolleaud, C., "Le déchiffrement des tablettes alphabétiques de Ras–Shamra", *Syria* 12 (1931), 15–23.

Vita, J.–P., "Bemerkungen zum ugaritischen Dual", *OLP* 28 (1997), 33–41.

Voigt, R., "On Voicing and Devoicing in Ugaritic", A.S. Kaye (ed.), *Semitic Studies in Honor of Wolf Leslau on the Occasion of his Eighty–Fifth Birthday, II* (1991), 1619–1631.

Watson, W.G.E., "The Particle *p* in Ugaritic", *Studi Epigrafici e Linguistici* 7 (1990), 75–86.

________, "The Negative Adverbs *l* and *lm* + *l* in Ugaritic", *JNSL* 17 (1991), 173–188.

________, "Final –*m* in Ugaritic", *Aula Orientalis* 10 (1992), 223–252.

________, "Ugaritic *p* Again", *UF* 26 (1994), 493–495.

________, "Final –*m* in Ugaritic Again", *Aula Orientalis* 12 (1994), 95–103.

________, "Final –*m* in Ugaritic Yet Again", *Aula Orientalis* 14 (1996), 259–268.

Watson, W.G.E., Wyatt, N. (eds.), *Handbook of Ugaritic Studies* (Handbuch der Orientalistik I/39; Leiden 1999).

Zewi, T., *A Syntactical Study of Verbal Forms Affixed by –n(n) Endings in Classical Arabic, Biblical Hebrew, El–Amarna Akkadian and Ugaritic* (AOAT 260; Münster 1999).

구희산, 고도홍 외, 『음성과학 용어 번역 사전』 (한국문화사 2001).

12. 찾아보기